大概念教学

大概念教学丛书 ｜ 刘徽 主编

素养导向的
单元整体设计

刘徽 著

教育科学出版社
·北京·

本书系2016年国家社会科学基金教育学一般课题"中小学课堂学习环境的设计研究"的研究成果。（课题批准号：BHA160093）

自序

开篇想和大家谈谈为什么要写这本书。我当过十几年的学生，从事过教师教育工作，其间去过小学锻炼，在那里教了两年书，如今在高校工作了十几年，一直在探索教学和学习这个话题。在研究的过程中，我不断反思自己的学习和教学经历，深切感受到无论是学习还是教学在今天都发生了重大转型，而这种转型确实是时代发展所引发的。

我自觉是一个幸运的人，一路上遇到了很多好老师，让我受益良多。但当我走进中小学听课时，那些老师讲的知识常给我一种恍如隔世的感觉，即使很多内容我当年也学过……。我不敢想如果现在再做一遍高考试卷，可以得几分。人们常说"当我们把学过的东西还给老师时，剩下的东西就是你真正学到的"，但是到底剩下了什么？于是我们追问实验学校的老师们一个问题："哪些是你在学校里学到，现在生活中还在用的？"老师们都觉得好像能想到的比较有限，特别是当问到数学的时候最尴尬，很多老师想了半天，提到买菜时会用到数学，比如青菜总共 6 元 4 角，如果给摊主 10 元钱，他应该找零多少？但问题是，现在买菜很多时候直接扫码支付了，数学难道连这点用也没了？当然不是，数学非常"有用"，但前提是你通过学习数学建立了反映专家思维方式的数学建模、数学抽象等大概念。那么，语文呢？语文课上教的听、说、读、写似乎我们每天也都会用，但真的会用吗？就在前不久，一个学生来找我推荐保研，这是一个非常优秀的学生，我看到她写的自我陈述中有"专业成绩优异"，我知道她专业成绩排前三，就问她为什么不写"专业成绩优异（在班级 42 人中排名前三）"，她立刻意识到了自己的问题。从小学到高中，语文都有说明文单元，我们也学过列数字这种说明方法，但是在现实生活中当我们真的需要用到列数字这种方法时，怎么就用不上了呢？

因此，教育需要经历一个范式层面的改革，要从教知识转向教素养。简言之，素养体现为未来在现实世界的场景中学生能够运用所学去创造性地解决问题，可见素养是综合性的，不仅涉及真，也涉及善和美。范式型的教学变革对于每一个人来说都是极大的挑战，无论是研究者、教师还是学生。经过几轮课程改革，我们的课堂已经发生了很大的变化，但在这个基础上，恐怕老师们还需要经历一个蜕变。目前教学改革遇到的最大问题是，所有的改革理念老师们好像都知道，比如素养，老师们说素养不就是素质吗？换了个词而已。比如单元，老师们说教材都是以单元组织的，我们不是一直都在进行单元教学吗？比如迁移，老师们说我们教学也不是都在让学生死记硬背啊，我们也通过各种题的变式让学生"举一反三"，这不就是迁移吗？比如生活价值，老师们说我们在教学中也会让学生联想生活中会有哪些例子啊！比如联系，老师们说这就是温故而知新嘛，我们也会让学生想想已经学过什么，并且让学生画思维导图把学习的内容联结起来，我们也不是在教零碎的知识点啊！

素养导向的教学改革深度诠释了这些改革理念的蕴涵。用盛群力教授的话来说就是，"如果你今天觉得这场教学转型很容易，那很有可能是你对这场变革理解得还不够到位"；北京十一学校的章巍老师坦言，这场变革是教师对自己学习经验和教学经验的再造。大概念教学不仅要让学生具备专家思维，同时也要让老师们具备专家思维。在和我们的一次次研讨中，老师们开始像专家一样思考，他们兴奋地发现一个丰富生动的世界正在向他们敞开，但同时也感觉一脚踏入了不确定性的泥潭，常常担心自己归纳的大概念不正确。杭州市语文教研员金瑞奇老师劝告老师们，"探索无止境，我们可以尽力而为，但要知道探索总比不探索好，所以不要因为害怕不确定性就不敢往前走"。随着理解的不断深入，大概念变动是很正常的，这恰恰是专家思维的特点。就像"芝诺之环"描述的那样，假设环内代表已知，环外代表未知，那么随着环不断变大，环内和环外的空间都会越来越大。这个隐喻告诉我们，你知道的越多，就会发现不知道的也会越多。因此，发现自己的"无知"并不是一件坏事。正是在这场变革中，我们感受到每位老师都成了知识创造的主动参与者，而不是被动接受者；而正是亲历了这样的学习，他们才会在自己的课堂上鼓励学生参与知识创造。

作为一个曾经做过老师的人，我很理解老师们更关心"如何做"的问题，但恐怕在了解"如何做"的同时需要知道"为什么"，"照葫芦画瓢似的教"不仅很有可能偏离方向，而且不具有生长性。于是，在这本书里我完成了理论的整体建构，希望老师们不仅知其然，而且知其所以然，这也是大概念教学的精髓所在。或许这会给老师们阅读这本书带来一定的难度，但我却对今天中国教师群体的学习能力充满了信心。我还清楚地记得 2020 年的那个夏日，接到了好友美玲的一通电话，告诉我中国教育科学研究院的王素老师发起的中国未来学校大会，打算将大概念教学作为五大主题之一，问我愿不愿意成为导师，我欣然应允的同时不免有些担心，毕竟在 2020 年大概念对于每一位老师来说都是一个崭新的概念。然而，万万没想到大概念教学却成为五个主题中关注人数最多的，而老师们交上来的作品也让我们惊喜不已，在这里面评出 TOP20 和 TOP10 领袖教师成为一件高难度的事情，真是优中选优，让我们不由赞叹老师们的学习力。刚刚结束的浙江省项目化学习挑战赛，我看到很多年轻老师从包里取出了理论图书，上面记着密密麻麻的笔记，我发现他们能自觉运用理论来指导实践了。今天的中国真的有一批非常优秀的研究型教师，有他们，我相信中国的教育一定会有更美好的未来。

事实上，这本书也是我和老师们共同的作品。和我一起进行大概念教学实验的老师们，有些人是从一开始就能领会大概念的深意的，但更多的人是在实验过程中逐渐理解大概念的内涵的。毫不讳言，起初确实有相当一部分老师认为大概念就是专家们折腾出来的一个新概念。有意思的是，不同学科的老师对理解大概念存在的疑惑也有所区别，像科学、数学这些学科的老师会觉得大概念不就是学科的关键概念和核心概念吗？概念地图不就是思维导图吗？那我们一直在教啊。而像语文、美术这些学科的老师一开始会觉得大概念和自己的学科没什么关系，后来一些老师会说大概念的"大"体现为"反映专家思维，具有生活价值"，不就是我们古话说的"授人以鱼不如授人以渔"，也就是说要教"方法"，方法在现实世界中是有用的嘛！对于上述问题，我们在这本书中都给出了详细的解释，在这里就不再一一赘述了。这里需要说的是，只有通过与老师们接触，我才会知道他们可能存在哪些误解，换言之，正是老师们的问题推进了我的思考，书中之所以会讨论这些问题，也正是受到老师们的启发。让我倍感欣慰的是，现在大概念教学实验学校的老师们都已经习惯于这样的自我发问："如果在现实世界的情境中要激活和运用这些知识与技能，那么学生现在需要理解什么？"

大概念教学的本土化实践充满挑战，幸而一路上有大家，特别是一线老师们的并肩作战。他们忘我投入，充满热情，比如特级教师朱德江无数次往返嘉杭两地，他说"大概念教学是一件有意义的事，所以我愿意投入"；青年新秀倪幸佳老师多次主动请缨，她说"如果还有大概念教学实验课要上，我非常愿意探索"；青年骨干汪玥老师说"很久没有在课堂上享受思维的这种酣畅，无论是学生还是老师"；等等。

当前，大概念教学在全国各地都有实践，我也真切感受到校长和老师们对大概念教学理论的渴望。手机里留存着一条占了好几屏的微信留言，是金华永康一所农村学校的校长发给我的，他听了我的报告，非常认同大概念教学的理念，内心很激动，但是觉得身处农村，专家资源比较有限，怕实践会出现偏差，希望能得到我的指导。还有全国各地的校长和教研员费尽周折找到我，诚意邀请我去讲学和实验，但研究真是一件需要花费大量时间的事，所以很多时候我都带着歉意婉拒了。2020 年发表在《教育研究》上的论文《"大概念"视角下的单元整体教学构型——兼论素养导向的课堂变革》引起了理论界和实践界的极大关注，同时大家都感到意犹未尽，于是就有了写作这本书的冲动。①

我常说，余生可能就做大概念教学研究这一件事了。听到的朋友会笑话我，说"余生"这个词用得不对，你还余好多生呢！但我说，大概念教学值得。当年选择学教育学或许是误打误撞，然而现在的我已然深深地爱上了教育学，并把我所有的热情都投注在教育研究上。教育无论对于人的幸福还是社会的进步都能起到非常重要的作用，而这也是一个教育学者的使命和担当。

刘　徽

---

① 所撰写的相关论文《"大概念"视角下的单元整体教学构型——兼论素养导向的课堂变革》《概念地图：以大概念促进深度学习》《真实性问题情境的设计研究》《素养导向：大概念与大概念教学》《罗盘定位：提取大概念的八条路径》《评价连续体：大概念教学的评价设计》《归纳与演绎：大概念建构的两种路向》《大概念和大概念教学》《大概念视角下的课程设计》《大概念视角下的单元设计》《大概念教学过程的阶段和方法设计》《大概念教学准备阶段的活动设计》《大概念教学建构阶段的活动设计》《大概念教学应用阶段的教学设计》《大概念教学中基本问题的设计》《大概念教学的评估设计》《图解大概念和它的概念小伙伴们》等已经发表于《教育研究》《教育发展研究》《全球教育展望》《上海教育科研》《环球教育时讯》《上海教育》等刊物。

目录

第一章
大概念与大概念教学

大概念教学在学校教育与现实世界、现在与未来之间搭建了一座牢固的桥梁。

第二章
大概念视角下的单元整体设计

大概念视角下"单元"被重新定义，单元是素养目标达成的单位。单元设计总体遵循迭代的逻辑，需要同时具备望远镜和放大镜两种思维。

第三章
大概念教学的目标设计

大概念是素养目标的内核，它就像鸡蛋里的蛋黄，尽管需要蛋白的支撑，但蛋黄的内涵是最丰富的。只有理解了大概念，我们才能正确行动。

第四章
大概念教学的评价设计

大概念教学的评价设置的一个个真实性问题情境就像一大块一大块的石板瓦，有机整合了一块块小瓦片。

第五章
大概念教学的过程设计

大概念的教学过程就像是编织锦缎的过程，准备、建构、应用、反思四股丝线不断交替，由本质问题引导思维在具体与抽象之间来回穿梭。

图解大概念和它的概念小伙伴们

　　每个人或许都能感受到，我们正在经历一场范式层面的教育变革，这场世界级的变革是在时代转型的背景下发生的。变革带给我们最直观的感受就是有一大波新概念袭来，比如"核心素养""学科核心素养""深度学习""真实性学习""高阶能力""项目化学习""真实问题情境""合作学习""跨学科统整""STEM①教育""单元整体教学""批判性思维""创新能力"，还有"大概念"等，老师们普遍反映有些眩晕感。有些人不理解为什么总是要"变着法子"出些新概念，其实库恩（Kuhn）在他的著作《科学革命的结构》中提到，概念变化是理论变化的核心，科学革命其实就是科学家观察世界的概念网络的更新，这意味着范式转换前后科学家以完全不一样的方式来看待世界。（库恩，2003）那么，教育变革也是一样，现今的教育领域无论是概念的名称还是概念的内涵都发生了重大的变化，理解这些概念的转换才能深刻把握这场范式层面的教育变革。这是一种整体性的概念网络更迭，也就是说当前出现的各种各样的新概念之间都有着内在的关联。下面就让我们用图解的方式来揭示这种关联。

　　先从这场教育大变革的起因说起，变革源于工业时代向信息时代的转型。工业时代的教育是粗糙的，之所以说它粗糙，是因为它很少考虑学生走出学校后学校教育对他们的价值。不过工业时代的工作相对比较简单，如柯林斯（Collins）所言，很多人的工作技能是在岗位上现学现用的。（柯林斯，2018）而信息时代面对人工智能的挑战，工作对人提出了更高的要求。证据之一就是你会发现有一些工作正在被替代，比如大家可以看得到的，早些年在火车站安检处是有工作人员比对人脸和身份证的，但现在基本已经由机器代替了。当前我们国家各项事业都在蓬勃发展，对优秀人才的需求也比以往任何时候都显得

---

① STEM是Science（科学）、Technology（技术）、Engineering（工程）、Mathematics（数学）四个英文单词首字母的缩写。

更为迫切。要让我们的学生成长为德才兼备的栋梁，他们不仅要有知识，还要具备运用知识去创造性地解决问题的素养。这就对教育提出了更高的要求，因为素养很难像知识一样现学现用，它需要经历一个长期的垒筑过程，所以我们不能再含糊地说教育要"为未来做好准备"，而是要在教育的每一门课程、每一个环节都追问"是否有生活价值"。

其实，怀特海（Whitehead，1929）[12] 早在《教育的目的》一书中就提到，"教育只有一个主题，那就是五彩缤纷的生活"。他也想到迂腐的学究会嘲笑这种实用性的教育，但他说，如果教育无用，又如何称其为教育呢？今天，教育的生活价值显得尤为迫切，如果学生在学校中的所学不具备生活价值，无法迁移到现实世界中，那么这种教育就是低效甚至无效的。当然有人会质疑生活价值是否过于低位了，那就需要我们正确地理解生活价值。所谓生活价值，是指对学生的未来有价值和有意义，不仅包括柴米油盐，还包括理想爱好。

那么，什么是有生活价值的？"不要教教材，而要用教材教"这句话我们耳熟能详，但实际上很多人不太理解。"教教材"是指只教书上的专家结论，而"用教材教"指的是通过专家结论来建立学生的专家思维，就是我们俗称的"像科学家一样思考""像文学家一样思考"。专家思维更具生活价值，而没有专家思维支撑的专家结论，其生活价值微乎其微。试问有多少人在生活中会用到三角函数？语文书上的文章未来再读一遍的概率有多大？因此，如图 0-1 所示，如果只是教了专家结论，那么从学校教育通往现实世界、从现在通往未来的这座桥梁是断裂的，专家结论基本只能在学校内部流转。而如图 0-2 所示，如果建构了专家思维，那么就在学校教育和现实世界、现在和未来之间搭建了一座牢固的桥梁，专家思维是可以从学校教育迁移到现实世界的。

为真实而学，在真实中学，这就是真实性学习的内涵。富兰（Fullan）和兰沃希（Langworthy）将深度学习的目标定位于"使学生获得成为一个具有创造力的、与人关联的、参与合作的终生问题解决者的能力和倾向"。（富兰 等，2016）[9-10] 不难发现，深度学习和真实性学习作为教育理念，内涵是相通的，核心都在于"真实性"，即希望通过教育培养学生解决现实世界中问题的素养。所以，也很容易理解为什么当前无论是考试还是教学都强调真实性问题情境。

核心素养是对信息时代的人才结构的描述，目前多个国家和机构都给出了

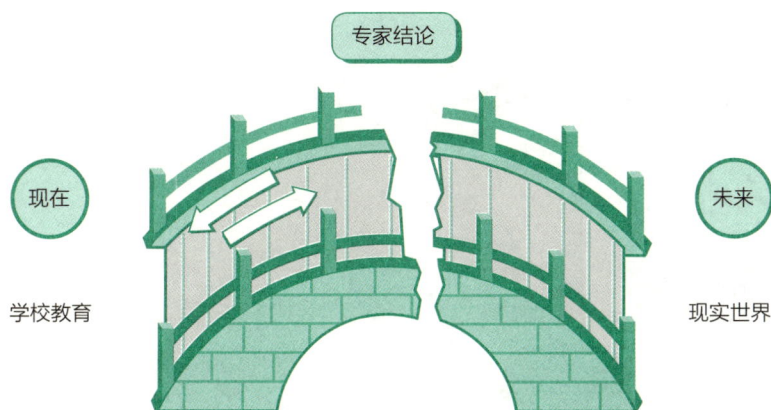

图0-1 教专家结论

图0-2 教专家思维

核心素养或关键能力框架，让人眼花缭乱。但稍对核心素养进行整理，就会发现它包括两大素养群，即专家思维和复杂交往。用通俗的语言来讲，一个有关智商，一个有关情商。在现实世界中解决问题这两者缺一不可，虽然不是说每个人的这两大素养群要齐头并进，但都要像天平一样取得某种平衡，如图 0-3 所示。这两大素养群也是人工智能所不具备的，细数弗雷（Frey）和奥斯本

图0-3　两大素养群

（Osborne）撰写的《就业的未来：就业对计算机化的敏感程度》①研究报告里预测的那些未来将被人工智能替代的风险比较低的工作，就会发现这类工作至少强调其中的一个素养群。（Frey et al.，2017）因此专家思维和复杂交往，这些人工智能不具备的素养和能力就是我们所说的高阶能力。而专家思维内部的两个要素是批判性思维和创新能力，在批判性思维的基础上才能发展出创新能力，因为一个人云亦云、亦步亦趋的人是不可能有创新能力的。

那为什么要提学科（课程）核心素养呢？一方面是因为目前学科教学还是学校教育的主要形态，另一方面从学科的产生来看，无论是东方的"六艺"还是西方的"七艺"，人们之所以觉得有必要把它们作为一个学科来深入研究和传承，就是因为它们的生活价值。而学科核心素养意味着要学习专家的思维方式。有人说，未来我并不打算从事和这个学科相关的行业，还有必要发展这个学科的核心素养吗？珀金斯（Perkins）提出，基础教育应当塑造业余的专家，这些学科核心素养与每个人的生活都息息相关。（珀金斯，2015）

核心素养和学科核心素养描述了学习的预期结果，也就是教育目标，但它们相对来说比较高位，而且"能做"的前提是"能理解"，否则当面对现实世界中的复杂问题时会感觉束手无策或只是机械套用，而达到真正的理解就需要建立大概念。

---

① 该研究报告由牛津大学卡尔·本尼迪克特·弗雷（Carl Benedikt Frey）和迈克尔·奥斯本（Michael A. Osborne）于2013年发表，对702种职业未来被人工智能替代的风险程度作了预测。

至此，我们的主角登场了。大概念是反映专家思维方式的概念、观念或论题，它具有生活价值。换言之，大概念标志着专家思维的形成，而以往我们所教的小概念常常只反映了专家结论，两者的关系就像冰山模型所描述的那样。（如图 0-4 所示）专家之所以能娴熟自然地运用作为专家结论的小概念或方法，就是因为他们已经建立了反映专家思维的大概念。

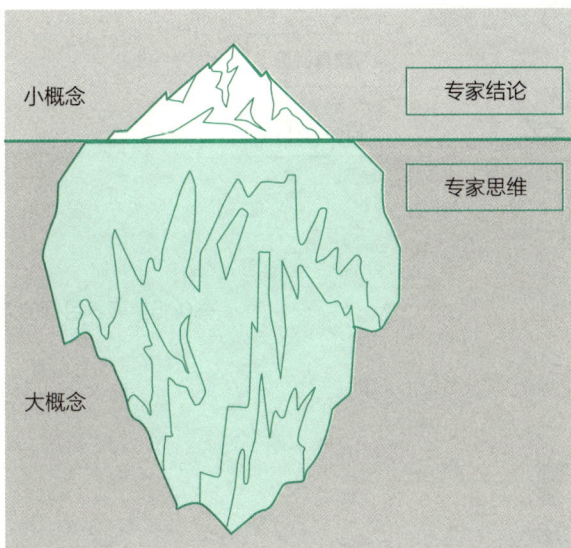

图0-4　大概念与小概念

因此，我们可以对大概念和其他概念的关系作一个梳理，就像图 0-5 所示的漏斗。深度学习（真实性学习）是一种教育理念或者说是教育改革理念，这种理念是在时代转型背景下产生的。为应对人工智能的挑战，社会对人的要求也发生了改变，因此深度学习改变的是教育目标，核心素养和学科核心素养都是对目标的描述。而素养形成的前提是理解大概念，形成专家思维。大概念可以和单元教学相配套，将目标具体化，构建"课程→单元→单课"的下沉通道，从而真正将素养目标落实到每一节课中。

第八次课程改革提出了三维目标，即知识与技能，过程与方法，情感、态度与价值观。应该说以大概念为核心的素养目标是三维目标的升级版。如图 0-6 所示，素养目标就像一架飞机，情感维引领着素养发展的方向，认知维和技能维是两翼，而大概念是机体，将三个维度整合在一起，使之真正成为一种素养。

工业时代 ⇒ 信息时代

人工智能的挑战

深度学习（真实性学习）

核心素养

学科核心素养

大概念

教育理念

教育目标

目标具体化

教学转型

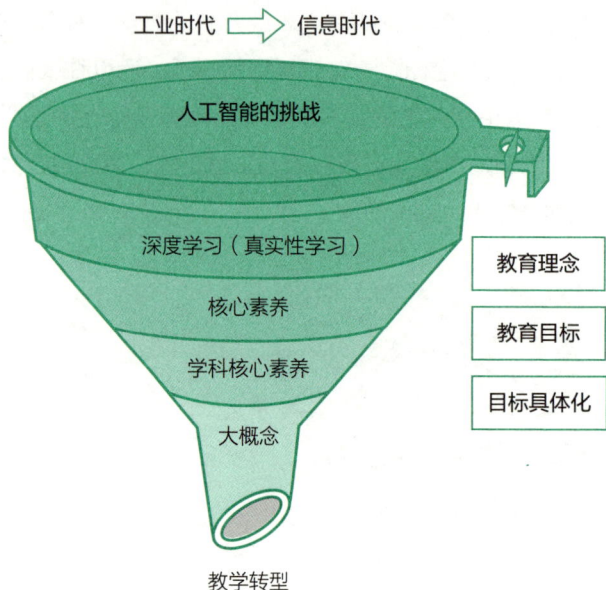

图0-5　素养目标的落实

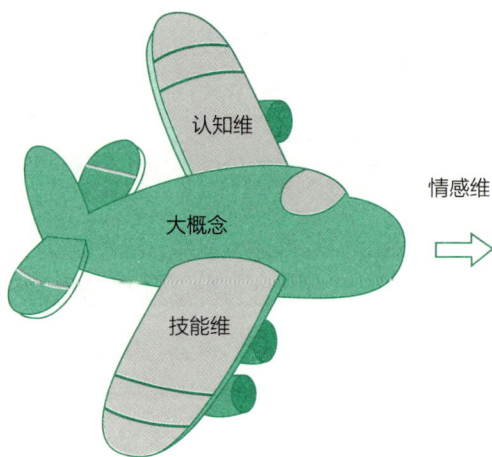

认知维

大概念

情感维

技能维

图0-6　素养目标的构成

　　如前所述，素养导向的课堂转型首要转变的是目标，而项目化学习、跨学科学习、STEM 教育、合作学习等方法，就像图 0-7 所示的山径图，都是通向目标的路径，当然这些路径之间也有交互的关系。而这些方法之所以盛行，也是因为它们符合"真实性"。

　　为什么要强调跨学科统整？这是因为现实世界的问题很难被划分进一个个单一的学科。为什么要开展项目化学习？这是因为项目是现实世界中常见的形

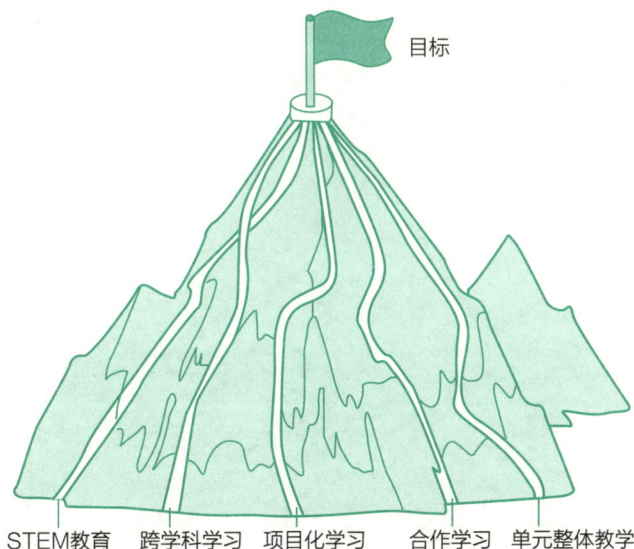

图0-7　达成目标的路径和方法

态。为什么要进行 STEM 教育？这是因为以工程为核心的跨学科项目在现实世界比比皆是……。不过，山径隐喻传递给我们的另一个重要信息是，这些路径是通往目标的，因此它们也被赋予了新的内涵，比如单元整体教学，因为教材都是由单元组成的。很多老师感到疑惑：我们明明一直在进行单元教学，为什么现在单元教学成为热点了呢？在素养导向下，"单元"的内涵已经悄然发生了变化，它不再局限于教材中的一个个内容单元，而是指素养单元，即围绕素养达成的一个集合，这个集合由大概念做黏合剂。而今天我们再谈项目化学习，就不仅仅满足于"做完"项目，而是要借助"做好"项目来发展学生的素养，而"做好"的前提就是要理解这个项目蕴含的大概念。

通过前面的桥梁图、天平图、冰山图、漏斗图、飞机图和山径图，不知道大家有没有更进一步认识大概念和它的概念小伙伴们？我们未来要实施的教学，可能和我们过往习惯的教学不同，甚至可能和我们自己的学习经历都不同，这就需要教师进行换血式的思维革新。但和教师们共同研究的经历也让我们深信，只有这样的教学才能充分激发教师的教学热情，也才能真正让每一个孩子爱上学习，为迎接未来的挑战作好准备。

第一章

大概念与大概念教学

从冰山模型来看，小概念是浮在水面上的看得到的专家结论，而大概念则反映了水面下看不到的专家思维。比起专家结论，专家思维更具可迁移性。大概念教学在学校教育与现实世界、现在与未来之间搭建了一座牢固的桥梁。

一 | 真实性：
素养的精髓

核心素养的精髓在于真实性，即能将学校所学迁移到现实世界中去，这就要求从教专家结论转向教专家思维，变"宽而浅"的学习为"少而深"的学习。形成专家思维的标志就是理解了大概念。大概念教学就像滚雪球，通过不同的案例和内容帮助学生建构大概念。

（一）学校中的惰性知识

1. 孩子们真的会写说明文吗？ ——从一节数学课谈起

"数学课上为什么要写说明文？"这可能是大家的第一个疑惑，然而我们要问的问题是："难道说明文就只应该在语文课上出现吗？"

这是数学特级教师朱德江上的一节关于"估算"的大概念教学实验课，朱老师发了一张学习单，要求学生们以小组为单位写下问题解决的整个过程。在学生们上台进行交流时，我们发现了一个现象，那就是大部分学生不会写说明文。图1-1是学生们写的问题解决过程，其中很多只是简单列了算式，比如标号为1、3、6、7的几份"说明文"就没有说清楚解决问题的过程；而作品4，学生虽然有一定的写说明文的意识，但是没有想到分点论述；作品2和5相对是比较好的，但仔细看也存在着问题，比如作品2的第四步直接写了数字，而作品5第一句的句号后面突兀地加上了《我爱我家》，尽管我们了解学生的意思是以《我爱我家》这篇字数适中的文章为估算单位。

朱老师上课的这个班的学生都处于五年级下学期。而就在五年级上学期，他们刚上过语文说明文的写作单元，其中一篇例文《风向袋的制作》就是示范

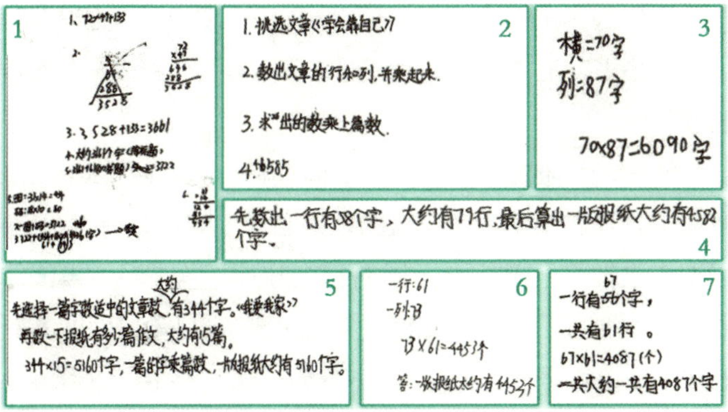

图1-1　学生写的"估算"问题解决过程

解决问题的过程。这个单元要求学生能在搜集资料的基础上，用恰当的说明方法把某一种事物或过程介绍清楚。

课后，我们问了小学语文老师说明文单元的学习对学生来说是否比较难。老师们都说，因为说明文较少涉及阅读积累，因此学生要学好是不难的，尤其是像《风向袋的制作》这类说明文。那么，我们的孩子真的理解说明文吗？为什么到一个需要使用说明文的真实情境中，他们就不会用了呢？

答案就如我们前面所言，很多孩子认为只有在语文课上的说明文单元才需要写说明文，只有在数学课上的简便运算单元才需要进行简便运算，只有在英语课上的过去时态单元才需要用过去时态……。也就是说，学生似乎只在某个学科和单元内才显示出学会了这些知识，一旦出了这些学科和单元，这些知识似乎就很难被激活，怀特海（2016）称这样的知识为"惰性知识"（inert knowledge）。

2．"足不出户"的惰性知识

从上面这个例子中，我们发现惰性知识真的很懒惰，它们只是顽固地在某个学科、某个单元，甚至某节课里待着。

首先，惰性知识很难在单元与单元之间迁移。比如在我们对教师的访谈中，就有教师提到"按照教材编写者的想法，学生在小学六年的英语学习是累积性的。以动物这一主题为例，一年级学了动物的外形，三年级学了动物的特点，然后再接下去学怎么养宠物什么的，到了六年级，理想状态是学生能说出动物的各种方面。但是事实上，你若不回顾过去滚动复习，等到六年级时他就只会说六年级的话"[1]。

其次，惰性知识很难在学科与学科之间迁移。雷德兹（Radatz，1986）曾经做过一项研究，他将小学三四年级的几百名学生随机分成对照组和实验组，分别在数学课和宗教课上让这些学生对直观图形作出解释，结果如表1-1（斯特弗 等，2002）[117] 所示，同样的图形，学生在数学课上作出的解释的正确率远远高于宗教课（尽管数学课上的表现也不尽如人意）。这说明，学生认为只有在数学课上才用得上这样的数学模式。

表1-1 三四年级学生在数学课和宗教课的开始对数学直观的解释

呈现的"直观"	数学上可接受的百分比	
	在数学课的开始	在宗教课的开始
	50%	27%
	26%	6%
	27%	14%
	8%	3%

最后，惰性知识很难在学校教育和现实世界之间迁移。如果说在学校里学生很难在不同单元、不同学科里进行知识的迁移，知识是惰性的，那么可想而知，等他们有一天离开学校后，这些知识就更加具有惰性了，甚至会出现"主动遗忘"（intentional forgetting）的现象。也就是说学生在考完试后，会主动忘

---

[1] 改编自对浙江省杭州市育才外国语学校倪勤老师的访谈。

却知识，因为他们意识到这些知识可能未来就没用了。这也解释了为什么人们会常说"把学过的知识还给老师了"这样的话。焦尔当（Giordan）在《学习的本质》一书里举了个例子，中学时几乎每个人都学过欧姆定律：U（电压）＝ I（电流）× R（电阻）[①]。然而，在日常生活中，当电池出现问题时，绝大多数人的第一反应就是将电池送到修理厂去。而剩下那几个为数不多的敢检查电池状况的人，都会因为害怕触电而小心翼翼地避开电池的接线柱。但实际上，根据欧姆定律，人的身体是一个巨大的电阻，即使电池漏电，能通过人体的电流也非常微弱，更何况这个电池已经没电了。（焦尔当，2015）这个典型的例子说明，在学校和生活之间存在着一道巨大的鸿沟，我们很难调用学校里学到的知识来解决现实世界的真实问题。

（二）核心素养的核心是真实性

1. 素养指向解决现实世界的问题

惰性知识最大的问题是，只要换个新的情境，学生就无法调用，所以不能说一个堆积了大量惰性知识的人具有素养。因此，今天全世界都强调为素养而教，几乎所有的国家都制定了自己的核心素养或关键能力框架。对于素养的含义，人们的理解纷繁复杂。而事实上"素养"就是指能在真实性情境中解决问题，使知识不再具有"惰性"。与素养相关的活动主要是指解决问题。乔纳森（Jonassen）等认为，教育唯一合法的目的就是解决问题，其中关键在于对"问题"的理解。（乔纳森 等，2007）这里的问题不是局限在学校范围内的问题，而是指向现实世界的问题。这正如威金斯（Wiggins）和麦克泰格（McTighe）所说："学校教育的目标是使学生在真实世界能得心应手地生活。"（威金斯 等，2017）[87]

钟启泉提出，核心素养的核心是真实性。"核心素养区别于应试学力的最大特质在于真实性。真实性是核心素养的精髓。"（钟启泉，2019）何谓真实性？真实性指的是"超越学校价值"的知识成果，也就是解决真实问题的能力。真实性正从根本上改变着教育的形态。珀金斯认为教育的形态要从层级结构转向

---

① 欧姆定律的表达式为"$I=U/R$"，这里为其变式。

网状结构，如图 1-2（珀金斯，2015）[38] 和图 1-3（珀金斯，2015）[39] 所示。两者最大的区别就在于，后者"涉及真实生活和世界问题、包含不同机遇的场景"（珀金斯，2015）[39]，因而它能在课程、教师和学生之间创造更多的联结。若非如此，教育就只能是自上而下的传递过程。杰根（Gergan）指出，当前学校教育的症结恰在于"不真实性"，他认为面向"现实世界"的学习才是一种"负责任的学习实践"，"书本、数学和实验将不再是惩罚威胁之下必须跨越的栅栏，也不是他们为模糊的将来才开始的好生活铺垫基石"（斯特弗 等，2002）[29]。

当目标指向于提升学生解决现实世界问题的素养时，师生便进入实践的境脉。他们以语言与行动共同参与知识的建构，在个体与世界的互动中感知、理

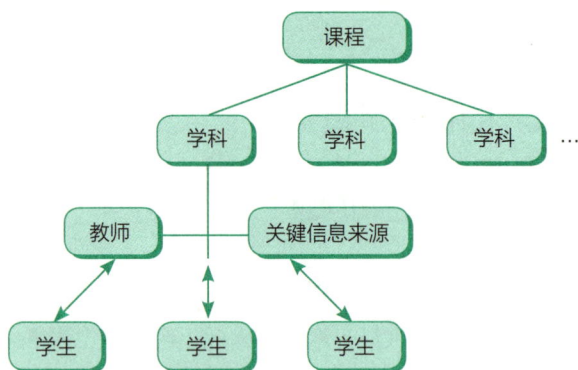

图1-2　教育的层级结构

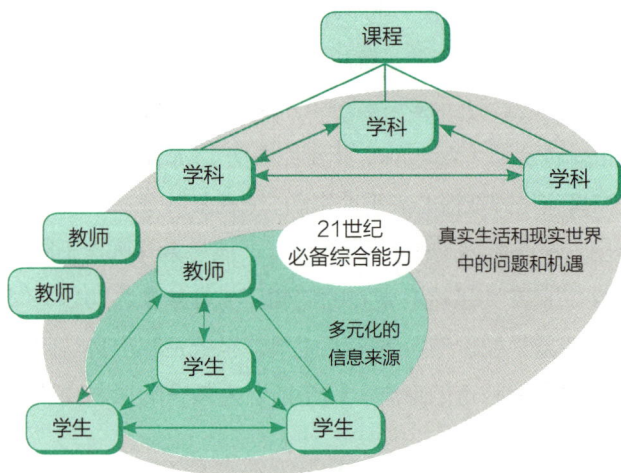

图1-3　教育的网状结构

解和改造世界，同时也在这个过程中形成个体的身份认知，而不是被隔离于世界之外，仅获得关于世界的浅表知识。如斯法德（Sfard，1998）所言，学习概念正从"获得"隐喻转向"参与"隐喻。

2. 专家思维和复杂交往：真实性的两大支柱

统观全世界的核心素养或关键能力，虽然它们不尽相同，但都可以划分为两大素养群，即专家思维和复杂交往。经济学家列维（Levy）和莫奈（Murnane）提到，由常规认知工作和常规手工劳动所构成的工作的劳动力份额正日益下降，因为此类任务最容易通过编程让计算机去做。现在国家日益增长的劳动力需求则是那些强调专家思维或复杂交往的工作，因为这些工作计算机很难完成。（张华，2016）这两大素养群是支撑解决真实性问题的两大支柱，缺一不可。随着时代的发展，这两大素养群越来越重要，因为人工智能等新技术的快速发展让那些没有"创造"和"合作"能力的人时刻面临失业的威胁。

中共中央办公厅和国务院办公厅在 2017 年印发的《关于深化教育体制机制改革的意见》提出："要注重培养支撑终身发展、适应时代要求的关键能力。在培养学生基础知识和基本技能的过程中，强化学生关键能力培养。培养认知能力，引导学生具备独立思考、逻辑推理、信息加工、学会学习、语言表达和文字写作的素养，养成终身学习的意识和能力。培养合作能力，引导学生学会自我管理，学会与他人合作，学会过集体生活，学会处理好个人与社会的关系，遵守、履行道德准则和行为规范。培养创新能力，激发学生好奇心、想象力和创新思维，养成创新人格，鼓励学生勇于探索、大胆尝试、创新创造。培养职业能力，引导学生适应社会需求，树立爱岗敬业、精益求精的职业精神，践行知行合一，积极动手实践和解决实际问题。"这一文件提到了四种关键能力，即认知能力、合作能力、创新能力和职业能力。这里的职业能力并不是具体从事某一项职业的能力，而是积极动手实践和解决实际问题的能力，也就是强调我们前面所说的真实性。同时可以看到，前面所说的两大素养群在这里都有所体现。比如强调要培养学生独立思考的能力，而不是记住专家结论。独立思考的内涵和批判性思维是类同的。文件中所提及的认知能力加上创新能力，就是我们所说的专家思维，而合作能力就是前面所说的复杂交往。

3．从教授专家结论转向培养专家思维

如前所述，专家思维和复杂交往是真实性的两大支柱，这里我们重点论述时代转型背景下从教授专家结论向培养专家思维的转向。工业时代强调教授已经得出的专家结论，专家结论被分学科挑选和浓缩，由学科专家整理编制成教材，再通过教师教授给学生。其评价也主要检验学生掌握专家结论的情况。无论是教师、家长还是学生自己，关心的都是这些专家结论让学生获得了多少分数。至于这些专家结论对学生未来解决真实问题起了多大的作用，却鲜有人关心。柯林斯（2018）[30-31]坦言："几乎没有人研究过在学校里究竟能得到什么，以及学到的东西能记得多久。……许多关键技能都是在工作经验和前辈指导中学到的"柯林斯陈述了一个让教育者们无比沮丧的事实，那就是"教专家结论的教育"低效甚至无效。只不过是工业时代大部分工作对人的要求并不高，很多技能可以到岗位上现学现用，所以掩盖了"教育低效"这一事实。从这个角度来看，工业时代的教育相对比较"粗糙"，学校所学有很大一部分在学生应付完考试后就被遗忘了，学多学少与未来的关系不大，这就造成了教育上的某种"浪费"。

而信息时代则要求一种更"精准"的教育。因为有人工智能的挑战，工作对人的要求在不断提高，简言之就是需要人做人工智能做不到的事，而人工智能不具备的恰恰是以创新为特征的专家思维。

括而言之，素养导向体现在课堂转型上，重点就是要从教授专家结论转向培养以创新为特征的专家思维。我们发现，惰性知识的产生常常是因为学生记住的仅仅是书本上所写的专家结论，而没有通过这种专家结论掌握其背后的专家思维。专家思维也是杜威（Dewey）和布鲁纳（Bruner）所强调的。加德纳（Gardner，2006）将学科智能（disciplined mind）列为"面向未来的五种智能"之首，他认为学生只有超越具体的事实和信息，理解学科思考世界的独特方式，未来他们才有可能像一个科学家、数学家、艺术家、历史学家一样去创造性地思维与行动。未来，不仅工作需要专家思维，生活也需要专家思维，如珀金斯（2015）[35]所说："基础教育应当塑造业余的专家，而非强求专业知识。业余的专家能够自信地、正确地、灵活地理解和运用基础知识。"也就是说，即使未来不从事相关专业的工作，每一门学科所蕴含的思维方式也会影响人的日常生活。

二 | 深度学习：
像专家一样思考

什么是深度学习？一些人会望文生义。笼统地讲，深度学习（deep learning）就是"有深度的学习"，但到底什么是"有深度的学习"？做更难的题是不是有深度？学得更多是不是有深度？事实上，深度学习与前面我们所说的"真实性"是密切相关的。富兰和兰沃希（2016）[18] 将深度学习定义为"在现实世界中创造和运用新知识"，刘月霞和郭华（2018）[32] 则认为深度学习就是"把握学科的本质及思想方法，形成积极的内在学习动机、高级的社会性情感、积极的态度、正确的价值观，成为既具独立性、批判性、创造性又有合作精神，基础扎实的优秀的学习者，成为未来社会历史实践的主人"。因此，深度学习和真实性学习（authentic learning）的概念内涵是相通的，都指向培养学生解决真实问题的素养，教会学生像专家一样思考。

（一）浅层学习和深度学习的区别：能否实现高通路迁移

1. 高通路迁移和低通路迁移

深度学习强调在"现实世界"中"创造和运用"，运用的过程就是迁移的过程。因此，迁移是把握深度学习内涵的关键词。"迁移被定义为，把在一个情境中学到的东西迁移到新情境的能力"。（布兰思福特 等，2013）[45] 一些教育家直接将迁移作为教育的终极目标，"迁移是终极目标，达成它的难度极大。然而学习只有在学生达到迁移水平时才算完成"（Fisher et al.，2016b）[19]。事实上，迁移也有不同的机制。珀金斯和所罗门（Salomon）按照任务的相似性区分了两种迁移：当新任务与原任务相似时，称为"低通路迁移"（low-road transfer）；当新任务与原任务不相似时，称为"高通路迁移"（high-road transfer）。（Perkins et al.，1988）

　　高通路迁移与低通路迁移有着非常不同的迁移机制。低通路迁移的机制是"具体→具体"，是指从具体到具体的迁移，这种迁移依靠的是旧任务与新任务之间的相似性。两种任务越相近，这种迁移就越容易完成。"刷题"就是一种低通路迁移，它通过让学生在做题时回想曾经做过的题目，找到相似的解题思路，从而成功答题。背诵作文模板也是类似的情况，学生通过回忆背过的范文，找出其中与新题目有关的内容，从而完成作文的写作。

　　高通路迁移与低通路迁移不同，它要在不相似的任务中完成迁移。吉克（Gick）和霍约克（Holyoak）曾经做过一个经典实验，让一组大学生先学习一个案例，即"将军要占领一个要塞，但通往这个要塞的路上布满地雷，使得大规模行军不可行，于是将军的解决方法是把军队分成若干小分队，探索出一条可以避开地雷阵的小路，各小分队都先后从这条小路过，最后在要塞会师"，然后让他们解决一个医学上的难题，即"现在有一个胃癌病人，要用激光射线治疗，但如果集中照射，肿瘤被破坏的同时周围组织也会受到损害"。大学生受到将军解决方法的启示，建议把射线也分成若干股，长时间分散照射。这两个情境完全不同，但是学生也可以迁移，这就是高通路迁移。（Gick et al.，1983）

　　相对来说，低通路迁移的机制更容易理解，高通路迁移的机制就有些令人费解了。那么，人们是如何在不相似的情境中完成迁移的呢？高通路迁移的机制是"具体→抽象→具体"，也就是说要从很多具体的案例中抽象出一个原理，再用这个原理指导下一次任务的完成。

　　举一个比较极端的例子，低通路迁移与高通路迁移之间的区别有点类似于"抄袭"和"借鉴"的差异（尽管严格来讲，抄袭可能连低通路迁移都算不上）。通过抄袭完成的文章往往与原文非常相似，而且质量一般比原文差。但是借鉴就不一样了，无论是写论文还是做课题，一般都要求有文献综述，也就是对前人的研究进行概述、总结和评论。借鉴的目的是在前人的基础上形成自己的思路，为创新作好准备。并且借鉴是多方面的，比如在写论文前，应该去看看"好的论文应该怎样写"，甚至不限于你要研究的主题，即使你写的是本科毕业论文，也应该去看看优秀的硕士学位论文和博士学位论文，而且不能只看一篇，从那些优秀论文中你会归纳出论文写作的原理。

　　写论文是如此，申报课题和上公开课也一样，如果您这次的课题没有申报成功，那么您有没有去总结过那些申报成功的课题都有什么共同点？如果您今天要上一节公开课，建议您不仅要看看同一个内容的教案，而且可以拓宽思路，看看从特级教师最新的教学设计中可以汲取什么营养，等等，这些都属于高通路迁移。

事实上，日常生活中人们也常常无意识地在进行高通路迁移。下面举一个我自己生活中"去食堂吃饭"的例子来帮助大家理解。

> 浙江大学紫金港校区西区的食堂共有三层楼。第一天，我去了三楼，发现自选区的菜非常好吃。于是我从第一天的经历中抽象出一个原理，就是"食堂三楼的饭菜很好吃"。第二天，我又去了三楼，觉得饭菜还是很好吃，这验证了我归纳的原理。第三天，我又去了三楼，但这次去得比较晚。第一天、第二天我都是11：30去的，而第三天我12：30才到，结果发现三楼的自选区窗口已经没什么菜了，最主要是没有蔬菜了，都被卖光了。从这三天的经历中我抽象出一个更高位的原理，就是"12点之前三楼供应的菜比较丰盛，但是12点之后就供应不足了"。这个抽象原理又指导了我第四天的生活，我那天很早就去吃饭了。可是到了第五天，又出现了新的情况，那天上午我有课，12：15才下课，赶到食堂就已经是12：30了。根据我前四天得出的抽象原理，我知道此时如果去三楼肯定没什么菜了，特别是没有蔬菜了。这个时候我就开始思考，食堂的三楼是这种情况，那一楼是不是会不一样呢？于是我就去了一楼，发现可供选择的菜还挺多的。这是因为一楼不是自选式的，而是现做的，比如有人点了一份牛排或者鸡排，只要有原料就可以现做，而且荤素搭配。于是通过这五天的经历，我抽象出一个更高位的原理，就是"如果12点之前到食堂，我可以选择一楼或者三楼用餐；而如果是12点以后到食堂，我最好选择去一楼用餐"。

这个例子展现的就是日常生活中发生的"具体→抽象→具体"的高通路迁移，只不过这种迁移通常是无意识发生的。但如果我们认真反思一下，就不难发现高通路迁移的痕迹。另外，从上面这个案例也不难发现，具体案例越丰富越多样，抽象出来的原理就越高位，可以指导更多的具体案例，如图1-4所示。

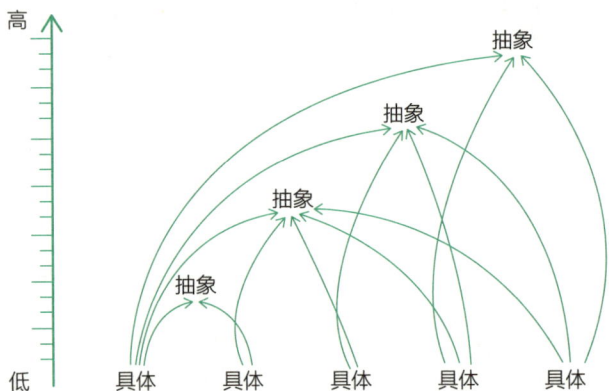

图1-4 "具体→抽象→具体"的高通路迁移路径

十几年前，我们曾采访过 20 位特级教师，结果发现这些特级教师尽管风格迥异，但是却有一个非常明显的共同点，就是所有特级教师都会有良好的反思习惯。比如上完课以后会想："这节课与以往的课相比好在哪里？不好在哪里？下次应该如何改进？"他们的反思就是高通路迁移，即从具体的教学经历中不断地总结更高位的抽象原理。

综上所述，高通路迁移在一定程度上形成了反映专家思维的认知结构，而低通路迁移只是在表面上掌握了专家结论。低通路迁移基本只发生在学校教育中，因为在学校教育的场景中学习的内容有限，所以出现相似任务的概率就比较大。而在复杂的现实世界里很少有那么多相似的情境，尤其是在信息时代，如果新任务与原任务非常相似，这样的工作很有可能就不需要人来做，完全可以交由人工智能等技术完成，留给人解决的问题往往是新问题。所谓创新，就是指要完成的这个任务和以往已经完成过的都不一样，如果别人已经做过了你再做一遍，那显然就不叫创新了，比如抄袭的文章是绝对不能拿去发表的，因此创新必定是一种高通路迁移。

而且现实世界中的新问题常常是劣构（ill-structured）的。所谓的劣构是与良构（well-structured）相对应的。从问题解决的三要素（目标、条件和路径）来看，三个要素都清楚的叫良构问题，三个要素中有一个或者一个以上不清楚的叫劣构问题。劣构问题是错综复杂且动态变化的，因此就很难像解答学校中的良构问题一样，能轻易找到熟悉的方法或思路。要解决劣构问题，需要我们建立更具弹性的认知结构，斯皮罗等（Spiro et al., 1987）认为，劣构问题所属的知识领域有纵横交错的概念，并夹杂着交叉变化的案例，那些"现成"的预先准备好的知识结构常常是失去效用的。因此，老师们要从原封不动地再现知识结构，转向引导学生建构更加灵活的认知结构，并能根据具体的情境通过整合和重构知识来解决问题。

斯特恩等（Stern et al., 2018）[33] 则在高通路迁移和低通路迁移的分类基础上加了一个"学科领域（学校教育）和现实世界"的维度，构成了迁移的四个象限（如图 1-5 所示），更加清晰地从迁移角度解释了创新。创新是指"迁移至高度不相似的现实世界场景"，面对现实世界的复杂问题，需要自己找到线索，综合所学形成解决方案。迁移的最终目的是解决现实世界中的挑战，而不是仅满足于解决学校场景中的任务和问题，"教育工作者希望学生能把学习从一门课中的一个问题迁移到另一个问题，从一学年迁移到另一个学年，在学校与家庭之间以及从学校迁移到现场"（布兰思福特 等，2013）[45]。

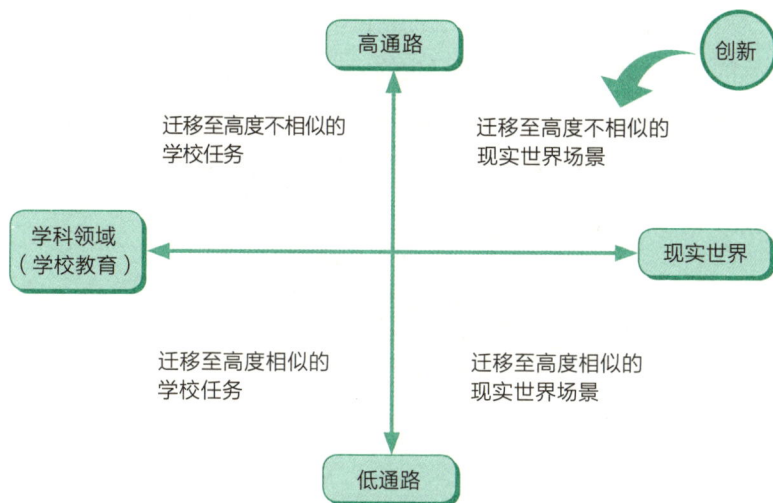

图1-5 迁移的四个象限

2. "宽而浅"的学习和"少而深"的学习

菲德尔（Fadel）等（2017）用 V（volatility，易变）、U（uncertainty，不确定）、C（complexity，复杂）、A（ambiguity，模糊）四个字母来描述未来，同时提出了一个发人深省的问题："我们教给学生的东西能为这样的未来作好准备吗？"这不禁让人想起了几个世纪前，在农业时代向工业时代转型的背景下著名的斯宾塞之问，即"什么知识最有价值？"。而今天当我们从工业时代转向信息时代时，这个问题同样值得被思考，而且还要追问另外一个问题，即"怎样学习知识才有价值？"，也就是说，在时代转型背景下我们不仅应该关心"学什么"，还要关心"怎么学"。

带着对这两个问题的思考，菲德尔等领导的课程重构中心构建了一个全新的知识框架。如表1-2所示，它包括传统知识、现代知识和专题三部分。其中现代知识和专题是根据时代发展新增的内容。现代知识涉及与人们生活息息相关的六个主题。专题是贯穿于传统知识和现代知识学习中的六种思维方式。而传统知识则是我们所熟悉的数学、科学、语言（母语、外语）等学科，对传统知识的学习方式要进行重大改革，要思考怎样让这些传统学科更有价值。菲德尔等（2017）[69]提出，"（传统学科）学习目标应该重构。它的重心不再是涉及某个特定科目或主题中的所有内容，而是让学生以有意义的方式理解核心内容，提升学生的理解、记忆能力，加强学生的学习体验"。无论是传统知识、现代知识还是专题，都要思考以下问题："学科的本质是什么？""学生毕业离校后还能留下的是什么？""什么样的观念在学生的一生中会不断发展？"……

表1-2 课程重构中心构建的知识框架[①]

专题：跨知识全方位的适宜嵌入	全球素养 环境素养 信息素养 电子素养 系统思维 设计思维 ……	传统知识，组织方式如下： ● 概念和元概念 ● 过程、方法和工具 ● 分科、科目和主题 更多的跨学科整合
		● 数学 ● 科学 ● 语言——母语 ● 语言——外语 ● 社会科学（历史、地理、公民学和经济学等） ● 艺术（舞蹈、戏剧、媒体艺术、音乐、视觉艺术等） ● （视国家情况）……

① 改编自：菲德尔，比亚利克，特里林. 四个维度的教育：学习者迈向成功的必备素养[M].罗德红，译.上海：华东师范大学，2017：91.

续表

专题: 跨知识 全方位 的适宜 嵌入	全球素养 环境素养 信息素养 电子素养 系统思维 设计思维 ……	现代知识，组织方式如下: • 概念和元概念 • 过程、方法和工具 • 分科、科目和主题 **跨学科整合的程度更大**
		• 技术与工程，包括: 计算机科学，特别是编码、机器人学和人工智能; 生物工程，特别是基因编码和合成生物学; 高级制作，包括3D打印; 等等 • 媒体，包括: 新闻（电子），电影 • 创业学和商业 • 个人金融 • 健康，包括: 身体，心理 • 社会体系（社会学和人类学等） ……

从上述课程重构中心的知识框架中可以发现，无论是传统知识还是现代知识，组织方式的最顶端都是反映专家思维的"概念和元概念"，引导学习向纵深发展。赛泽（Sizer，1984）提出，要变"宽而浅"的学习为"少而深"的学习。所谓"宽而浅"，是指学生积累了大量专家结论，但却没有从专家结论中学习到专家思维，因此只是横向扩展。这就像吃了很多东西但没有消化，久而久之就撑成了一个不健康的胖子。深度学习则强调在学习过程中培养学生形成专家思维，教会学生像专家一样思考。这样当学生面对从未遇到过的问题时才能做到高通路迁移，创造性地解决问题。因此，深度学习所提倡的"少而深"的学习并不是指学得少，而是指将专家结论结构化，围绕专家思维来组织学习内容，做到纵深发展。就像一个有着良好消化系统的人可以充分汲取营养，当学习者掌握了结构后，就有可能学得更多。达克沃斯（Duckworth）将这种结构类比为地基，并指出学得快不等于学得好，"用砖一块接一块地垒起来建塔是一项非常快的工作。相比之下，建一座有很宽厚的地基或很深的地基的塔所花的时间要长得多，但是前者的高度很快就会达到它的极限"（达克沃斯，2005）[76]。

（二）探秘专家思维: 来自学习科学的依据

1. 专家思维: 发展自然知识

前面屡次提到专家思维，那么究竟什么是专家思维？专家思维的特性有哪些？下面依据学习科学的研究来加以阐述。

所谓专家，是指在某一领域具有专长的人；而专家思维就是指他们的思维方式。人们往往发现，专家在自己的领域拥有海量的知识，在具体的问题情境中能够顺畅提取并创造性地解决问题。那么，他们是如何做到这点的？这是因为专家发展的是自然知识，"专家是这样一些人，他们把自己领域内的要素变换成为他们自己的自然范畴"（凯恩 等，2004）[91]。

事实上，我们每个人对自然知识都不陌生。自然知识就是指自然而然发展起来的知识。在生活中我们能游刃有余地解决各种问题就是依靠的自然知识，自然知识镶嵌在一个复杂的网络中，因此可以被提取。

回顾杜威（2015）所说的"从经验中学"的思想，很多人将"经验"简单理解为一种方法或工具，也就是说在教授书本知识时联系学生的生活经验。比如在教授"长方体"概念时，让学生寻找生活中的长方体（牙膏盒等）来验证长方体的特征。而实际上，杜威说的经验不止于此，确切地说是指不断发展的自然知识，要将新学习的内容深深嵌入学生的经验。波戴夫（Boterf）将能力界定为"会行动，也就是在某一既定的背景中，会整合、调动和迁移一整套资源（知识、能力倾向、推理等等）来面对所遇到的不同问题或完成一项任务"（罗日叶，2010b）[51]，这里所说的自觉"整合、调动和迁移"的前提就是发展了自然知识。

那么，专家是如何发展他们的自然知识的呢？从学习科学的研究来看，自然知识的扩展就像是在创建一幅地图，而非自然知识的学习则像在画一条路线。

2. 路线和地图：分类记忆和位置记忆

分类记忆和位置记忆是两种不同的信息处理与存储方式。凯恩（Caine）等认为，"位置系统记录了生活经验的连续'经历'。分类系统则对组成'经历'的各个'部分'进行储存"（凯恩 等，2004）[39]。生活中我们常用的是位置记忆，它既可以是无意识的，也可以是有意识的。比如我们每天的生活中，除了少量信息需要有意记忆外，大部分信息是无意记忆的。如让你回忆晚餐吃了什么，大多数人都会很自然地提取信息，这显然不是有意记忆的。但是分类记忆则不同，它常常是有意识的，比如记忆单词等。凯恩认为，分类记忆是相对隔离、排斥变化的，它常常是线性的；而位置记忆则可以相互融合、弹性变化，它常常是空间性的。

因此，凯恩等（2004）[40]认为分类记忆创设"路线"，位置记忆则创设"地图"。路线就好比当我们到一个陌生的城市短期出差时，一般会依靠"导航系统""他人指路"或"直接打车"到达目的地。路线的好处是可以最快地到达目的地，但坏处是其实对这个城市并不了解，而且只知道一条路线，一旦遇到堵车或修路等意外状况时就会束手无措。而地图好比你去一个陌生的城市工作一段时间，你会有时间骑自行车或步行，在城市游览和闲逛，这样就慢慢获得了对这个城市的整体印象，包括它的地理分布、风土人情等。当你需要前往某地时，会有多条路线可供选择，遇到问题时也能灵活变换。

可见，专家的大脑中已经有了地图，他们是调用位置记忆来存储和提取信息的。地图可以定位所有的信息，而且这种定位方式不是线性的，而是网状的，具有很大的灵活性。在《聪明教学 7 原理——基于学习科学的教学策略》一书中有两张图描述了典型的新手思维和专家思维，如图 1-6 所示（安布罗斯 等，2012）[32]。

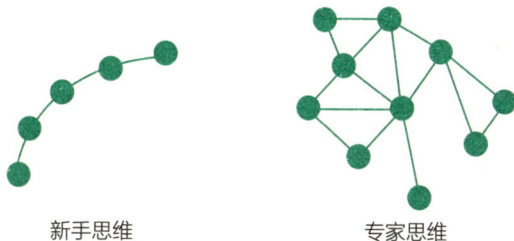

新手思维　　　　　专家思维

图1-6　新手思维和专家思维

这就像我们讲母语时往往会比较自信，因为每一个人在一定程度上都可以说是母语的"专家"，脑中形成了"地图"，对于同一个意思，你可能会有多种表达方式，所以会充满自信。而当我们讲外语时，大部分人都会比较紧张，因为就一门外语而言，大多数人都是"新手"，脑中只形成了"路线"，一旦想不起来某个词或某个句式就会卡壳。因此，凯恩等（2004）[92]提出教育目标应该是扩展自然知识，"自然知识非常像专业知识，因为自然知识为我们观察和感知世界的方式提供了框架"。

（三）深度学习：以理解促成高通路迁移

1. 深度学习：主动地创建地图

如恩特威斯尔（Entwistle）所说，不同于"着眼于个别事实的学习"的浅层学习（surface learning），深度学习是一种"寻求意义的学习"（Entwistle et al，2010），"有意义"在一定程度上指明了达成深度学习的条件和路径。因此，可以说，深度学习和"有意义的学习""意义学习"的内涵是一致的。无论是乔纳森等（2007）[7] 提出的有意义的学习的五个维度（主动的、建构的、合作的、真实的和有意图的），还是钟启泉（2021）提出的深度学习的三个视点（主体性学习、对话性学习和协同性学习），都是在强调"人与情境和他人的积极互动"。学习是由情境中的问题驱动的，是在与世界和他人的交互中对自我的经验进行重塑。这样的学习能够发展出"自然知识"而不是"惰性知识"，能够迁移到新的问题情境中，因此是有意义的深度学习。可以说，路线常常是外部强加的，一般不需要激发个人的主动性去探究，并且缺乏细节；而地图则是个人主动建构的，需要激发个人的主动性和好奇心进行充分探究，并与经验相链接。

地图学习需要学生发挥主动性，寻找新信息与经验之间的关联。值得注意的是，这里所说的经验不局限在学校内的经验，即学校里已经学过的知识，更重要的是激活生活中的经验。"地图建立了信息的内在组织，它所包含的信息要远远多于包裹在练习或课本中的信息。……这是一个极富创造的和凌乱的过程。"（凯恩 等，2004）[41-42]

而路线学习是相对确定的。因此，无论对于教学还是评价来说，路线学习都是方便的。这也解释了为什么学校教育更倾向于进行路线学习。然而，这却是当前教育的最大危机，"当我们意识到教育者更倾向于选择目标导向的路线学习而放弃丰富的地图学习时，大概就能明白教育面临的危机了，它解释了为什么我们的学生不会思考和推理"（Nummela et al.，1988）。这也是珀金斯（2015）[36] 所说的从迟钝的层级结构到灵活的网状结构的转变之关键。层级结构是自上而下地传递知识，就是路线学习；而网状结构则是将真实生活引入教育，让丰富的对话发生，从而密织师生脑内的地图。对话既发生于学生与学生之间、学生与教师之间，也发生于师生与教科书之间，达成佐藤学（2004）[40] 所说的"创造世界""探索自我""结交伙伴"三位一体的学习实践。因此，尹后庆（2021）提出教学方式变革的关键就是"联系"和"探究"，即引导学生在真实情境下通过主动探究去联系现实世界。

当然，这并不是说路线学习要完全被舍弃，而是说学习的目的是为了创建地图。路线可以提供一些先导，但只有当它融入地图时，才具有意义。

2. 理解促成高通路迁移

如前所述，高通路迁移和低通路迁移的机制和路径不同。也正因为如此，所对应的学习方式存在着本质性的区别，"知识的迁移要么需要高端的反思性学习，从而实现有意识的、深思熟虑的迁移；要么需要低端的大量实地练习，从而实现无意识的、自动的迁移"（珀金斯，2015）[116]。低通路迁移依赖的是新任务和原任务之间的相似性，比如通过大量的练习，让学生熟悉各种题型，达成相似的"具体与具体"之间的简单关联。而高通路迁移则不断形成"具体与抽象"以及"抽象与抽象"交错的复杂认知结构，从而能联结不相似的"具体与具体"。

而复杂认知结构，也就是前面所说的地图，需要通过理解来达成。那什么是理解？"理解既有动词意义，也有名词意义。"动词的理解就是"能够智慧而有效地使用"知识和技能。名词的理解是"努力去理解（动词）的成功结果——对一个不明显的观点的最终掌握，对许多无关联（可能看起来不重要）的知识元素所作的有意义推断"。（威金斯 等，2017）[45-46] 在布卢姆（Bloom）的认知目标分类里，"理解"或"领会"仅处于"记忆"之上，这就会给人造成一种误解，认为理解是一种比较低的认知水平。在划分低阶思维和高阶思维时，人们可能就会将布卢姆的六个认知水平拦腰截断，这样就将理解划入了低阶思维。但事实上，理解正日益得到重视，学习科学的最新研究都在为理解正名，当前许多学者都在讨论理解问题。埃尔金（Elgin）提出理解本位的知识论，加德纳提出了理解教育（education for understanding），威金斯和麦克泰格（2017）提出了理解为先的教学设计（understanding by design）。"新学习科学的一大特色就在于它强调理解性学习"（布兰思福特 等，2013）[8]，只有在理解的基础上才有可能实现高通路迁移，达成创新。

3. 理解的六个维度

如前所述，理解就是编制一幅地图或一个网络，在这幅地图或这个网络中，既有具体案例，也有抽象原理。无论是在中文还是在英文中，理解的内涵都是极其丰富的，理解不仅发生在认知领域，也发生在情感领域。威金斯和麦克泰（2003）梳理了理解的六个维度，即解释（explanation）、释译（interpretation）、应用（application）、洞察（perspective）、移情（empathy）、自

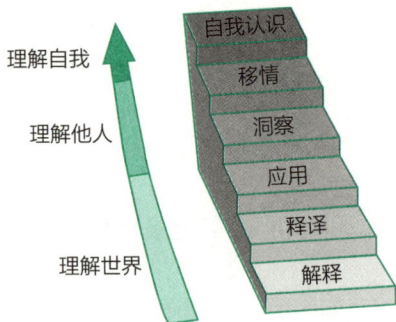

图1-7　理解的六个维度

我认识（self-knowledge）；而这六个维度分属三个领域，即理解世界、理解他人和理解自我（如图 1-7 所示）。

具体来说，理解的六个维度如下。

维度一，解释（对事物进行合理、恰当的论证说明）。与解释相关的问题是：为什么会这样？用什么来说明此类事件或行动？怎样说明？它与什么相联系？它是怎样起作用的？有什么含义？解释的关键点在于"联系"，要形成一个思维的体系。简单来说，就是不仅要知道"是什么"，而且要知道"为什么"和"如何"。学会解释的一个重要外显特征就是"融会贯通"。具体来说，评价一个学生的解释能力主要看以下几个方面：①具有精细的分辨能力，能够把握核心内容，如重要观念、关键时刻、关键问题等；②能融会贯通地把握文本，不仅知道"是什么"，还知道"为什么"和"如何"，避免简单化和表面化的看法，能系统地阐释文本。

维度二，释译（能提供有意义的阐释、叙述和翻译）。与释译相关的问题是：讲述意味着什么？为什么它会如此重要？它与"我"有什么关系？它在人类的经历中说明了什么？怎样才能言之有理？释译和解释很容易混淆，因为释译也重视"联系"，但解释更关注的是"理论本身的内部联系"，而释译则更注重"理论与'我'的生活的联系"，或者换言之就是"理论对于'我'意味着什么"。把释译这个词拆开就是"解释"和"翻译"，因此学会释译的一个重要外显特征就是"异曲同工"，会用自己的语言讲述理论对"我"的意义和启示。

具体来说，评价一个学生的释译能力主要看以下几个方面：①能读出"言外之意"，可以阐发文本中人的行为或事件内含的意义；②结合自己的经验和经历对文本进行合情合理的解读。

维度三，应用（一种能将所学知识有效地应用于新环境的能力）。与应用相关的问题是：我们如何应用所学的理论？用在何处？如何因地制宜地对理论进行提炼、改造，让它更符合我们的需求？学会应用的一个重要外显特征就是"因地制宜"。具体来说，评价一个学生的应用能力主要看以下几个方面：①能够创造性地在不同的复杂情境下运用理论；②在行动中能灵活地进行自我调整。

维度四，洞察（观点深刻并具有批判性）。与洞察相关的问题是：基于谁的立场？从哪一个有利的立场出发？需要明确考虑什么样的前提预设？哪些观点需要阐明？哪些已得到确证？论据是否足够？合理吗？这些观点的优缺点是什么？是否可信？其局限性是什么？洞察的关键词是"视角"和"立场"，学会洞察意味着探析理论背后的假设和立场，尝试从不同的角度看问题。学会洞察的一个重要外显特征就是"高屋建瓴"。具体来说，评价一个学生的洞察能力主要看以下几个方面：①能够洞悉观点背后的立场或理论的前提；②了解观念的来龙去脉；③对理论进行批判性的解读，既能发现它的价值，也能了解其局限性；④独立思考，能够发现偏见的不合逻辑性。

维度五，移情（能深入体会另一个人的感情和观点的能力）。与移情相关的问题是：这对你意味着什么？对于"我"所没了解的，他们了解了什么？如果"我"要达成理解，需要哪些经验？实际上，移情也可以算是一种洞察，即洞悉每一种观点背后的立场，学会从不同视角看问题。只不过与洞察相比，移情要更近距离、设身处地地体会别人的思想情感。学会移情意味着要想别人之所想，感别人之所感。学会移情的一个重要外显特征就是"推己及人"。具体来说，评价一个学生的移情能力主要看以下几个方面：①能够站在他人的立场感知、理解乃至欣赏他们的处境和观点；②学会倾听，能够开放自我，不断接纳新的观点以更新自己的观点；③能够意识到一种观念或理论是怎样被误解的。

维度六，自我认识（一种认识到自己无知的智慧，能够理智地认识自己思维与行为模式的优势及局限性）。与自我认识相关的问题是："我"如何形成自己的观点？"我"的理解力局限何在？"我"的盲点何在？因为受制于偏见、习惯、思维或行为方式，"我"容易对什么产生误解？自我认识意味着一种"元反思"和"元认知"，也就是对思考本身进行反思，包括思考的立场、思考的方法、思考的盲点等。在自我认识中，个体逐渐增强自我评价和自我调整的能力。学会自我认识的一个重要外显特征就是"躬身自省"。具体来说，评价一个学生是否能自我认识主要看以下几个方面：①了解自己思维的局限性，克服非此即彼的狭隘思维，超越自我中心、民族中心、当代中心，克服怀旧情绪；②认识自己的智力类型、思维风格和学习方法等；③能进行准确的自我评价与有效的自我调整；④宽容地接受他人建议甚至批评。（刘徽，2016）

三 | 大概念：
理解的锚点

　　理解了核心素养的"真实性"内核，就为改革指明了方向，从而在理念层面为课堂转型作好了准备。然而，要将核心素养真正落实到课堂教学中，还需要作进一步的缕析。在 2020 年第三届全国思维型教学大会上，申继亮（2020）教授在解读教学改革如何深化时提到了"三个转化"。第一个转化是课本与现实之间的相互转化，第二个转化是具体和抽象之间的相互转化，第三个转化是问题和答案之间的相互转化。而这三个转化都与大概念有关系。

　　近年来理论界和实践界都不期而同地将目光聚焦到了"大概念"上，形成了"大概念是落实素养导向教学的抓手"这一共识。国内外一大批学者对大概念进行了探索，同时也得到了实践的积极响应。许多国家把大概念写进了课程标准，大概念以不同的措辞形式（除了大概念，还有主要概念、横切概念、基本概念、关键概念等）出现在中国、美国、加拿大、澳大利亚、新加坡等国家或地方的课程标准里。我国《普通高中课程方案（2017 年版）》中提及"进一步精选了学科内容，重视以学科大概念为核心，使课程内容结构化，以主题为引领，使课程内容情境化，促进学科核心素养的落实"，而学校层面的实践探索也在世界各国方兴未艾。

（一）理解的关键是建立大概念

理解要形成包含具体与抽象互动的复杂认知结构，关键在于抽象大概念的建立。大概念就是我们所说的高通路迁移中高位的"抽象"，它其实是奥苏贝尔（Ausubel）所说的上位观念的一种重要形式，"新近产生的知识急剧膨胀，要求我们精心选择'最核心的观念'（big ideas）"（奥苏贝尔，2018）[185]。大概念能成为认知结构中重要的关联点，不断吸纳、组织信息。因此，大概念是专家思维的典型特征，专家的知识是通过大概念来组织的，反映专家对学科的理解深度。"专家拥有的不仅仅一个罗列了相关领域的知识和公式的清单，相反他们会围绕核心概念和大概念来组织相关领域的知识，正是这些核心概念和大概念引导他们深入思考。"（Bransford et al.，2000）[36]

季清华和她的同事（Chi et al.，1982）曾经做过一个对比研究，让专家与新手以"解决问题的相似性"为标准对大学《物理学导论》的物理问题进行分类，结果发现新手把表面上都有"斜面"的问题分成了一组；而专家则把表面上看来大不相同但都涉及"机械原理"中的"能量守恒"和"牛顿力学定律"这两条大概念的问题分在一起。如果我们把专家和新手的思维导图都呈现出来就会更清楚。如图 1-8（Chi et al.，1982）[89] 和图 1-9（Chi et al.，1982）[88] 所示，不难发现，新手的核心概念是"斜面"，而专家的核心概念是"机械原理"。而研究者通过对专家和新手的访谈发现，相比新手直接搬相应的公式出来，专家会提到解决问题的原理，同时解释为什么要应用这些原理以及如何应用。

脑科学的研究也证明了大概念的重要性，"脑处理的不是分散的信息而是概念，这些概念处在认知机制的中心"（焦尔当，2015）[42]。事实上，有许多学者都提到过大概念的重要性，只不过措辞有所不同。比如杜威就提过"概念"对迁移的重要性。他提出在教育中，无论怎样强调概念理解的重要性都不过分。迁移的实现在一定程度上就是依托概念的不断生成，当我们面对未知时，它是我们可以赖以思考的已知，而每一次探索未知，都会有新的概念生成。（杜威，2015）又如布鲁纳提及的"一般观念"（general idea）。他说学习为将来服务有

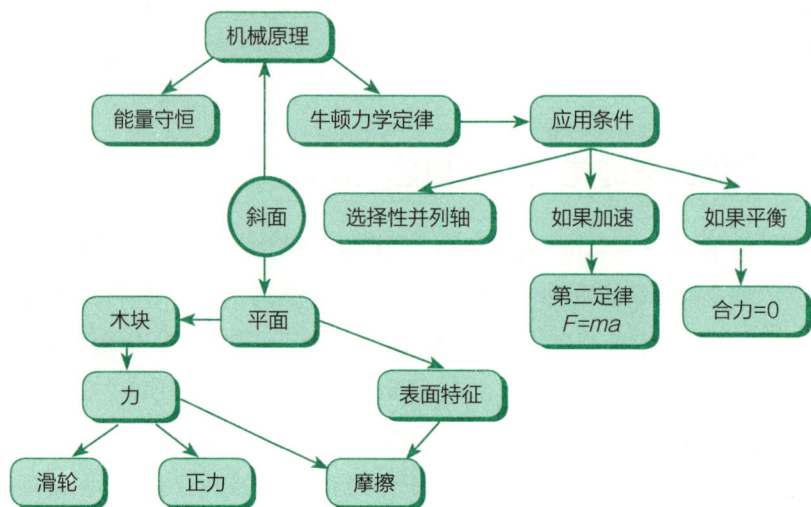

图1-8　专家的思维导图

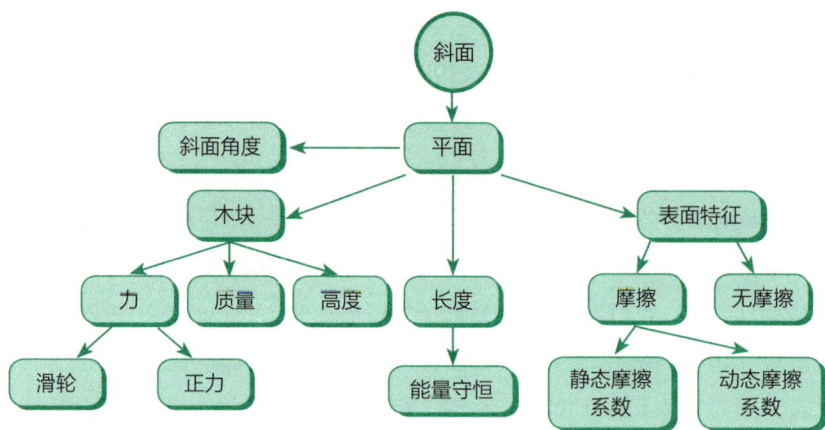

图1-9　新手的思维导图

两种方式，一种是特殊迁移，另一种是非特殊迁移。特殊迁移就是学习未来真实生活中有用的知识与技能，可以直接迁移，比如认字和计算。但特殊迁移是非常有限的，大部分是非特殊迁移，而非特殊迁移依靠的就是"一般观念"。"这种迁移，从本质上说，一开始不是学习一种技能，而是学习一个一般观念"（布鲁纳，1989）[31]。类似的表述还有怀特海（Whitehead，1929）的观念结构（structure of ideas）、珀金斯（2015）的全局性理解（big understandings）和菲德尔等（2017）的元概念（meta-concept），等等。

学者们还用各种隐喻来体现大概念的核心位置和关键作用，比如威金斯等（2017）[75]提到的锚点，认为"大概念既是各种条理清晰的关系的核心，又是使事实更容易理解和有用的一个概念锚点"。除了锚点，威金斯和麦克泰格（2017）还把大概念比为车辖，有了车辖，车轮等零部件才能组装起来，否则只能散落一地、毫无用处。除此之外，还有魔术贴（**威金斯 等**，2017）、衣架（Hattie，2012）、透镜（Marschall et al.，2018）、建筑材料（Whiteley，2012）等大概念隐喻。

（二）何为大概念？

大概念可以被界定为反映专家思维方式的概念、观念或论题，它具有生活价值。和大概念配套的动词是"理解"。要正确理解大概念，就要理解大概念的"大"和"概念"。

1. 理解大概念的"大"：反映专家思维，具有生活价值

如何理解大概念的"大"？很多人会将大概念理解为学科的基础概念或重要概念。但威金斯和麦克泰格（2017）特别指出，大概念的"大"的内涵不是"庞大"，也不是指"基础"，而是"核心"。这里所谓的"核心"指的是"高位"或"上位"，具有很强的迁移价值。但我们很容易将大概念的理解囿于学校教育的范围，即认为所谓的大概念，就是学科的重要概念，它们可以联结学科内的概念，达成学科内知识的融会贯通。但如前所述，今天的教育要关注学生未来所要面对的现实世界，因此大概念的迁移价值更体现在走出学校后。因为从迁移的角度来看，如果只是"系统"地学习了书本知识，那么当学生离开学校后，"系统学习"的知识就很有可能被"系统忘记"。因此，大概念不仅要打通学科内和学科间的学习，还要建立学校教育与现实世界的联结。"学科学习会因为有了大概念这个固着点而被赋予现实意义，掌握得更加牢固和持久。不仅如此，大概念也是学习的自我生长点，学生靠大概念自主学习的内容远比教师能讲的多，并且在他们的未来持续发生作用。"（刘徽，2020a）

大概念是个相对的概念，哈伦（Harlen）以适用范围的不同区分了大概念和小概念，比如"蚯蚓能很好地适应在泥土中的生活"是小概念，与此对应的大概念是适用范围更广的"生物体需要经过很长时期的进化形成在特定条件下的功能"。（哈伦，2011）[9] 但"适用范围的不同"这一说法相对比较含糊，大概念究竟"多大合适"？珀金斯（2015）[3] 提出的"生活价值"（lifeworthy）这一概念，更明确地体现了大概念的"大"意味着与未来的真实生活相关联，"对学习者的生活有意义的知识才可能具有长久的生命力"。其实怀特海（Whitehead，1929）[12] 早说说过"教育只有一个主题，那就是五彩缤纷的生活"。其中的理由也很简单和朴素，正因为有生活价值，大概念才有机会在日常的具体情境中被不断地运用，而每一次的具体运用都在提升它的可迁移性。而小概念则因为很少有机会在现实世界中被运用，所以慢慢就被人遗忘了。这里给大家举个简单的例子，就会更容易理解。比如我们在考驾照时，许多教练会教学生背诵一些口诀（"看到什么线打几圈"之类）来应付场考，然而大家拿到驾照三个月后就没有几个人记得这些口诀了。这是因为大部分人在真实开车时，会发展出另外一套自己的方法，久而久之，这些当初你背得滚瓜烂熟的口诀自然就被忘得一干二净了。

再回到学校教育中来，我们以数学为例。如果只是单纯地介绍三角函数的结论，很大程度上它可能只是个小概念。在日常生活中我们几乎不会用到三角函数，因为人们在生活中应用它的场景非常少，久而久之就把它遗忘了。但这是不是说，三角函数就不要教了呢？不是的，只是不能就"三角函数"教"三角函数"，而要通过三角函数让学生去理解函数的思想。许多老师会说："我教三角函数时也会提到三角函数是一种函数啊！"这里的问题在于我们把教学的重心放在哪里。

在大概念教学中，教三角函数的重心放在函数思想上。函数思想，我们可以称之为大概念，因为它反映了变量与变量之间的关系，在日常生活中是非常常见的。那么，函数大概念再往上是什么呢？那就是数学抽象大概念和数学建模大概念。比如在现实世界中，函数往往是拟合出来的，也就是说数据一般是呈散点状分布的，我们要做的就是发现其中的规律，并以函数方式来表示。例如在某一个年龄段内，人的身高（y）是与年龄（x）成正比例函数关系的，因为大部分人是随着年龄增长逐渐长高的，当然也有些人的身高变化比较特殊，如在短期里突然蹿高，这些我们称之为特异数据，在拟合过程中一般将其排除。至此，我们也理解了为什么 x 会有取值范围，因为超过一定的年龄，人就不再长高了。而数学抽象大概念和数学建模大概念再往上，就是归纳思维、系统思维等跨学科大概念了。如果学习者真的能够把三角函数与函数思想、数学建模、数学抽象甚至归纳思维、系统思维等都关联起来，那么未来甚至连三角函数也不容易被他遗忘了。

不同于数学、科学等学科，语文、英语等学科没有那么多小概念，更多的是方法、策略、要素和格式等，但如果没有联结上位的大概念等，习得的方法、策略、要素和格式很容易被机械地使用。因此，有人说大概念就是我们以往所讲的"授人以鱼，不如授人以渔"中的"渔"，这就把大概念等同于方法了。事实上，大概念在方法之上。现实世界中方法也是不断变化的，就像"渔"也经历了"用手抓鱼→用竿钓鱼→拉网捕鱼→水产养殖"的过程，而在这些方法之上是"工具创新"的大概念。

就拿真实生活中我们常用的通知为例，在学校我们学习了如何在纸上写通知，即一般第一行写"标题"，第二行写"通知的对象（称呼）"。但到了现实世界，信息时代的我们已经很少在纸质媒体上写通知，大部分通知是在电子媒体上完成的。当我们在微信上发通知时，格式则比较自由，在写"通知的对象"时一般会写"@某某某"，因为这样写，微信就会自动提醒你的通知对象；有时则会以群公告的方式通知所有人。尽管一般来说微信中会把"通知的对象"写在第一行，但也可以自由变换。因此，如果你只学到了写通知的方法和格式，很难将它们迁移到真实生活中。但无论是纸质媒体还是电子媒体，通知的大概念是不变的，即"通知要求高效、准确、完整地将关键信息传递给需要的人"。纸质媒体上的通知之所以有固定的格式，是为了让人们快速找到需要的信息，比如我想看看这张贴在布告栏里的通知是不是和我有关，我就自然会去看第二行的"通知的对象"；而电子媒体的提醒功能则更能帮助人们快速判断通知是否和自己有关。

综上所述，大概念和小概念、方法的区分关键在于"生活价值"，大概念之所以有生活价值，就是因为它反映了专家的思维方式。如果小概念和方法没有与大概念建立联结，就很容易出现"没有用""没法用"或"被误用"的情况。在这里，小概念和方法的情况还有所差别。小概念如三角函数，在日常生活中的应用机会的确很少，常常是"没有用"，而方法如写通知的格式，在日常生活中有很多应用机会，但是如果不理解反映专家思维的大概念，就往往会"被误用"。很多老师喜欢教方法、技巧或套路，因为它们易学易教且立竿见影，但如果学生在不理解的前提下机械使用方法，则属于低通路迁移，在多变的新情境下很容易出错。这里的新情境不仅指在现实世界里，还指在学校教育中，题目只要稍一灵活，学生就束手无策了，这就是我们俗称的"教死了"或"学死了"。而如果理解了方法背后的大概念再使用方法，就属于高通路迁移，可以应对各种情境的变化。综上所述，大概念和小概念、方法的区别与联系如图1-10所示。小概念和方法常常是专家结论，很难迁移到现实世界中；而大概念则反映专家思维，因此它具有生活价值；还有一类在生活中形成的日常概念（everyday concept）。但无论是大概念、小概念、日常概念还是方法都带有抽象性，都需要有具体案例的支撑。大概念是有层级的，既有学科大概念，也有跨学科大概念。各种元素之间都是相互联结的，共同构成了认知网络。

就如布鲁纳（1989）所说，学习结构的目的在于当记忆部分丧失时，会有线索把一件件事情重新组织起来，因此学习结构或大概念不仅为了今天，还为了明天。我们以往教学的最大问题就是在小概念的层面精耕细作，却忽视大概念的建立，小概念与具有生活价值的大概念的关联性比较微弱。如果我们在小概念与大概念之间没有建立强有力的联系，那么因为缺乏生活价值，小概念就会被逐渐遗忘，就像很多人在离开学校一段时间后便不再记得三角函数是什么了。而只有当小概念与上位的大概念对接上，小概念才能处在联结中，并随着大概念的运用而被不断激活。

2．理解大概念的"概念"：不限于概念

"大概念"的英文是"big idea"，这里用的是"idea"而非"concept"，因此，也有学者将其翻译为"大观念"（邵朝友 等，2017）。威金斯和麦克泰格（2017）认为，大概念通常表现为一个有用的概念、主题、有争议的结论或观点、反论、理论、基本假设、反复出现的问题、理解和原则。埃里克森（Erickson）和兰宁（Lanning）提出"概念为本的教学"（concept-based instruction），虽然用了"concept"，但也不限于概念，也强调概括、原理和理论。（埃里克森 等，2018）杜威（2015）[148]也是用"concept"的，但他也说"我们的概念所包含的最多的个性特征和共性，显示了其相互之间的影响，而非仅仅表达物体的静态特

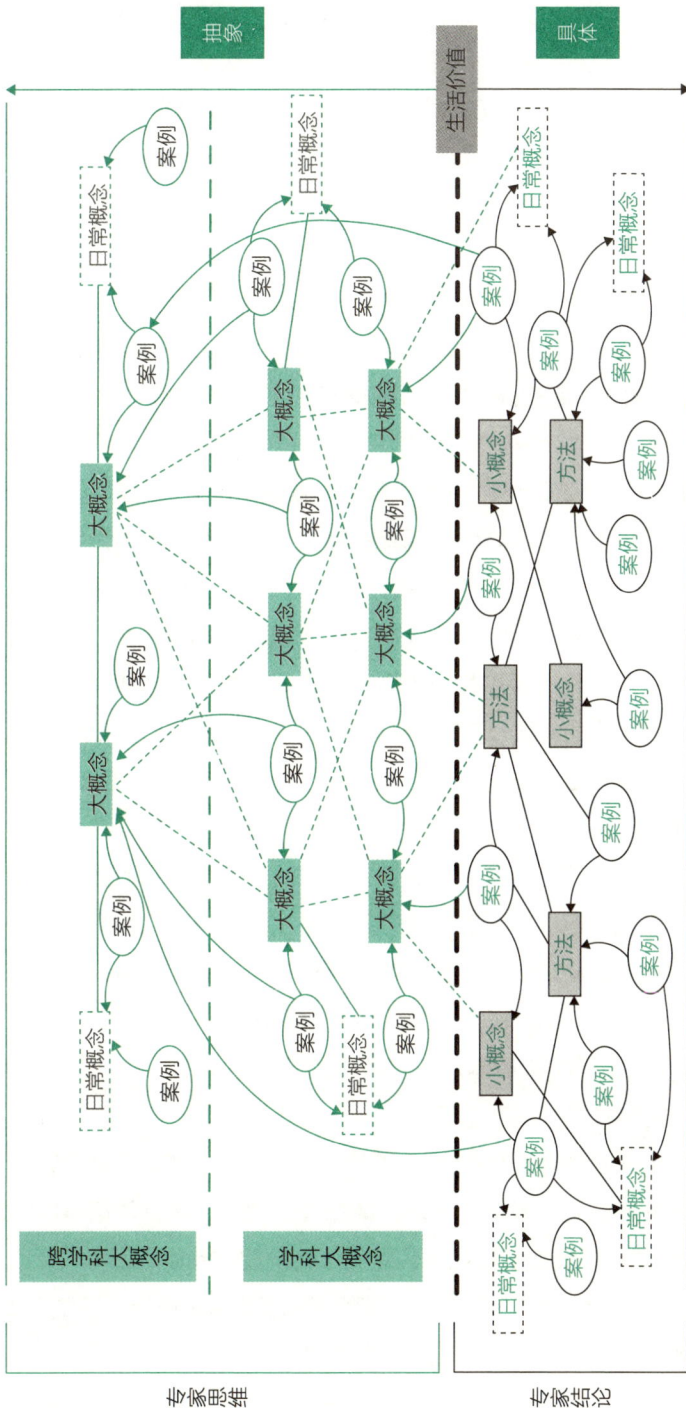

图1-10　大概念和小概念、方法的区别与联系

性"。可见，他们对概念的内涵解释远远超过了我们日常所理解的概念。陈嘉映（2007）[129] 则提出概念是一种理解图式，"概念是一些事实的结晶，结晶为一种较为稳定的理解图式，概念里包含着我们对世界的一般理解"。

综上所述，广义的概念其实就是高通路迁移中我们所说的与"具体"相对的"抽象"，它反映我们对世界的理解，或者称之为"概念性理解"，包括概念、原理、理论等各种抽象形式。

具体来看，大概念的三种表现形式如下：

①概念。这里指的是一种狭义的概念，指对一类事物本质特征的抽象概括。它是大概念的一种典型表现形式，这也解释了为什么那么多的学者会以"概念"来指称"大概念"。比如"生态系统是指在自然界中，由生物和环境共同构成的，处于相对稳定的动态平衡状态中的统一整体"就是概念形式的大概念。

应该说，一些重要的、核心的概念的确也是大概念，表现为两种。第一种是"高位的概念"，它在概念系统中是比较高位的，可以覆盖许多概念和现象。比如"生态系统"概念、"函数"概念等都是大概念。第二种是"关键的概念"，是指对于理解来说非常重要和关键的概念。比如布鲁纳（1989）曾经提到过动物的"向性"概念就是大概念，因为用动物"向性"的概念可以解释很多现象，这是动物与外界刺激互动的行为模式。又如小说中的"悬念"概念也是大概念，"悬念"设计的质量在很大程度上决定了小说是否能引人入胜。

这里特别要指出的是，埃里克森等人提出的"概念为本的教学"虽然指向的目标不限于概念，但"狭义的概念"的确是"概念为本的教学"的基础和重点。因此，"概念为本的教学"提到的"概念棱镜"指的就是"高位的概念"（也被称为"宏观概念"），比如"数形结合""诗歌欣赏"等。此外，他们也提到了"驱动概念"，指的就是单元中的"关键概念"，比如"悬念""想象""冲突"等，这一内容我们将在第二章中论述。

②观念。观念表现为一种看法和观点，常常反映了概念与概念的关系。比起概念，观念的形式更为多样和丰富，像原理、理论、法则等都可以写成观念的形式。比如，"神话反映了古代人民对创世大问题的集体意识"，"计时工具的设计和制作符合特定的科学原理"，"估算要考虑效率和质量之间的平衡"，等等。因此，观念形式的大概念是最常见的。

③论题。也有些大概念很难有明确的答案，这时可能表现为论题，这主要

出现在人文艺术领域。比如"艺术作品的评价""文学作品的评价"。对这类论题我们很难给出确切的答案，否则现实中就不会出现观点迥异的文学和艺术评论。但是对这些论题的研讨有助于学生建立专家思维，能有效提升学生的文学和艺术鉴赏能力，因此，论题也是一种特殊形态的大概念。

我们以往常常教一篇一篇小说、一首一首歌曲、一幅一幅画，却忽略它们上位的大概念。电影《蒙娜丽莎的微笑》中有一个片段，就是由朱莉娅·罗伯茨（Julia Roberts）扮演的沃森老师给卫斯理女子学院的学生们第一次上艺术史的课时，那些优秀的学生早早预习了课本，对书上一幅幅名作如数家珍，根本不给沃森老师讲解的机会，着实给她来了个下马威，于是沃森老师的第一次课就在学生轻蔑的冷笑、督导铁青的脸色下草草收场。第二次上课，沃森老师有备而来，她不再按部就班地讲书上的内容，而是围绕"什么是艺术？""艺术作品的好坏如何鉴赏？"等反映艺术本质的问题引导学生对一幅幅画作进行讨论，这样的课堂最终使她赢得了学生的尊重和赞赏。沃森老师的第一次课其实是在教专家结论，也就是对那一幅幅名作的赏析；第二次课则是在教反映专家思维的大概念"艺术作品的评价标准"，而这个大概念就是论题形式的。

总体来说，观念形式的大概念最为常见，概念形式的大概念次之，而论题形式的大概念则一般只出现在人文艺术领域，而且是人文艺术中比较高位的大概念。不过即使在人文艺术领域，大部分的大概念也是概念和观念形式的，论题形式的大概念只占少数。威金斯和麦克泰格（2017）认为大概念可以表现为一个词、一个句子或者一个问题。但这里必须指出，大概念一般是一个句子，而不是一个词语，比如"数学抽象""悬念"都是大概念的名称，而不是大概念。这是因为大概念是要促进理解的，但如果仅给一个词语，很难起到这个作用。

3. 大概念有不同层次

从前面三角函数这个例子中，我们可以看出大概念是有层次的，包括学科大概念和跨学科大概念，埃里克森和兰宁（2018）分别称之为微观概念和宏观概念。跨学科大概念的层次一般比学科大概念高，它可以包含下位的学科大概念。但即使是同一层次的学科领域的大概念也有层级之分，比如"数学抽象""数学建模"这两个学科大概念就比同样也是学科大概念的"函数"大概念的层次更高。

如果我们以具体为底、抽象为顶，可以拉一个巨网，顶端就是跨学科大概念。层次越高的大概念越抽象，可辐射的范围也就越广。但与此同时，大概念层次越高也意味着需要更多的具体案例加以支撑。而跨学科大概念就在这张网的顶端，它们超越学科，拥有最普遍的解释力。珀金斯曾经举过一个例子，他在讲座时常喜欢问听众一个问题："在学校学过的知识中，你认为自己真正透彻理解的有哪些？"一次后排有个听众回答说"欧姆定律"，即电流＝电压／电阻。这位听众坦言虽然在基础教育阶段学过，但真正透彻理解这个定律却是因为与大学舍友的一次交谈。舍友告诉他欧姆定律可以说是一种范式，在解决很多问题时都用得上。这番话激活了他脑中原先只困于灯泡世界并渐渐废弃的欧姆定律，他马上发现生活中的确有许多欧姆定律的用武之地。他不仅在实际生活中用欧姆定律选择了合适的通风系统，而且触类旁通，将欧姆定律迁移到了对其他问题的理解上，比如牛顿第二定律，因为它可以变形为"加速度＝物体所受的合外力／物体质量"，这与欧姆定律非常相似。进而他总结了一个更加上位的范式，即流量＝压力／阻力，这个更上位的范式可以突破物理领域，解释很多问题，比如法国大革命的强度＝改革的动力／改革的阻力、贪污＝权力／约束，等等。（刘徽，2018）

（三）大概念的生成机制

1. 具体与抽象的协同思维生成大概念

大概念是超越具体的抽象，很多人把重点放在了大概念的抽象特性上，甚至认为既然大概念那么重要，直接让学生把大概念背会就是了。这是对大概念特性的误解。《人是如何学习的：大脑、心理、经验及学校（扩展版）》一书中提到，专家思维是以大概念来组织的，但同时也指出专家的知识常常镶嵌在应用的情境之中。"专家的知识不能简化为一些孤立的事实或命题，而应反映应用的情境，也就是说，这些知识受一系列环境的制约。"（布兰思福特 等，2013）[27]。也就是说，专家的知识既是抽象的，也是鲜活的，抽象指的是它有大概念的支持，鲜活指的是它来自具体情境，并能返回到具体情境中被应用。

　　这里也给大家举个例子，十几年前我们曾访谈过语文特级教师王崧舟，他提到在他教学的第十年左右，在一次大型的公开课上，他突然悟出四个字"（教学应该）关注学生"。他认为这四个字是对他十年教学经验的一种高度凝练，因此我们可以说这四个字是教学的一个"大概念"。那么试问，如果我们把这四个字告诉一位新老师，他也能像王老师一样关注学生吗？答案是"不能"。这是因为王老师的这四个字是他从其成百上千次的具体教学案例中归纳总结出来的，因此他可以将这条抽象的原理迁移到新的教学情境中去。而对于新老师来说这至多是一个提示，因为他们缺乏具体的教学案例来支撑这个大概念，因此他们对"关注学生"的理解是有限的，无法做到迁移。

　　换言之，大概念的生成就是"具体→抽象→具体"的循环过程，这其实也就是高通路迁移的路径。具体和抽象的互动所蕴含的两种思维活动就是杜威（2015）[91] 所描述的归纳和演绎，"归纳性运动是要发现能起联结作用的基本信念；演绎性运动则是要检验这一基本信念——检验它能不能统一解释各分隔的细节，从而在此基础上将它予以肯定或否定或修正"。

　　埃里克森（Erickson，2008）称这种具体和抽象之间的互动为"协同思维"，它是大脑低阶和高阶处理中心之间的能量互通。如果没有具体案例支持，抽象概念很有可能就是没有被充分理解的惰性知识。而支撑大概念的具体案例越丰富越多样，它的可迁移性就越强。并且，这些具体案例最好能与现实世界相关联，能转化为现实的行动或作品，从而有助于学生更好地形成有生活价值的大概念，"知识需要不断被现实化……。这种持续不断的调用可以使知识精细化或复杂化"（焦尔当，2015）[142]。其实，具体和抽象的协同思维也发生在日常生活中，人类天生就倾向于从具体案例中去归纳抽象概念，也就是俗称的"经验总结"，即便这样得出的概念也还比较粗糙，我们称之为日常概念。如前面提到的"去食堂吃饭"所形成的抽象原理就是日常概念，可见日常概念的形成也经历了一个"具体→抽象→具体"的过程。

　　综上所述，具体和抽象的协同思维构成了复杂的认知结构，如图 1-10 所示，既有抽象的概念，也有具体的案例，既有日常概念，也有作为科学概念（scientific concept）的大概念和小概念，认知结构的层次越丰富，联结越多样，层次之间越融通，就越有利于迁移。这里有来自脑科学的依据，"大脑中突触分裂和关联的复杂性决定了整体表现的质量"（Erickson，2009）。斯特赖克（Strike）

和波斯纳（Posner）提出"概念生态圈"（conceptual ecology）这一概念，实际上就描述了认知结构的复杂性、层级性、关联性和动态性。（Strike et al.，1992）

2．大概念：融通科学概念和日常概念

如前所述，当前学校教育最大的问题在于脱离现实世界，以致学生很难将学校所学迁移到现实世界中，或者可以说学校教育和现实世界有两套不同的话语体系。概念有日常概念（也被称为朴素概念、自发概念）和科学概念之分。每个人在生活中都会形成若干日常概念，日常概念比较粗糙，甚至有些是错误的，但它们因为产生于生活，往往更适合在真实问题情境中运用。而科学概念则往往经过专业社群的论证，是对具体案例的高度提炼，因此会和日常生活有一段距离。

这两类概念的学习方式不同，维果斯基（Vygotsky，1986）认为，日常概念的发展进程是向上的，而科学概念的发展进程则是向下的，但这两种概念实际上是可以融通的。扬（Young）根据维果斯基的理论，按照"概念类型（科学概念、日常概念）""概念使用方式（惯例、反思[①]）"以及"学习地点（校内、校外）"将概念进一步细分为八种，如表1–3所示，并认为它们之间可以互相转化。（扬，2019）其中，维果斯基认为1（校内、惯例的日常概念）和8（校外、反思的科学概念）是差异最大的，彼此之间的转化也最困难，其他类型的概念之间的转化可以看作从1转变为8的中间路径。

表1–3　概念的类型及相互转化[②]

学习地点		校内		校外	
概念类型		日常概念	科学概念	日常概念	科学概念
概念使用方式	惯例的	1	2	5	6
	反思的	3	4	7	8

---

① 惯例一般是指无意识的，而反思一般是指有意识的。

② 改编自：扬. 把知识带回来：教育社会学从社会建构主义到社会实在论的转向[M]. 朱旭东，文雯，许甜，等译. 北京：教育科学出版社，2019：71.

科学概念分为跨学科概念和学科概念两种，它们之间也有很大的不同。因为科学概念往往是由一定范围内的专业社群确定的，而专业社群又常常是以学科为单位组织的，所以科学概念更多是在学科领域内产生。而跨学科概念的情况要稍微复杂些。一方面，跨学科概念缺乏对应的专业社群，没有积累像学科领域那么多的科学概念。同时因为在日常生活中，跨学科甚至元学科的语言更多，所以从形态上来看，跨学科中的语言形式更接近于日常概念，并且与日常生活的关联也更多。另一方面，跨学科概念常常是经由学科的概念被层层提炼而成，故而跨学科概念依然属于科学概念的范畴。

当前的学校教育主要是以学科课程为主，而人们发现在学科课程中学到的知识很难迁移到现实世界的问题解决中去，于是开始质疑学科课程学习对学生未来的意义。事实上，学科的产生与人类活动密切相关。恩格斯特伦（Engeström，1987）提出了活动系统论（如图1-11所示），意指任何活动都涉及一对主体和客体，活动需要运用一定的工具和手段来操作，最终得到一定的产品。而活动在社群中发生，因此需要一定的规则和分工。随着活动的不断重复和加强，会浮现若干界限分明的活动领域。为了提高效率，则需要专门化的研究。这就衍生出一个个特定的专家社群，反映到教育中，则逐步发展出学科的概念。学科需要学生专门学习，并配套有特定的教师、特定的教材、特定的考试和特定的时段。然而，慢慢地，学校中的学科教育演变成了一个自足的闭环系统，脱离于现实世界而存在，这才引发了人们对学科教育价值和意义的质疑与重审。

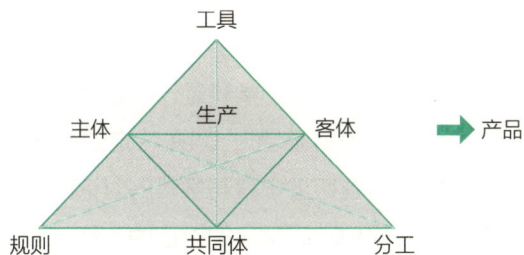

图1-11 活动系统论[1]

---

[1] 改编自：DOIG B, WILLIAMS J, SWANSON D, et al. Interdisciplinary mathematics education: The state of the art and beyond[M]. Cham, Switzerland: Springer Nature, 2019:17.

此外，人们也越来越意识到，在现代社会中，一个产品往往不是单一活动的结果，而是几个活动协同作用的结果（如图 1-12 所示）。因此，跨学科在教育中日益受到重视。

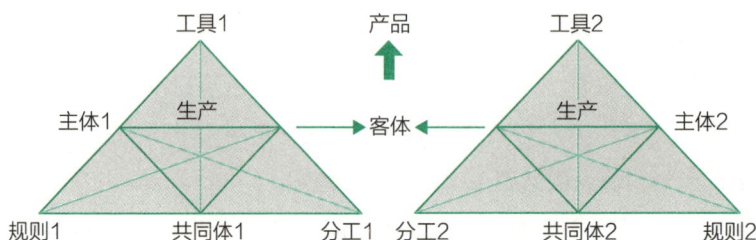

图1-12　跨学科学习中的活动系统[①]

社会建构主义学者杰根（Gergan，1995）从语言的角度来看学校教育，认为没有脱离情境的语言，只有在情境中的语言。而目前学校教的恰巧大部分是所谓脱离生活情境的"经典学科知识"，这类知识只有在被纯化的学校教育情境中才适用。"每个领域语言的使用都受到限制，结果，这些语言就无法丰富和挖掘局部领域之外的对话的潜在内容。"（斯特弗 等，2002）[30] 不仅是不同学科语言之间存在隔阂，更重要的是学科语言与解决现实世界中问题的语言之间有着一条巨型鸿沟。因此，杰根建议学校教育应该面向现实世界，去讨论一些人们共同关心的现实话题。话语能在真实问题的导向下被不断解释、重组和变化，焕发出语言的生命力，而不是一套仅适用于应付学校的作业和考试的话语，它能消除学科知识的刻板性。

多伊格等（Doig et al.，2019）则运用了巴金赫（Bakhtin）的对话主义将这一过程解释得更为清楚。在他们看来，学科是一种语言类型，或者说是维特根斯坦（Wittgenstein）所提的"语言游戏"，即在特定的人群中形成的一种话语结构。因此，当围绕共同的问题促进学科与学科的对话时，就会产生一种新的语言系统。而关键在于，在这种不同学科的对话中，往往会产生一种超越学科的元学科语言，恰恰是它对解决问题产生了很大的作用。如果说跨学科语言是

---

① 改编自：DOIG B, WILLIAMS J, SWANSON D, et al. Interdisciplinary mathematics education: The state of the art and beyond[M]. Cham, Switzerland: Springer, 2019:24.

对各个学科语言的综合运用，那么在元学科语言（或称超学科语言）中，学科语言则变隐形了，并且包含对语言运用本身的反思，"没有学科的好处是可以自由地专注于实际的问题。在这种情况下，忘记学科可能是件好事"（Doig et al., 2019）[30]。我们日常遇到的问题常常是非学科的，但在解决问题的过程中也会调用学过的学科和多学科的知识和能力，并通过自我反思和认识形成一种元学科认知（如图 1-13 所示）。从语言的角度来看，学科和学科之间会形成一种"杂语"，在跨学科学习过程中，学生不仅习得了学科的语言，也在这一过程中学会了超越学科的语言。

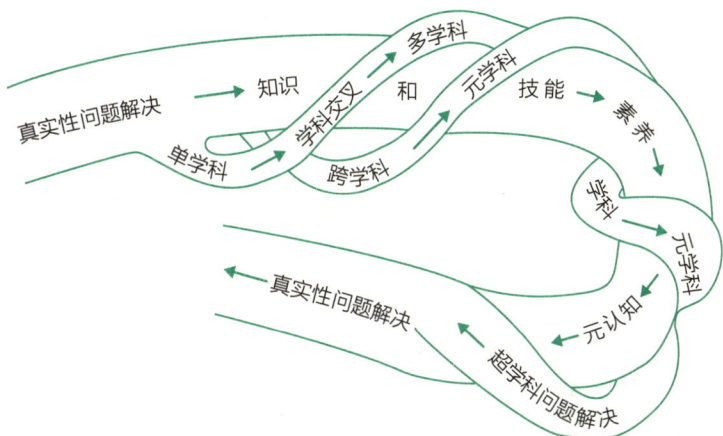

图1-13 真实问题解决的广阔元周期[①]

综上所述，学科和跨学科课程的产生都是与现实世界的人类活动密切相关的，然而，学科语言因为经历了一个提炼和纯化的过程，同时在学校教育中形成了一个自足的话语系统闭环，所以当遇到复杂的真实问题解决时，很难激活相关的学科语言。因此，我们一方面提倡要在学校中引入更多的真实问题，使学科语言更具有生命力；另一方面我们也倡导跨学科课程，因为它更符合现实世界的问题形态。在未来的现实世界中，我们更常使用的往往是跨学科或元学科语言，而学科语言则已经融入其中。因此，我们需要将科学概念和日常概念

---

① 改编自：DOIG B, WILLIAMS J, SWANSON D, et al. Interdisciplinary mathematics education: The state of the art and beyond[M]. Cham, Switzerland: Springer, 2019:31.

融入以大概念为主轴的概念生态圈里，融合学校教育和现实世界的概念和语言，从而在面对真实问题解决时能充分激活学科语言、跨学科语言和元学科语言。

四 | 大概念教学： 以现实世界为基点

什么是大概念教学？所谓大概念教学就是以大概念为核心目标的教学，它指向于培养学生解决真实问题的素养。

（一）大概念教学：从拼图到滚雪球

1. 三种水平的教学

杜威（2001）[178] 提到过三种水平的教学，他说："最不好的一种是把每堂课看作一个独立的整体。这种课堂教学不要求学生负起责任去寻找这堂课和同一科目的别的课之间或和别的科目之间有什么接触点。比较聪明的教师注意系统地引导学生利用过去的功课来帮助理解目前的功课，并利用目前的功课加深理解已经获得的知识。这种教学的结果好一些，但是学校的教材还是脱离实际的。除偶然外，学生的校外经验仍然处于粗糙的和比较缺乏思想的状况。学生不能利用直接教学的比较准确和比较全面的材料，使校外的经验得到提炼和扩充。……最好的一种教学，牢牢记住学校教材和现实生活二者相互联系的必要性，使学生养成一种态度，习惯于寻找这两方面的接触点和相互的关系。"

也就是说，第一种水平的教师把一节课就当一节课教，第二种水平的教师会关注学科内知识的融会贯通。当然融会贯通的程度会有所差别，但无论程度如何，都只囿于学科内或学校内。而第三种水平的教学则是联系真实生活来思考教学。

常见的一种误解是"大概念就是学科中比较重要、关键、核心的概念，因此所谓大概念教学就是用大概念把学科内知识打通"。如前所述，的确，学科核心概念、关键概念等很可能就是大概念，因为它们具有非常强的解释力，但从教学论意义上来看，两者有很大的不同，学科核心概念、关键概念是站在杜威所说的第二种水平的教学上来讲的，它们打通的是学科内的知识。而大概念则是站在杜威所说的第三种水平的教学上来讲的，大概念打通的不仅是学科内的知识，而且还有学校教育和现实世界的路径。否则，如果大概念等同于核心概念，那今天就没必要再新造出一个"大概念"的概念。之所以强调大概念，就是针对当前学校教育的关注点在"作为专家结论的学科知识"，而不是"具有生活价值的专家思维"，因此可以说，大概念打开了一个崭新的视角。

威金斯和麦克泰格（2017）提出的"逆向设计"中所谓的"逆向"就是"反过来"的意思，也就是把目标前置。但很多老师会感到疑惑，因为他们写教案时，第一部分就是"教学目标"，那么目标不是已经"前置"了？但实际上，威金斯和麦克泰格所指的"逆向"是指立足于"输出端"，即学生的"预期学习结果"，而且这里的"预期学习结果"是从生活价值来思考的，也就是考虑"学了这些对学生来说有什么价值和意义"，而不是仅考虑"输入端"，即作为教师"我"要教什么。比如教一篇说明文，如果只考虑"输入端"，老师们一般就是先解决字词的问题，然后分析这篇文章用了什么说明方法，最后布置些作业让学生巩固对说明方法的学习。但如果要考虑"输出端"，老师们就需要思考以下问题：学了这个说明文单元，学生未来可以做哪些迁移运用？他们如何才能理解说明文这种文体，并且能在不同的情境中灵活运用各种说明方法？等等。

如前所述，与传统教学不同，大概念教学追求认知的结构化，使之成为一种反映专家思维的自然知识，在新的情境中可以被激活和运用。斯特恩（Stern et al., 2018）[54] 有个比喻，如图 1-14 上面三幅图所示，传统学习就像在海滩边捡石子，学生带着一个空空的罐子来到海滩上，在教师的指导下，往罐子里一块块地扔石子，石子都是散乱的。最后学生来到一个地方，就是我们说的考试，把所有的石子倒掉，又茫然地带着空空的罐子回去了。而在大概念学习中，学生是带着自己的已知来的。但日常生活中获得的经验常常是粗糙的、未经雕琢的，就像图

图1-14　传统教学与大概念教学

1-14所示的那块石料，也就是说那块石料是学生原有的"经验"，而学习的过程就如雕刻一般，每一刀都是有目的的，使之更加清晰、成熟、复杂、正确，最后得到一个精致的雕像——这暗示学生已经建构了良好的认知结构。

2. 教学的螺旋上升

很多人这样理解布鲁纳所说的螺旋式课程：比如小学学摩擦力，初中学摩擦力，高中学摩擦力，越学越难，螺旋上升，这就叫螺旋式课程，也就是说螺旋式课程围绕的是一个相同的"主题"。但实际上，布鲁纳（1989）[55-56] 所提的"螺旋式"的组织逻辑是结构和大概念，"任何学科可按照某种正确的形式教给任何儿童"，"课程建设应当围绕着社会公认为值得它的成员不断关心的那些重大的问题、原理和价值"。这也解释了他为什么说小学生在三年级教室里和物理学家在实验室里,两者的智力活动性质是一样的,小学生也要学会像物理学家那样思考,其差别在于程度而不是性质。

有人可能会质疑让小学生学习反映专家思维的大概念是否太难,这就让人联想到布鲁纳(1989)对皮亚杰认知发展理论的批判和反思。一方面,布鲁纳认为的确存在着皮亚杰提出的认知阶段,即:第一阶段,感知运动水平(从出生到两岁左右);第二阶段,前运演阶段(从两岁左右到六七岁);第三阶段,具体运演阶段(从六七岁到十一二岁);第四阶段,形式运演阶段(从十一二岁到十四五岁)。但另一方面,在布鲁纳看来,皮亚杰是从心理学角度关心儿童的发展,而不是从学习的角度来关心儿童如何才能发展得更好。事实上,教育可以采用合适的形式积极干预学生的认知发展。他认为,皮亚杰的经典实验也可以反过来促进认知的发展。例如,对于五六岁的孩子来说,理解守恒原理是有困难的。比如把一堆珠子分成两堆、三堆、四堆,孩子们会觉得不一样多;又比如把水倒入两个容器,孩子们会觉得长而窄的容器里的水比宽而扁的容器里的水多。那么,我们完全可以让孩子把珠子分成不同堆后去数一数它们的数量,把水倒入容器后去测量一下两个容器中的水的体积,孩子们会惊奇地发现原来它们是一样多的,就这样通过更多的不同例证,孩子们在头脑中慢慢建立起守恒原理的概念。所以,通过学习的干预可以有效推进孩子认知的发展。布鲁纳(1989)承认,人的发展要经历"动作思维→图像思维→符号思维"的过程,但结构或大概念可以按这三种方式的先后顺序来教。比如"平衡"这个结构,可以让孩子们通过坐跷跷板或制作天平来学习(动作思维),也可以让他们用图画把平衡的原理表示出来(图像思维),也可以用语言来阐述(符号思维)。

不仅可以根据年龄阶段的特点使用合适的学习方式来帮助学生理解大概念,而且从"具体→抽象→具体"的大概念生成机制来看,也可以通过激活学生在不同年龄阶段中相应的生活经验来帮助他们理解大概念。比如,在加拿大不列颠哥伦比亚省的幼儿园社会学习的课程标准中,就有"社群是多样的,并且每一个社群都是由那些具有共性的人组成的"(Ministry of Education, British Columbia, 2016)这样的大概念。的确,单看这条大概念会觉得非常抽象,但实际上,即使是幼儿园的小朋友也会有与之相关的生活经验。比如,他们经常看到大人和大人在一起,小孩和小孩在一起;住在同一个小区的小朋友很容易成为一个群体,因为地理上的关联让他们有更多交往的机会；而同样是一个幼儿园的小朋友，也会因为性格、兴趣等原因分成不同的群体。这些具体的生活经验都在帮助孩子们理解抽象的大概念。因此，大概念很有可能从幼儿园到大学，甚至在现实世界中就都是一样的，只不过人们对其理解的程度不同。

如前所述，大概念和小概念的区别在于"生活价值"。以往的教学并不是没有概念的教学，也不是没有考虑到概念与概念之间的关联，问题出在往往只停留于小概念之间的关联，没有上升到大概念，或者仅提到了大概念，但没有围绕大概念进行建构。事实上，没有大概念这一锚点，看似相关的小概念之间的关系实际上还是松散的，因为它们无法与学生的日常概念打通并发展成为自然知识。

我们以实用文单元为例，如果不以现实世界为基点，老师们很难看到不同实用文之间的内在联系，而常常将不同实用文之间的联系落在比较两者表面格式的异同上。然而，不同类型的实用文格式是有差异的，不同媒介（纸质媒体和电子媒体）上的实用文格式也是有差异的，甚至同一类型的实用文在不同情境下也可能是有差异的。未能上升到大概念的教学就像"拼图"，如图1-15所

图1-15 未上升至大概念的"拼图式"教学

示，没有共同的目标，不仅彼此之间缺乏关联，而且与现实世界也是隔绝的，很难达成迁移。

而如果能理解"实用文作为一种有实际功用的文体，不同于鉴赏类的文体，它要快速、准确、完整地传递关键信息"这条大概念，就不难理解实用文为什么要有约定俗成的统一格式，因为人们容易从格式中定位自己需要的信息。不仅学校教育中的实用文符合这条大概念，而且更关键的是现实世界中的实用文也符合这条大概念。围绕大概念的教学就像"滚雪球"，如图1-16所示，它不仅可以打通不同年段的内容，而且更为重要的是，它融通了学校教育和现实世界。因此围绕大概念的教学具有累积的效应。

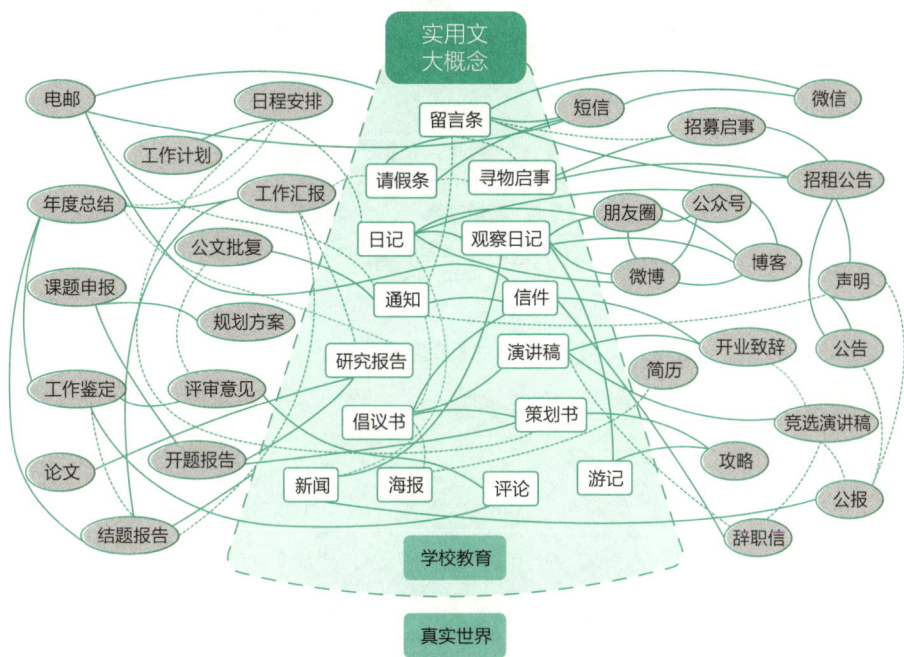

图1-16 围绕大概念的"滚雪球式"教学

（二）大概念教学的神经科学依据

大概念教学一直受"大脑如何实现最佳学习"这一问题的导引。大脑遵循两个主要的生存指令，即寻求快乐和寻求模式，它们都在大概念教学中得以体现。（McTighe et al.，2019）[8] 神经科学不仅为大概念教学提供了支撑的依据，也提供了改进的依据。

1. 为什么大概念教学更容易让人兴奋？

大脑的功能区域和边缘系统分别如图 1-17、图 1-18 所示，杏仁核附近有伏隔核，伏隔核会向前额叶皮层区域释放多巴胺流，产生正面情绪，这种积极愉悦的反应会强化相应的神经记忆网络。（McTighe et al.，2019）[6-8]

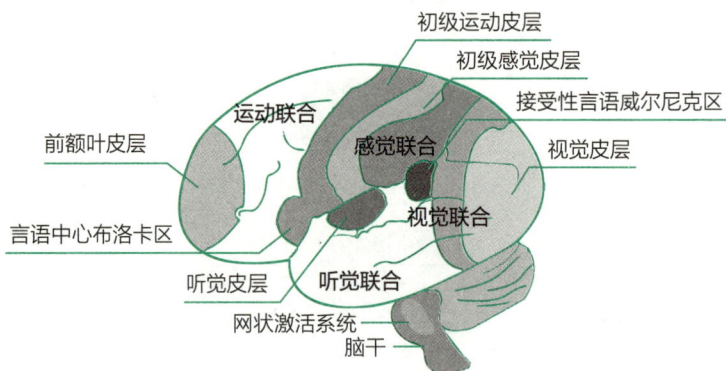

图1-17　大脑的功能区域

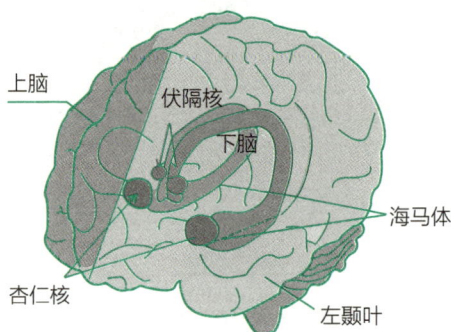

图1-18　大脑的边缘系统

首先，大概念教学强调明确预期学习结果，从而让学习有了明确的方向。从神经科学来看，我们的大脑不断地接收信息，这些信息来自感觉系统（听觉、视觉、味觉、触觉、嗅觉）和感觉神经末梢（分布在肌肉、关节、各种器官内），但只有约 1% 的信息能进入大脑，这是因为大脑在信息加工处理过程中要付出大量精力，高密集和高活跃度的新陈代谢活动使大脑要消耗人体中 20% 的氧气和营养物质。一旦信息进入大脑加工系统，就会被许多"切换站"转发，其中，最高水平的加工过程会发生在大脑的外层，也就是皮层。大脑有明确的目标时，会让人集中注意力，搜索与目标相关的感官输入，并从记忆中寻找已有的信息钩住新的信息。

其次，大概念教学强调挑战性，引发人的好奇心。比如复杂的真实性问题、带有挑衅性的问题等，会被大脑优先接收。这也有神经科学的依据，因为在后脑下部有一个"感觉摄入过滤器"，被称为"网状激活系统"，这一系统会优先接收新的、不同的、有变化的和意想不到的信息，这也是人和动物生存过程中发展起来的本能，那些"不一样"的信息往往预示着危险的靠近。同时，好奇心会激活大脑的多巴胺奖励系统，既能引起学习者的注意，也能促使学习者不断努力。(McTighe et al.，2019)[6]

最后，大概念教学中的"预测"成功会带来成就感。除了强调"具体→抽象"的归纳，大概念教学也强调"抽象→具体"的演绎。这其实就是让学生在具体案例中运用大概念去判断和预测，而成功的预测会让大脑释放多巴胺，从而强化模式。不仅人类如此，动物也一样。比如，狐狸发现天气冷的时候兔子会较早入洞，因此会在"低温"和"兔子"之间建立起关联，从而在天冷的时候会更早地候在兔子的洞穴边，而预测的成功会强化这一模式。所谓的模式，在很大程度上就是我们所说的抽象的大概念，借此大脑能更好地预测接下来会发生什么。预测得到的反馈会让学生产生成就感。脑成像和神经电子学研究表明，反馈能促进前额叶皮层的活动，而且会强化这种模式。也就是说，如果人和动物能体验到这种活动的价值，那么大脑会付出更多努力来投入此类活动。

2. 为什么大概念不容易被遗忘？

首先，大概念教学强调抽象大概念的建立，如前所述，抽象大概念从某种程度上来看就是一种模式。模式是指对事物之间的关系和共性的分类与组织。事实上，主导我们思维和行动的信息往往不是存储在单个神经元上的，哪怕只是一个简单的拍手行为。每个神经元都拥有一个微小的片段，多个神经元构成神经回路就形成了记忆。

换言之，大脑是以模式为单位来存储信息的，只有模式才能更快地识别、存储、检索和提取信息。新的感觉信息经由杏仁核进入下脑后，在海马体中停留不到一分钟时间，能否从短时记忆上升到长时记忆很大程度上取决于是否能识别和激活现有的存储器（已有的信息以及模块），对新的信息进行处理，使之与已有信息形成联结。

此外，布鲁纳（1989）认为，大脑形成模式的一个基本方法就是寻找相似性和差异性，形成概念类别。这有助于我们理解为什么大概念教学要让学生区分正例和反例，因为在比较中可以加强对大概念的理解。这也解释了为什么类比是大概念学习的一种非常好的方式，因为喻体常常是学生更为熟悉的、强大的记忆模式，比如，"好的故事就像一个过山车，那些情节能让你体会起伏"，通过过山车可以帮助学生很好地理解好的故事。

其次，大概念教学的学习机制是高通路迁移，走"具体→抽象→具体"的路径；而不是低通路迁移，走"具体→具体"的路径。高通路迁移实际是在不断地塑造强有力的神经网络，形成神经可塑性反应，而低通路迁移则只能形成微弱的神经通路。长期以来，我们持有一种错误的观念，认为大脑在我们出生时就已经定型了。事实上，尽管神经元的数量变化不大，但神经元之间的联结，也就是神经网络却在人的一生中不断地增长和扩展。神经可塑性指的就是神经网络的持续发展，这里既包括联结更多的神经元，表现为树突或轴突的联结，也指增厚现有联结的髓鞘层。每一次有意义的信息输入都会激活神经元之间的电信号，形成神经回路，唤醒、加强、修正或改变神经网络。（McTighe et al.，2019）[11-12]神经元之间的联结越多，灵活性就越强。这就好比我们的交通系统，如果只有一条路，那就只能走这条路，别无选择；而如果能开发出四通八达的道路，那就可以灵活地选择各种路线。而髓鞘层越厚，就像道路越宽敞，允许通行的车辆越多，也就预示着处理信息的效率越高。神经科学发现，如果要求学生一遍一遍地重复相同的信息，那么只会形成微弱的、固定的"孤独"通路，只能用相同的提示去检索和激发，无助于神经网络的建构，也无法使学生将这种能力迁移到新的问题解决中去。

最后，大概念不易被遗忘，小概念容易被遗忘。神经可塑性既可能表现为加强，也可能表现为衰退。也就是说，如果长期没有被相关信息激活，树突的联结会逐渐减少，也会不断变薄，最终会消失。这也解释了为什么我们在学校里学习的知识后来会"还给老师"。因为如果我们建立的只是适用范围局限在课本上的小概念，还没有上升到大概念，没有编织起一个牢固的概念网络，那么走出学校后，那些小概念就会因为再也没有被运用的机会，而出现被遗忘的现象。

3．为什么大概念教学要在润泽的学习环境下发生？

大脑深处有一个主管情绪的"边缘系统"，包括两个结构（大脑两侧各一个），被称为杏仁核，负责指导下脑和上脑之间的交流。其中，下脑负责控制原始行为，包括大部分身体功能，如呼吸和消化，以及本能反应，如逃跑和防御，这也是大脑在减少能量输出的一种表现。而上脑，也被称为前额叶皮层，负责更为高级的信息加工，如分类、归纳、判断等，作出更为深思熟虑的反应。杏仁核可以被认为是信息流向上脑还是下脑的切换站。当处于压力状态时，比如感受到焦虑（如考试临近时，或者作业过多时）、恐惧（如当众发言时，或者被同学孤立时）、沮丧（如考试成绩不好时，或者回答问题错误时）、无聊（如重复某一简单任务时）等情绪时，信息就会进入下脑，身体出现抵触或走神等行为。因此，需要营造佐藤学（2014）所形容的"润泽"的学习环境。"润泽"是相对于"干巴巴"而言的，不同于"干巴巴"的紧张撕裂，"润泽"让师生既因为挑战任务而感到兴奋和激动，同时也因为彼此信任而感到安全和放松。

（三）大概念教学的热身练习

大概念教学无论是对教师还是学生来说，都是一个很大的挑战。因此，先期可以开展一些练习，让师生熟悉大概念教学。下面将分别介绍给学生和给教师的热身练习，但实际上这些热身练习也可以师生互换，因为它们对教师和学生都适用。在实践操作时，建议教师们在理解这些热身练习的基础上根据情况灵活使用，比如简化整合步骤，或使用其中的部分元素等。

1．给学生的热身练习

斯特恩（Stern et al.，2018）设计了一套热身练习，包括九个步骤。这套热身练习的主要目的是让学生理解概念、事实和大概念的异同，并初步尝试"具体→

抽象"的归纳思维和"抽象→具体"的演绎思维，感受大概念教学的生活价值。我们对斯特恩的步骤作了一些改编，使之更符合大概念教学的需求，具体如下。

第一步：揭示专家思维。教师可以和学生探讨"专家为什么能记住那么多知识？如何才能成为专家？"等问题，引入大概念。比如，教师可以说："向你们透露一个关于专家的小秘密。他们会利用'结构'，也就是大概念，在头脑中组织信息。有了大概念，专家们就能够更轻松地记忆。更重要的是有了大概念，他们就能解决很多别人解决不了的新问题。要恭喜各位同学的是，你们现在也要开始以这种方式来学习啦！"

第二步：区分概念和事实。我们以"地理环境与城市发展"[1]这个主题为例，可以先请学生区分概念和事实，比如"故宫、断桥、长城、西湖、泰山、自然景观"，那么"自然景观"作为抽象概念，显然和其他词不同。

第三步：对事实进行归类并概念化。比如，给学生出示一些不同的城市名称（如香港、纽约、威尼斯、上海、温哥华、成都）请他们分类，并阐述分类的标准或依据。

第四步：尝试在概念和概念之间建立关系。教师可以提示学生思考概念与概念之间的关系，问一问"这两个概念之间的关系如何"，比如思考"西湖的自然景观和杭州的经济发展有什么关联"。

第五步：完善对概念关系的陈述，建立大概念。告诉学生什么是好的概念关系陈述。例如，不要用一些专有名词和弱动词，避免进行笼统、宽泛的描述，比如"长城这个建筑有很大的意义"，"西湖对于杭州来说特别重要"，等等。

第六步：理解概念关系陈述以及大概念的层级性。理解不同的概念关系陈述解释的具体事实和案例的范围会有所不同，而解释力比较强的概念或概念关系陈述就是大概念。"不同时代地理环境对城市发展的影响不同"，"地理环境，包括地理位置、山形水势、气候与自然环境会影响城市格局、市容风貌、产业经济、文化教育"，就比"美丽的自然景观会造就旅游城市"的解释力更强。学生可以讨论一下这样的概念关系陈述是否帮助他们拓展了理解，并可以对概念关系陈述进行修改。

第七步：推进协同思维。协同思维就是思考哪些事实能更好地支撑大概念。

---

[1] 该示例由浙江大学程朗设计，刘徽指导。

比如，可以讨论哪些事实可以支撑"不同时代地理环境对城市发展的影响不同"这一大概念。

第八步：迁移到新的问题情境中。也就是换个新的问题情境，看学生能不能迁移大概念。比如，让学生用大概念来分析一座城市，如宁波、鞍山、鹿特丹、汉堡、芝加哥等。

第九步：反思和总结，讨论大概念学习和传统学习有什么不一样。

2. 给教师的热身练习

大概念教学转变的是目标，因此是一种根本性的转向，这对每一位教师来说都是极大的挑战，这与他们原有的教学经验以及自己的学习经历都有很大的差别，需要完成认知上的跃迁。可以让教师做一组热身练习来帮助他们理解大概念教学。同时，建议这种热身练习要在教研活动中完成，既可以在学校的教研活动中进行，也可以在更大范围内由教研员等带动教师一起完成——这不仅是热身练习，更是关于大概念的教学研讨，要发挥教研的力量。正如任学宝（2020）所言，"教研是中国基础教育的'秘密武器'，是保障基础教育质量的重要支撑"，作为一场范式层面的教育变革，大概念教学的开展需要借助共同体的力量。

第一步：唤起自身经验。通过唤起教师以往的学习、教学和生活经历来帮助他们理解大概念。

①学习的经历。教师曾经也是学生，因此他们也有学习的经历，而立足于现在能更好地反思以往学习的有效性，从而意识到大概念的重要性。比如，可以问教师们"回顾过往的学习，哪些知识是您在学校教育中学习过，现在还在使用的？"或者"如果现在让您再参加高考，您觉得自己各科可以得几分？"等问题。大部分教师会意识到很多具体的知识已经被遗忘了，也就是说专家结论的可迁移性是比较弱的，而大家还记得的往往是当时教师讲的时候就联系了生活经验的内容，同时这些内容即使在今天的生活中也是有价值的。比如，一位老师提到她小学时，数学老师在解应用题时要学生理解"要解决问题就需要对条件进行分析，而条件是有不同类型的"这条大概念，这就提示她分析"目标是什么？有哪些条件？哪些条件是现成的，哪些条件是可以通过转换得到的？"等问题。她发现这条大概念不仅在解决数学题时有用，而且可以迁移到

很多学科的问题解决中，甚至可以迁移到现实世界的问题解决中去，因此，即使到了现在，她还依然清晰地记得它。①

②教学的经历。一些教师会对自己以往的教学进行反思，发现其中的问题，从而意识到大概念教学的重要性。比如一位老师谈道："在七年级世界地理教学中，我们以往的教学基本是按照教材的顺序，一个地区或者一个国家这样依次去讲解，讲每个地区或者国家时都会从它的位置、地形、气候、河流等要素逐一去分析。这样的学习侧重于记忆，属于一种比较低水平的认知教学，学生掌握的往往是一些细枝末节、思维价值不高的碎片化知识。可能学生就记住了几座山脉、几条河流，而在面对新的情境和解决实际问题时，学生的迁移能力表现得很差，对于地理学科本质理解得不深。"②

③生活的经历。除了学习和教学的经历外，生活经历也会给教师们以启示。比如，一位英语老师提到了自己的一段生活经历："那天我和正在读初中的女儿一起看《吸血鬼日记》，屏幕中的女主和男主正说着这样的对白：'（女主）What are you？''（男主）I was a boy.'听到这段对话后，女儿突然吓得跑开了。事后女儿和我说：'妈妈，以前我一直不理解过去时，但刚才那句"I was a boy"让我豁然开朗，这就意味着他现在不是人，而是个吸血鬼。中文翻译时我们可能要加上"曾经"这个词，但英语用时态就表达了这层含义，所以我突然就明白了过去时的价值和意义，甚至是英语中时态的价值和意义。'"③这位英语老师通过这段生活经历明白大概念所强调的生活价值，并启发她要选用一些经典的案例或情境帮助学生去理解大概念。

第二步：进行反思练习。可以组织教师们进行集体性研讨，从具体的经验中反思。比如："为什么您还会记得您曾经学过的这些知识，它们有什么共同特点？""学生对什么样的学习会更感兴趣，为什么？""特级教师等专家型教师的教学有什么共性？""如果以素养培养为目标，那么当前的教学存在什么样的问题？"等等。

第三步：揭示大概念的意义。结合自己的具体教学，尝试提炼单元大概念，

---

① 该案例由浙江省台州市黄岩区初级中学教育集团杨阳提供。

② 改编自北京市上地实验学校王贤立在第六届中国未来学校大会上的发言。

③ 改编自对浙江省杭州市育才外国语学校倪勤的访谈。

并谈谈对大概念教学的理解。比如有老师谈道："我刚参加工作的时候，我师傅就跟我说要教出生物学的味道，今天我再回想这句话的时候，才发现师傅境界真的是高，其实师傅那时候就在指引我进行大概念教学。大概念是对众多学科事实的抽象与提炼，比一般概念更接近学科思想与学科本质，更能体现学科的味道。比如'生命系统需要物质与能量'这一单元就可以聚焦于大概念'生命系统是一个复杂开放的系统，需要不断地从环境中获取物质和能量以维持自身的有序性'。在接触大概念之前，我没有给初中生定过立意这么高、这么接近学科本质的目标，但事实上我后来发现这条大概念能为学生提供许多解决个人以及社会问题的视角和方法，比如'怎么提高水果的保质期'，'怎么减肥'，甚至迁移到非生物学领域，如'怎么建立一个物质循环利用的低能耗生态校园或生态社区'，等等。"[①]

第四步：进行归纳总结。尽管大概念教学与传统教学也有一些联结，但它们还是存在本质的区别的。如果能将大概念教学与传统教学进行比较，那么教师们就能更深刻地理解大概念教学。因此，可以运用斯特恩等（Stern et al., 2018）[56] 在其书中提到的 SEEI 反思模板（如图 1-19 所示）。该模板的全称为"陈述、解释、举例、说明"（State, Elaborate, Exemplify, Illustrate）。

（清晰陈述观点）传统学习是关于……的学习。
（详细解释观点）也就是说，传统学习的目标是……。在学习过程中，学生主要……，教师主要……。最后的学习成果是……
（举例）例如，……
（用比喻或图片加以说明）就像……

（清晰陈述差别）而大概念学习是关于……的学习。
（详细解释观点）也就是说，大概念学习的目标是……，而不是……。
在大概念学习过程中，学生主要……，教师主要……。最后的学习成果是……
（举例）例如，……
（用比喻或图片加以说明）就像……

SEEI

图1-19 SEEI反思模板

下面是一个用 SEEI 反思模板对比传统教学和大概念教学的具体案例。[②]

---

① 改编自北京十一学校龙樾实验中学林亚在第六届中国未来学校大会上的发言。
② 改编自北京市海淀区实验小学张道璐在第六届中国未来学校大会上的发言。

（清晰陈述观点）传统教学的方式是循环累加、局部操作和整体统一。

（详细解释观点）也就是说，传统教学的目标是知识的记忆和技能的生成。在学习过程中，学生主要对知识进行识记，教师主要教授知识点，然后把知识点连接起来，最后的学习成果是学生能运用所学知识给出正确的答案。

（举例）例如，在设计北师大版小学数学教材二年级下册测量单元内容时，传统教学更关注学生对长度测量的学习，而在后续学习面积、体积测量时会将知识点归纳在一起，形成测量知识的体系。

（用比喻或图片加以说明）就像盖楼房，在开始时传统教学更关注的是自己负责的那一层，当全楼搭建完成后，再考虑上下层的衔接。

（清晰陈述差别）而大概念教学的方式是核心统领、系统构建和个性实施，并且要以大概念打通现在的学习和未来的学习。

（详细解释观点）也就是说，大概念教学的目标是在提高学生学习自主驱动力的同时，唤醒学生不断探究、主动学习的欲望，以及促进学生思维水平的提升，而不是让学生记忆书本知识和算出正确答案。

（举例）例如，在设计北师大版小学数学教材二年级下册测量单元内容时，大概念教学一开始就将测量的大概念提炼出来（如"测量的关键是确定度量单位，因为单位是将整体转化为部分，使之可测量和可比较的统一工具；为确保测量结果的准确，需要灵活地选择合适的度量单位"），从而搭建起测量知识的网络，从更上位的教育观来统领长度测量单元的教学设计，帮助学生建立一定的度量意识，为后续学习开启一条思维路径。又如，在用工具度量的学习中，大概念教学侧重学生对度量本质的感悟，体会单位累加的过程，从而使学生能将度量的大概念迁移到面积、体积的测量学习中，甚至迁移到数与代数以及生活等其他领域。

（用比喻或图片加以说明）就像盖楼房，大概念教学是在建立地基时就对整个建筑上下层的连接进行通盘的考虑，这样的建筑根基更加坚固，更便于垒土成台。

以上SEEI反思模板中非常关键的部分是让教师用隐喻来对比传统教学和大概念教学，因此，也可以让教师直接用隐喻的方式来反思。比如，有老师用"摘树叶"的隐喻进行对比，认为传统教学就像"面对一棵参天大树时，引导学生去采摘树上繁多的树叶，师生均很忙很累，而摘下来的一片片树叶因为脱离了根基，不久便枯黄了，真到要用的时候，它们已经没有生命力了"；而大概念教学就像"面对一棵参天大树时，引导学生去浇灌和滋养这棵树的根和主干，当需要使用多少树叶时，就去摘取多少树叶，而且这棵大树还在不断地生长"[①]。还有老师用"成团作战"的隐喻，认为传统教学就像"一个分散的团，拥有各自目标的每一节课就像团里的每一个士兵，他们各自都有自己的作战方式，但就没办法形成合力"；而大概念教学就像"一个有组织的团，大概念就是那个团长，这样所有的士兵都有共同努力的方向，有很强的战斗力"[②]。

---

① 该隐喻由北京市门头沟区京师实验小学翁丽华设计。
② 该隐喻由吉林省长春市吉林大学附属中学力旺实验小学李壮设计。

第二章

大概念视角下的单元整体设计

大概念视角下"单元"被重新定义，单元是素养目标达成的单位。单元设计总体遵循迭代的逻辑，单元与单元之间相互关联，形成嵌套的单元链结构，因此单元设计需要同时具备望远镜和放大镜两种思维。

一 | 重新定义单元

大概念教学是以单元为单位来实施的。单元整体教学无论是在国内还是国外，都不是一个新的概念。单元联结着课程与课时，"单元设计既是课程开发的基础单位，也是课时计划的背景条件"（钟启泉，2015）。单元是一种集合，然而这个集合遵循什么逻辑来组织，大家看法迥异，以至于同样被称为"单元整体教学"的概念，其内涵和外延却是完全不同的。在大概念视角下，我们将重新定义单元。

（一）以目标统整单元

1．钟摆困境之破解

单元组织的逻辑在很大程度上就是课程组织的逻辑。泰勒（Tyler）提出逻辑组织（即对学科专家有意义的关系）与心理组织（即对学习者有意义的关系）两种方式，也分别被称为"学科逻辑"和"心理逻辑"。（泰勒，1994）从历史的视角来看，课程组织的逻辑似乎总在这两极间摆动，因此被称为"钟摆困境"。我国的教学实践一般被认为更多地遵从学科逻辑，即强调知识的系统传授。同时，我国也存在心理逻辑的单元教学实践，在 20 世纪初开始的"大单元设计中心教学"（吴奕光，1935）、"大单元教学"（向钦，1948）、"中心单元教学"（徐元昭，1940）、"单元教学法（也称设计教学法）"（董远骞 等，1988）等教育实验，基本都受到了杜威和克伯屈（Kilpatrick）思想的影响。

布鲁纳被认为是学科逻辑一端的代表人物，而心理逻辑一端的代表人物则被认为是杜威。然而细究布鲁纳和杜威的理论，会觉察到两人都非常重视学科逻辑和心理逻辑，并认为它们是不矛盾的。杜威（2015）以"经验"来统一学科逻辑和心理逻辑，布鲁纳（1989）则用"结构"来进行统一，而且杜威和布鲁纳在教学目标的问题上是达成共识的，都着眼于学习对学生未来真实生活的意义。因此，他们一致认为要学习可迁移的专家思维，而不是会被遗忘的专家结论。他们也都对如何形成专家思维进行了具体探讨，杜威（2015）提出了"概念"（concept）的重要性，而布鲁纳（1989）则强调要形成"一般观念"。

再折返回实践，会发现人们对学科逻辑和心理逻辑普遍存在着误解，即把学科逻辑理解为内容导向的，而把心理逻辑理解为活动导向的。体现在当下的单元整体教学中，前者关心的是学科内知识点与知识点之间的联结，跨学科被理解为同一主题在不同学科内容的"拼盘"；后者则表现为强调"动"的学习，只要学生在"做"，无论是做实验还是做项目，都被认为是以学生为中心的学习。对两种逻辑的误解就成为威金斯口中传统教学设计的两个误区，即"灌输式学习"和"活动导向的设计"（威金斯 等，2017），两者共同的盲区是缺乏对目标的澄思。因此，依靠这样的教学是无法形成专家思维的，区别只在于学到的是"惰性知识"还是"粗浅经验"。换言之，问题恰出在教学目标的错位和模糊上。

至此，回瞰所谓的"钟摆困境"，会发现学科逻辑和心理逻辑其实是一对假想敌。与其说它们是两种相对的逻辑，不如说是两个不同的向度，它们共同构建了学习的场域。根据具体学习任务性质的不同，在这个学习场域中并存着多种学习活动。伊列雷斯（Illeris）就以导向为竖轴（两极分别为教师导向和参与导向），内容为横轴（两极分别为学科导向和问题导向），搭建了学习的启发性模型。如图 2-1 所示，两条轴划分出四个象限，形成了四种典型的教育工作模式：①教师导向与学科导向相结合，产生的教育工作模式是"教学"。②教师导向与问题导向相结合，产生的教育工作模式是"作业"。③参与导向与学科导向相结合，产生的教育工作模式是"研究"。④参与导向与问题导向相结合，产生的教育工作模式是"项目"。（伊列雷斯，2010）[267] 从启发性模型不难发现，伊列雷斯认为每一种教学活动都是有意义的，关键要看具体的目标是什么。

如前所述，学科逻辑和心理逻辑是可以交汇融合，形成各种学习活动的。而能否形成高质量的学习，关键在于目标的定位。换言之，目标才是单元整体教学要关注的首要问题。"'整体'则是一种思维方式，意味着教师在教学活动中必须从教学目标出发，统揽全局。"（马兰，2012）现今几乎所有的前沿教学设计理论都十分关注对目标的阐述。威金斯所谓的"逆向设计"就是指目标前置，

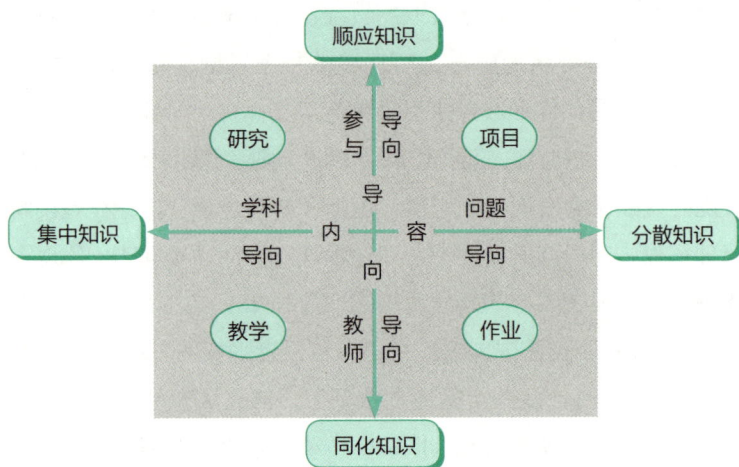

图2-1　伊列雷斯的启发性模型①

耶伦（Yelon）则直接提出"目标本位的教学设计"（goal-directed instructional design）理论。（耶伦，2015）也有人担心预先确定目标是否会压制课堂生成的空间，但这里的问题恐怕不是要不要确定目标，而在于目标是什么。当前学界普遍达成的共识是以素养为目标，指向解决真实性问题。如前面所讲到的"目标本位的教学设计"中的目标就是指"学习者在结束一门课程或者是毕业后，能够解决实际问题。这是课程作为一个系统本身的结果"（耶伦，2015）[5]。

2．单元的新内涵

因为教材一般都有单元，所以教师也一直按单元进行教学，对单元并不陌生。然而同样被称为单元，其内在的组织逻辑却未必相同，从而导致单元的内涵也有很大的区别。以往我们说的单元，更关注的是内容上的关联性，比如这个单元都是关于"说明文"的或者都是关于"函数"的。然而学习了这些内容，学生究竟获得了什么素养？以及不同内容主题的单元之间有什么关系？这些问题并没有得以深入探究。究其原因，是将单元学习的目的定位于学习内容，而

---

① 改编自：伊列雷斯. 我们如何学习：全视角学习理论[M]. 孙玫璐，译. 北京：教育科学出版社，2010：267.

不是立足于发展素养。

崔允漷（2021）类比了建筑单元和课程单元（如表2-1所示）。通过建筑单元的隐喻来理解课程单元的关键依然在于"目的性"，就像建筑单元是为了住人一样，课程单元的核心是为了学生素养的发展。因此，在课程单元中我们看到的也不是像"水泥、钢筋"等原材料一样的零碎的"知识、技能"，而是通过大概念统合起来的素养。

表2-1　建筑单元与课程单元的类比[①]

维度	建筑单元	课程单元
目的性	满足住户需求	满足学生素养发展的要求
整体性	是房子、建筑，而不是建筑材料	是学习、课程，而不是孤立的内容
独立性	以楼梯或电梯来组织水泥、钢筋、门、窗等建筑材料，成为一个相对独立或完整的建筑	以大问题、大任务等来组织目标、情境、知识点、活动、评价等要素，成为一个相对独立或完整的学习单位
进阶性	由楼梯或电梯来组织并实现进阶	由大问题、大任务、大概（观）念、大项目等来组织并实现进阶
组合性	一幢单元式住宅需要有两个以上的单元	一个学期的课程需要有两个以上的单元

"单元整体"也好，"大单元"也好，都是指围绕素养达成而组织的"集合"，"每一个单元目标代表在课程结束后，学习者可以掌握且能在现实世界中实际运用的知识技能"（耶伦，2015）[6]。这就区别于我们以往所说的单元——更强调专家结论的内在逻辑性，而没有着眼于培养学生解决真实性问题的专家思维，因此课时与课时之间只存在表面上的内容关联，但从更高位的素养发展愿景来看，课时之间并没有形成有机的联系。从这个意义上来讲，每个课时都是"孤立"的，可以说是"课时主义"。

以"舞曲"单元为例，如果只从内容角度来看，那么这个单元包括欣赏《那不勒斯舞曲》《新疆舞曲第二号》《小步舞曲》《土风舞》等作品，放在一个单元仅是因为它们都是舞曲。而如果从素养和大概念角度来看，学习这些具体

[①] 改编自：崔允漷.素养时代组织教学，需要单元设计[J].星教师，2021（2）：56-59.

的作品是为了让学生能理解音乐和舞蹈之间的关系，从而理解舞曲这种音乐体裁，并能根据音乐来起舞或编舞，或给舞蹈配乐，同时体会到不同风格舞曲的构成。这样，这几部作品就有了共通的目标，而且还可以和其他内容打通，比如和"劳动号子"等内容有共同的更上位的大概念（如"音乐与肢体语言"等），大概念可以联结不同的内容，编织成专家思维网络，从而使学生真正形成素养，这样的单元就是我们所说的"素养单元"。①

今天我们所说的单元是指向素养达成的；反过来，素养的达成也必须在单元中才能完成。上一章我们谈到过高通路迁移，大概念的掌握要经历"具体与抽象"的协同作用，所以需要一个具体案例的"集合"来支撑抽象"大概念"的建立。威金斯和麦克泰格（2017）⁹曾讲到过，"通过与数以千计的教师一起工作多年，我们发现单元为设计过程提供了恰当而实际的切入点。……单课时间太短，不能实现复杂的学习目标。当然，单课计划理应依从单元计划：当一堂课被包含在更大的单元和课程设计中时，通常会更有目的性和连接性"。

因此需要一个比"课"更大的单位作为承载学科素养以及核心素养培养的细胞，这就是"单元"。课程、单元、单课的关系如图2-2所示，只有教师们头脑中有这样一个"从宏观到微观"的整体框架，才能保证每节课都是在为"素养"而教。

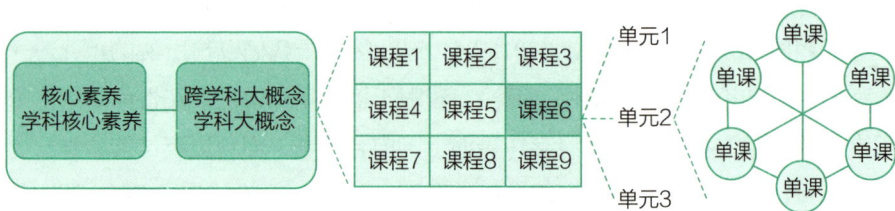

图2-2　课程、单元、单课的关系

综上所述，今天的单元是一种"素养"单元，而不是"内容"单元。一些学者和教师也把这样的"单元"形象地称为"大单元"。而大单元"大"在哪里

---

① 该案例由杭州市保俶塔实验学校郁淑颖设计。

呢？所谓的"大"不是单纯地指聚集越来越多的内容，而是指以素养目标为线索来组织单元，从而迭代累积形成更大的具有意义的认知网络。

因此，我们这样诠释大概念教学中的"单元"概念：

"单元"是素养目标达成的单位，是围绕大概念组织的学习内容、学习材料和学习资源等的集合。

因为大概念的大小、类型以及大概念与大概念的关系不同，单元也有各种类型，后面我们会加以详细论述。这里解释两个概念，首先是"单元主题"的概念。单元主题就是概括出来的单元要重点讨论学习的内容。单元主题既可以保持教材原有的单元名称，比如"新闻""文明与家园"，也可以作适当的改编。改编的方式有：①对内容进行进一步提炼。比如，"时间的测量"可以改为"计时工具（的设计）"。实际上，"计时工具（的设计）"也是这一单元的概念焦点。所谓的"概念焦点"就是指这个单元着重讨论的大概念名称，从而更加凸显要学习的大概念。②改成问题形式，引发学生的好奇。比如，"时间的测量"可以改为"计时工具越精确越好吗？"，等等。前面讲到的基本是教材中现成的单元。如果是宏观单元、中观单元、隐性单元，那么由于它们是对教材内容进行重新整理和组织，教师就需要自己拟一个新的单元主题。

其次是"单元链"的概念。单元由单元链构成，由此搭建一个单元网络。所谓的单元链，就是按一定的逻辑划分的单元分支。单元链也可以有一级、二级、三级之分（如图 2-3 所示）。如果是比较宏观的单元，如"数据分析"，可以以现实世界中数据分析的步骤为逻辑分为四个一级单元链，即"数据问题的发现与界定""数据收集与整理""数据统计与分析""数据描述与解释"。它下一级的单元链也常常有各自的大概念，比如"数据问题的发现与界定"还可以进一步划分为"数据问题的发现"和"数据问题的界定"两个二级单元链，并且它们又都有各自的大概念。但如果是比较微观的单元，它下一级的单元链则可能是支持单元大概念的案例，如"写景单元"的《富饶的西沙群岛》等四篇课文，各单元链则没有各自的大概念。

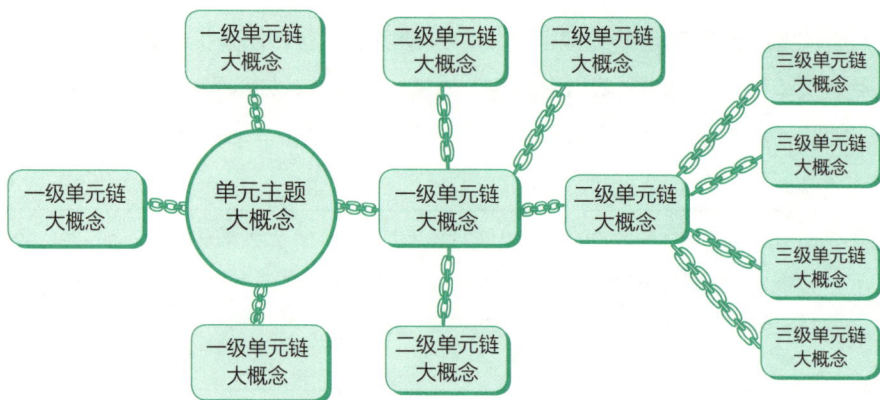

图2-3 不同层次的单元链

（二）单元的不同类型

大概念视角下的单元整体教学中的"单元"是围绕大概念来组织的，因此单元具有的是恩格尔（Engle）所说的拓展的结构（expansive framing，具有长期意义的学习任务序列），而非局限的结构（bounded framing，着眼于当前作业和考试等短期利益的学习任务序列）。（珀金斯，2015）因此，根据大概念的不同，单元也可以划分为不同的类型。

1．宏观单元、中观单元和微观单元

按照所对应的大概念的大小不同，可以将单元分为宏观单元、中观单元和微观单元。不同单元的容量不同，宏观单元对应的大概念最高位，容量也最大，中观单元容量次之，微观单元则最小。但宏观单元和中观单元很可能是无形的，也可以说它们成为教师的一种"整体"意识；而微观单元则是有形的，集中在一段时间内教学。

宏观单元是围绕整个学科高位的大概念或者跨学科大概念组织的集合。因为这类大概念几乎贯穿在所有的教学中，呈现弥散性，所以宏观单元容量很大，在一定意义上等同于"课程"的概念。越是高位的大概念，迁移性就越强，但同时它们的建立也需要更多的案例加以支撑，因此时间跨度也很大，往往是全学段的。也正因为如此，宏观单元往往最容易被人们忽视，这也是我们难以建立起高位的大概念的原因。

（1）学科宏观单元

学科宏观单元是围绕学科大概念来组织的，一般会渗透在从小学到高中的所有内容中。根据具体学科大概念的不同，学科宏观单元的容量也会有所区别，既可能涉及学科部分内容，也可能涉及学科全部内容，比如与"写景"（语文）、"实验"（科学）等相关大概念对应的学科宏观单元涉及学科中的部分内容，而与"构思"（语文）和"建模"（数学）等相关大概念对应的学科宏观单元则几乎涉及所有的学科内容。

我们以数学中的宏观单元"数据分析"为例（如图2-4所示），它涉及从小学到高中的许多内容。单元链可以从现实世界中数据分析的素养构成来进行分解，即分为"数据问题的发现与界定""数据收集与整理""数据统计与分析""数据描述与解释"四个单元链。

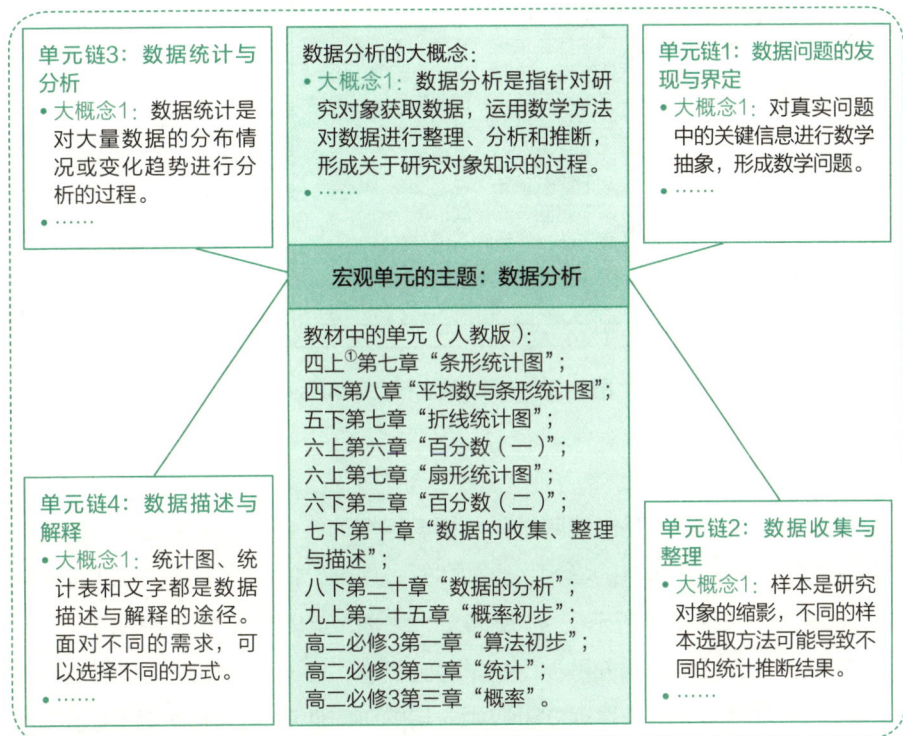

单元链3：数据统计与分析
• 大概念1：数据统计是对大量数据的分布情况或变化趋势进行分析的过程。
• ……

数据分析的大概念：
• 大概念1：数据分析是指针对研究对象获取数据，运用数学方法对数据进行整理、分析和推断，形成关于研究对象知识的过程。
• ……

单元链1：数据问题的发现与界定
• 大概念1：对真实问题中的关键信息进行数学抽象，形成数学问题。
• ……

宏观单元的主题：数据分析

教材中的单元（人教版）：
四上①第七章"条形统计图"；
四下第八章"平均数与条形统计图"；
五下第七章"折线统计图"；
六上第六章"百分数（一）"；
六上第七章"扇形统计图"；
六下第二章"百分数（二）"；
七下第十章"数据的收集、整理与描述"；
八下第二十章"数据的分析"；
九上第二十五章"概率初步"；
高二必修3第一章"算法初步"；
高二必修3第二章"统计"；
高二必修3第三章"概率"。

单元链4：数据描述与解释
• 大概念1：统计图、统计表和文字都是数据描述与解释的途径。面对不同的需求，可以选择不同的方式。
• ……

单元链2：数据收集与整理
• 大概念1：样本是研究对象的缩影，不同的样本选取方法可能导致不同的统计推断结果。
• ……

图2-4　数据分析的学科宏观单元

---

① 这里"四上"为四年级上册的简称，后文"×上/下"均为"×年级上/下册"的简称。

又如语文中的宏观单元"实用文的理解与创作"，既可以分为"实用文的类型""实用文的阅读""实用文的写作""实用文的表达"四个单元链，也可以按实用文的不同种类分为"实用文的类型""书面类实用文""口头类实用文"三个单元链（如图2-5所示）。

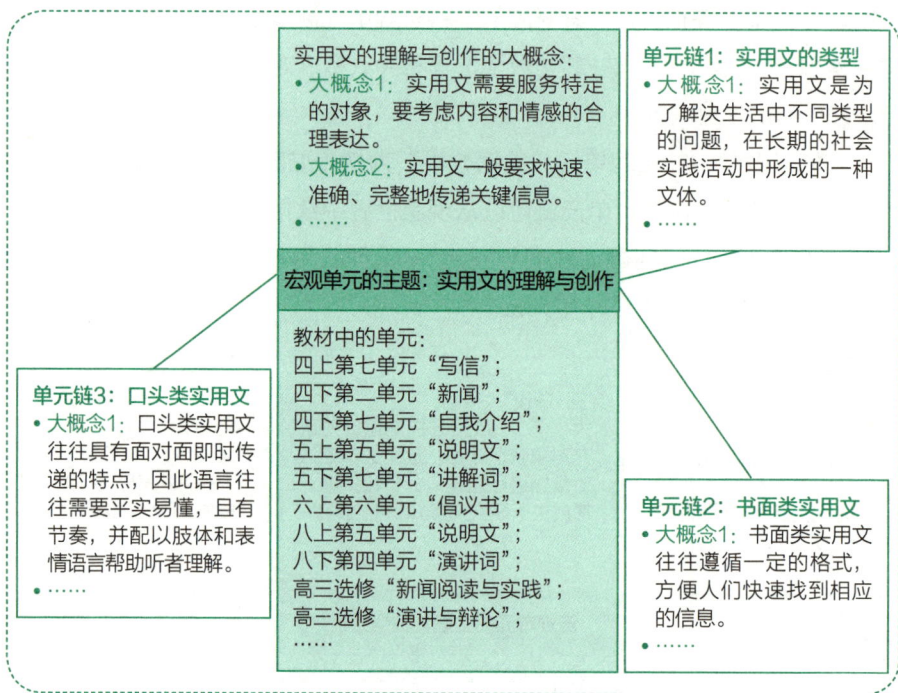

实用文的理解与创作的大概念：
- 大概念1：实用文需要服务特定的对象，要考虑内容和情感的合理表达。
- 大概念2：实用文一般要求快速、准确、完整地传递关键信息。
- ……

单元链1：实用文的类型
- 大概念1：实用文是为了解决生活中不同类型的问题，在长期的社会实践活动中形成的一种文体。
- ……

宏观单元的主题：实用文的理解与创作

单元链3：口头类实用文
- 大概念1：口头类实用文往往具有面对面即时传递的特点，因此语言往往需要平实易懂，且有节奏，并配以肢体和表情语言帮助听者理解。
- ……

教材中的单元：
四上第七单元"写信"；
四下第二单元"新闻"；
四下第七单元"自我介绍"；
五上第五单元"说明文"；
五下第七单元"讲解词"；
六上第六单元"倡议书"；
八上第五单元"说明文"；
八下第四单元"演讲词"；
高三选修"新闻阅读与实践"；
高三选修"演讲与辩论"；
……

单元链2：书面类实用文
- 大概念1：书面类实用文往往遵循一定的格式，方便人们快速找到相应的信息。
- ……

图2-5　实用文的学科宏观单元

（2）跨学科宏观单元

跨学科宏观单元则是围绕跨学科大概念组织的集合，因此这类单元涵盖的范围更广，几乎涉及所有的学习。比如"分类思维"的大概念对应的就是跨学科宏观单元（如图2-6所示），涉及语文、数学、英语等多个学科的内容，因此也可以以不同学科为单元链。比起学科大概念，跨学科大概念更容易被教师们忽视，而跨学科大概念在现实世界中应用的可能性更大，通常直接用于解决真实问题。

下面我们列出了几组常见的跨学科大概念，供教师们参考。

■ 团队合作系列大概念，根据是否对任务进行分解，包括以下两个大概念。

宏观单元的主题：分类思维

分类思维的大概念：
- 大概念1：分类是按照一定的标准，将事物划分成不相交叉和重叠的若干类别的思维方式。同样的事物可以按照不同的分类标准划分为不同的类别。
- ……

单元链1：语文
1. 根据对象和情境不同，写作不同类型的实用文
四上第七单元"写信"；
四下第七单元"自我介绍"；
五下第七单元"讲解词"；
六上第六单元"倡议书"；
八下第四单元"演讲词"；
……
2. 根据语境不同，分类讨论文言文中字词的含义
安：
①怎么（安求其能千里也）；
②养（衣食所安）。
等：
①同样（等死，死国可乎/且欲与常马等不可得）；
②诸位，表多数（公等遇雨）。
度：
① duó，估计、推测（孤不度德量力）；
②渡过、越过（关山度若飞）。
……

单元链2：数学（人教版）
1. 根据绝对值符号内数值的正负分类讨论未知数数值
七上第一章"有理数"；
……
2. 用分类思想巧解线段和角的计算
七上第四章"几何图形初步"；
……
3. 根据对应角关系的分类讨论图形形状与大小
九下第二十七章"相似图形"；
……
4. 分类讨论求函数最值
高中必修1。

单元链3：英语（人教版）
1. 根据时态不同分类讨论动词的变化形式
六下Unit 2 Last weekend；
六下Unit 3 Where did you go；
六下Unit 4 Then and now；
七下Unit 6 I'm watching TV；
……
2. 根据主语和动词词尾的不同分类讨论动词的变化形式
be动词：主语为I用 am，主语为第二人称/第三人称复数用are，主语为第三人称单数用is；
其他动词：主语为第三人称单数，动词一般+s（动词s、x、sh、ch、o 结尾+es，辅音y结尾时y改为i+es）；
……

图2-6 分类思维的跨学科宏观单元

- 设计阶段的合作（collaboration，不对任务进行分解）：对同一问题，每个个体都会有不同的看法和想法，团队合作就是要充分融合不同的观点，从而产生集体的效应。
- 制作阶段的合作（cooperation，要对任务进行分解）：每个人都各有所长，通过对任务的合理分解不仅可以提高工作效率，同时还可以提升作品的质量。

■ 思维系列大概念，常见的有抽象、比较、分类、归纳推理、演绎推理等思维方式（马扎诺 等，2015），具体的大概念如下。

- 抽象：抽象是指从具体案例中提取范型的思维方式，能让人更快更好地抓住事物的本质特征，更深刻地认识事物以及事物间的相互关系。
- 比较：比较是根据一定的标准，对事物或事物特征的异同、数量和质量等进行对比的思维方式。
- 分类：分类是按照一定的标准，将事物划分成不相互交叉和重叠的若干类别的思维方式。同样的事物可以按照不同的分类标准划分为不同的类别。
- 归纳推理：归纳推理是从一系列具体的事实中概括出一般原理的思维方式。
- 演绎推理：演绎推理与归纳推理的路径相反，是将一般原理应用于具体的情境或案例的思维方式。

■ 问题解决系列大概念，根据问题解决的不同步骤，主要包括明确任务、激活思路、设计方案、制作模型和展示反馈五个大概念，具体如下。

- 明确任务：任务的明确常常要综合考虑外部因素和内部因素。外部因素包括客户的需求、社会发展的趋势等，而内部因素则是指团队或个人的自身条件、兴趣特长等。
- 激活思路：人类的智慧具有累积性，因此可以通过借鉴打开视野，从而形成自己的思路。
- 设计方案：设计是一种假设、规划和预测的活动，应该有充分的理由和证据加以支持。设计思维是用户导向的，要根据具体的问题情境对多个变量进行通盘的考量。

- 制作模型：制作既包括实现设计方案，同时也包括在过程中不断验证和调整原有的方案。制作常常涉及工具使用、材料选择、搭建组合等活动，要寻求最优的制作材料、方法和路径等，力求准确、高效地完成作品。
- 展示反馈：展示反馈是向他人呈现作品和收集意见的过程，因此要根据具体的对象、情境以及要求，突出作品的亮点或特点。同时他人的意见往往可以帮助我们从不同的角度审视作品，通过对意见的筛选、整理和反思不仅可以完善作品，也可以完善自我。

中观单元围绕某一学段的大概念展开，一般要在几个学期内完成。比较常见的是将相关主题的内容放在一起作为一个单元，比如围绕函数的大概念将高中数学的相关内容组织起来，就是一个中观单元（如图2-7所示）。

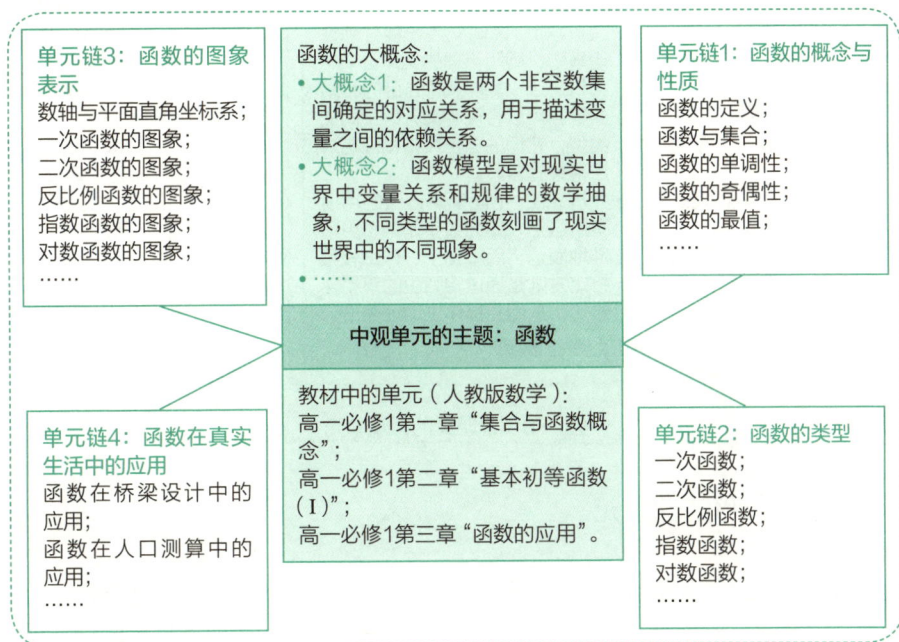

单元链3：函数的图象表示
数轴与平面直角坐标系；
一次函数的图象；
二次函数的图象；
反比例函数的图象；
指数函数的图象；
对数函数的图象；
……

函数的大概念：
- **大概念1：** 函数是两个非空数集间确定的对应关系，用于描述变量之间的依赖关系。
- **大概念2：** 函数模型是对现实世界中变量关系和规律的数学抽象，不同类型的函数刻画了现实世界中的不同现象。
- ……

单元链1：函数的概念与性质
函数的定义；
函数与集合；
函数的单调性；
函数的奇偶性；
函数的最值；
……

中观单元的主题：函数

教材中的单元（人教版数学）：
高一必修1第一章"集合与函数概念"；
高一必修1第二章"基本初等函数（Ⅰ）"；
高一必修1第三章"函数的应用"。

单元链4：函数在真实生活中的应用
函数在桥梁设计中的应用；
函数在人口测算中的应用；
……

单元链2：函数的类型
一次函数；
二次函数；
反比例函数；
指数函数；
对数函数；
……

图2-7　函数的中观单元

　　微观单元一般是指教材中的现有单元，对每个单元的教学通常集中在一个月内完成。微观单元是最为常见的单元，也是我们讨论的重点对象。因为教材是非常重要的学习载体，教材上的单元也是教师们更为熟悉的，所以我们也可以根据现有的教材单元来提炼大概念，并围绕这一大概念形成微观的单元，比如统编版语文教材五上第五单元"说明文"就自然形成了一个微观单元（如图2-8所示）。与以往不同的是，过去我们可能更关注内容的逻辑性，目标是教小概念或方法，而现在我们以大概念串联起整个单元，并指向素养达成。

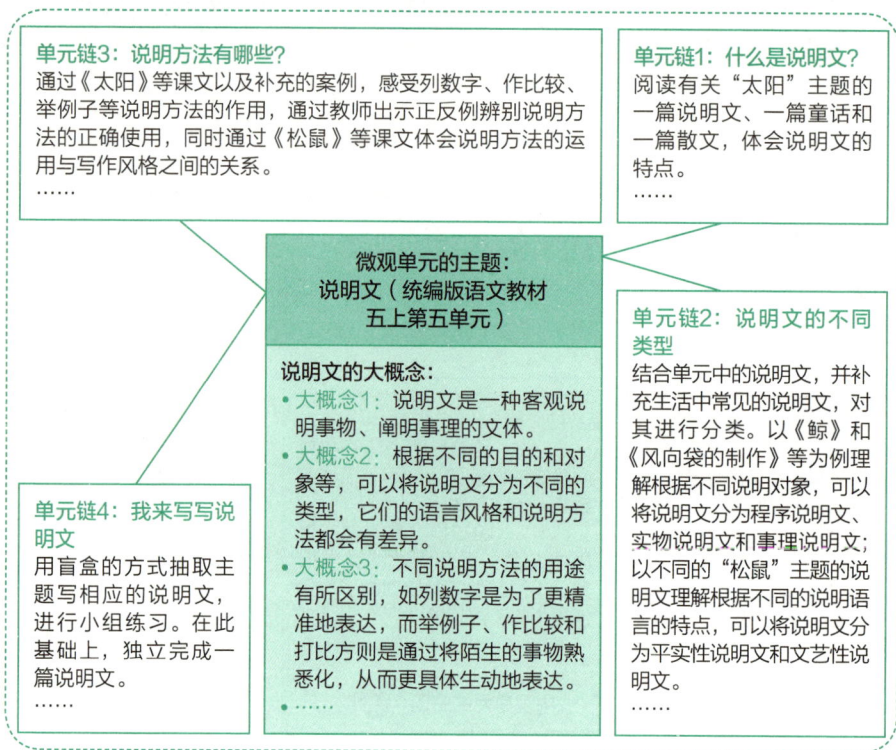

单元链3：说明方法有哪些？
通过《太阳》等课文以及补充的案例，感受列数字、作比较、举例子等说明方法的作用，通过教师出示正反例辨别说明方法的正确使用，同时通过《松鼠》等课文体会说明方法的运用与写作风格之间的关系。
……

单元链1：什么是说明文？
阅读有关"太阳"主题的一篇说明文、一篇童话和一篇散文，体会说明文的特点。
……

微观单元的主题：
说明文（统编版语文教材五上第五单元）

说明文的大概念：
• 大概念1：说明文是一种客观说明事物、阐明事理的文体。
• 大概念2：根据不同的目的和对象等，可以将说明文分为不同的类型，它们的语言风格和说明方法都会有差异。
• 大概念3：不同说明方法的用途有所区别，如列数字是为了更精准地表达，而举例子、作比较和打比方则是通过将陌生的事物熟悉化，从而更具体生动地表达。
• ……

单元链2：说明文的不同类型
结合单元中的说明文，并补充生活中常见的说明文，对其进行分类。以《鲸》和《风向袋的制作》等为例理解根据不同说明对象，可以将说明文分为程序说明文、实物说明文和事理说明文；以不同的"松鼠"主题的说明文理解根据不同的说明语言的特点，可以将说明文分为平实性说明文和文艺性说明文。
……

单元链4：我来写写说明文
用盲盒的方式抽取主题写相应的说明文，进行小组练习。在此基础上，独立完成一篇说明文。
……

图2-8　说明文的微观单元

2. 显性单元和隐性单元

　　按照大概念和单元学习内容的相关性，还可将单元分为**显性单元**和**隐性单元**。吕立杰（2020）提出了大概念视角下单元的三种形式，即显性、半隐性和隐性。"所谓显性，就是在课程标准中明确提炼出学科核心概念，并置于课程体系的结构支点，教材编写依此而明确设计单元，教师依托教材中的单元，自然会引领学生理解大概念。所谓半隐性，是在课程标准或者教材中，没有明显依据某一核心概念设计内容组块，需要教师调整教材中的部分内容，进行二次课程开发。在教师开发出的大单元中，一定会包含着一个或少量的几个大概念，大概念可以是不同类型的知识。所谓隐性，有的大概念在不同的年级、不同的学段甚至不同的学科间呈现，或螺旋上升或跨学科拼接。这样的单元同样需要教师开发，形成虚拟的单元，并在不同的时段或者不同的课程中有目的地引导学生，逐渐领悟大概念。"

可见，显性、半隐性和隐性的区别主要在于是否需要教师对教材进行重新组织。这里将半隐性也归入显性，分为显性和隐性两种。因此，显性单元和隐性单元的划分建立在对教材现有单元分析的基础上。所谓显性单元是指教材中现有的单元，或根据需要对教材进行一定的合并和调整的单元，教师可以直接从中提炼相关的大概念。而隐性单元则只涉及现有单元的部分内容，这些部分内容与其他内容拥有共同的大概念，因此一起构成了一个新的单元。对于这些部分内容，教师也应具有大概念教学的意识。

以统编版语文教材三年级下册第六单元"多彩的童年"为例（如图2-9所

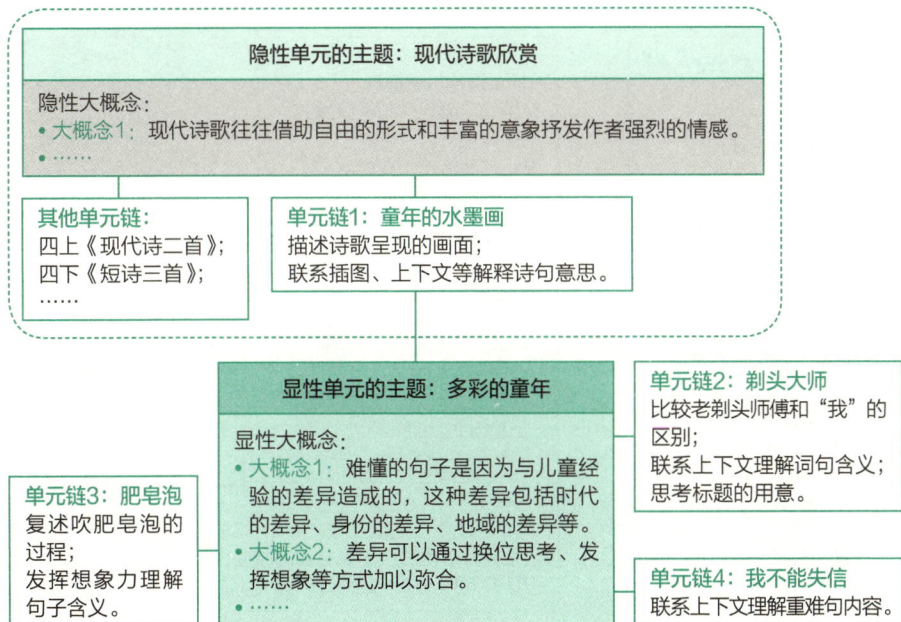

隐性单元的主题：现代诗歌欣赏

隐性大概念：
· 大概念1：现代诗歌往往借助自由的形式和丰富的意象抒发作者强烈的情感。
· ……

其他单元链
四上《现代诗二首》；
四下《短诗三首》；
……

单元链1：童年的水墨画
描述诗歌呈现的画面；
联系插图、上下文等解释诗句意思。

显性单元的主题：多彩的童年

显性大概念：
· 大概念1：难懂的句子是因为与儿童经验的差异造成的，这种差异包括时代的差异、身份的差异、地域的差异等。
· 大概念2：差异可以通过换位思考、发挥想象等方式加以弥合。
· ……

单元链2：剃头大师
比较老剃头师傅和"我"的区别；
联系上下文理解词句含义；
思考标题的用意。

单元链3：肥皂泡
复述吹肥皂泡的过程；
发挥想象力理解句子含义。

单元链4：我不能失信
联系上下文理解重难句内容。

图2-9 语文显性单元和隐性单元示例

示），该单元围绕"多彩的童年"主题，安排了《童年的水墨画》等四篇课文，该单元的语文要素是"运用多种方法理解难懂的句子"等。因此，显性单元是围绕"理解难懂的句子"相关的大概念组织的，这些大概念涉及这一单元所有的四篇课文。而这一单元的第一课《童年的水墨画》采用了现代诗歌的形式来呈现多姿多彩、自由自在的乡村儿童生活。因此，《童年的水墨画》一文还蕴含了有关现代诗歌欣赏的大概念，尽管现代诗歌欣赏并非这个单元的重点（本单元仅一篇课文涉及现代诗歌欣赏），但是教师在教学时同样应当贯彻"现代诗歌欣赏"这个大概念。也就是说，《童年的水墨画》和其他现代诗歌构成了一个隐性单元。但值得注意的是，单元教学时间有限，因此教师应把大多数时间用在显性单元上，而隐性单元则更多地体现为一种大概念意识，可以联结相关内容，但并不是要教师把所有相关内容都教一遍。

再以教科版科学教材五年级下册第三单元"时间的测量"为例（如图2-10所示），显性单元是围绕计时工具相关的显性大概念来组织的，而这个单元有好几个单元链涉及实验相关的大概念，因此与其他同样贯彻"实验"大概念的内容构成了"实验"的隐性单元。

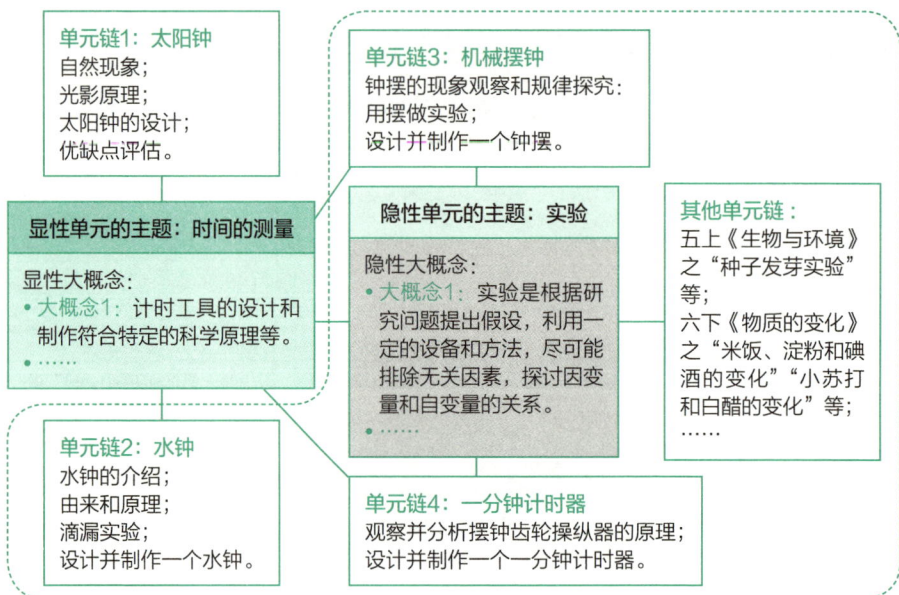

单元链1：太阳钟
自然现象；
光影原理；
太阳钟的设计；
优缺点评估。

单元链3：机械摆钟
钟摆的现象观察和规律探究；
用摆做实验；
设计并制作一个钟摆。

显性单元的主题：时间的测量

显性大概念：
• 大概念1：计时工具的设计和制作符合特定的科学原理等。
• ……

隐性单元的主题：实验

隐性大概念：
• 大概念1：实验是根据研究问题提出假设，利用一定的设备和方法，尽可能排除无关因素，探讨因变量和自变量的关系。
• ……

其他单元链：
五上《生物与环境》之"种子发芽实验"等；
六下《物质的变化》之"米饭、淀粉和碘酒的变化""小苏打和白醋的变化"等；
……

单元链2：水钟
水钟的介绍；
由来和原理；
滴漏实验；
设计并制作一个水钟。

单元链4：一分钟计时器
观察并分析摆钟齿轮操纵器的原理；
设计并制作一个一分钟计时器。

图2-10　科学显性单元和隐性单元示例

3．知识单元和过程单元

按照所对应的大概念类型的不同，可以将单元分为知识单元和过程单元。埃里克森曾经区分过两种结构，即知识的结构和过程的结构，如图 2-11 所示（埃里克森 等，2018）[19]，其中知识的结构最底端是"主题""事实"，比如"改革开放开始于 1978 年"是事实，"改革开放"是主题。而过程的结构最底端是"技能""策略"，比如"拍球"就是一种技能，而"推断"则是一种策略。但无论是知识的结构还是过程的结构，再往上都是概念和大概念，只不过大概念有知识类和方法类的区分。知识单元是指主要围绕知识类大概念组织的一个集合，而过程单元则是指主要围绕方法类大概念组织的一个集合。

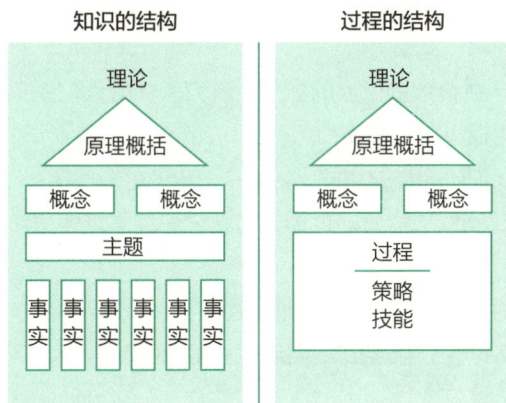

图2-11　知识的结构和过程的结构

埃里克森和兰宁（2018）认为学科在性质上是有区别的，比如数学、历史是知识驱动的学科，更适合于"知识的结构"；英语、艺术（音乐和美术）、体育是过程驱动的学科，更适合于"过程的结构"。一般而言，知识的结构层级要多一些，而过程的结构层级则较少。伯恩斯坦（Bernstein，1999）提出了知识结构理论，认为垂直知识结构呈现金字塔状，也就是说从事实到理论，中间有叠加的严密层级关系，内容连贯明晰，结构层次分明，较多出现在自然科学中；而水平知识结构则更加扁平，较多出现在社会科学中，内容相对松散，具有多种解释，一般出现在语言科学中。

但实际上，每一门学科都有知识型的大概念和过程型的大概念，比如哈伦（2016）就区分了十个科学知识的大概念（big ideas of science）和四个科学过程的大概念（big ideas about science）。

十个科学知识的大概念为：

①宇宙中所有的物质都是由很小的微粒构成的；

②物体可以对一定距离以外的物体产生作用；

③改变一个物体的运动状态需要有净力作用于其上；

④在宇宙中能量的总量是不变的，但是在某种事件发生的过程中，能量会从一种储存形式转化成另一种储存形式；

⑤地球的构造和它的大气圈以及在其中发生的过程，影响着地球表面的状况和气候；

⑥宇宙中存在着数量极大的星系，我们所在的太阳系只是其中一个星系——银河系中很小的一部分；

⑦生物体以细胞为基础构成，并具有一定的生命周期；

⑧生物需要能量和物质的供给，为此它们经常需要依赖于其他生物或与其他生物竞争；

⑨生物体的遗传信息会一代代地传递下去；

⑩生物的多样性、存活和灭绝都是进化的结果。

四个科学过程的大概念为：

①科学是在究其所以，或是发现自然现象的原因；

②科学上的解释、理论和模型都是在特定的时期内与可获得的实证最为吻合的；

③将科学研究中得到的知识运用于工程和技术，以创造服务于人类的产品；

④科学的运用常常会对伦理、社会、经济和政治产生影响。

"天气与气候"单元是一个典型的知识单元（如图2-12所示）。比起过程单元，知识单元的特征是单元链内容之间的差异性、关联性和层级性都会更强。因此，每个单元链相关的大概念也会有所差别。

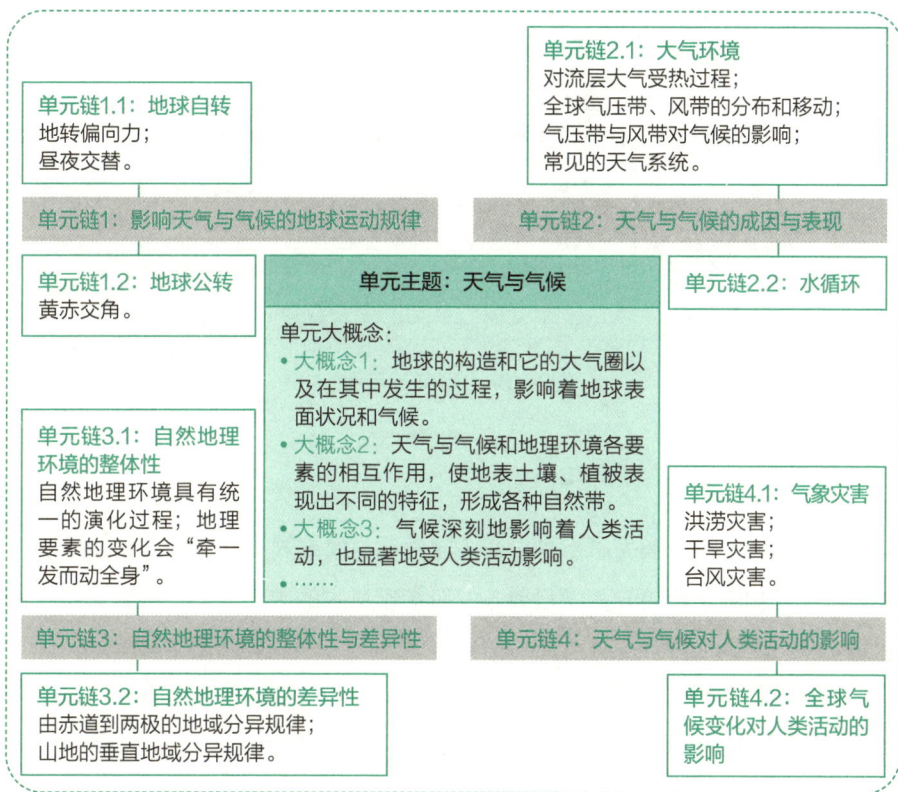

单元链1.1：地球自转
地转偏向力；
昼夜交替。

单元链2.1：大气环境
对流层大气受热过程；
全球气压带、风带的分布和移动；
气压带与风带对气候的影响；
常见的天气系统。

单元链1：影响天气与气候的地球运动规律

单元链2：天气与气候的成因与表现

单元链1.2：地球公转
黄赤交角。

单元主题：天气与气候

单元大概念：
- 大概念1：地球的构造和它的大气圈以及在其中发生的过程，影响着地球表面状况和气候。
- 大概念2：天气与气候和地理环境各要素的相互作用，使地表土壤、植被表现出不同的特征，形成各种自然带。
- 大概念3：气候深刻地影响着人类活动，也显著地受人类活动影响。
- ……

单元链2.2：水循环

单元链3.1：自然地理环境的整体性
自然地理环境具有统一的演化过程；地理要素的变化会"牵一发而动全身"。

单元链4.1：气象灾害
洪涝灾害；
干旱灾害；
台风灾害。

单元链3：自然地理环境的整体性与差异性

单元链4：天气与气候对人类活动的影响

单元链3.2：自然地理环境的差异性
由赤道到两极的地域分异规律；
山地的垂直地域分异规律。

单元链4.2：全球气候变化对人类活动的影响

图2-12 知识单元示例[1]

统编版语文教材三年级下册第八单元"复述故事"则是一个过程单元（如图2-13所示）。教师通过《慢性子裁缝和急性子顾客》等四篇课文帮助学生理解复述故事和学会复述故事。过程单元的特征是每一个单元链内容都相当于一个案例，它们几乎都贯彻相同的大概念。复述故事单元可以分为两类过程（方法）大概念，即有关复述和讲故事的大概念，也有些单元只有一类过程（方法）

① 该单元由浙江大学诸葛锦儿设计。

大概念，比如图 2-9 显性单元中就只有有关难懂句子的理解这个大概念。

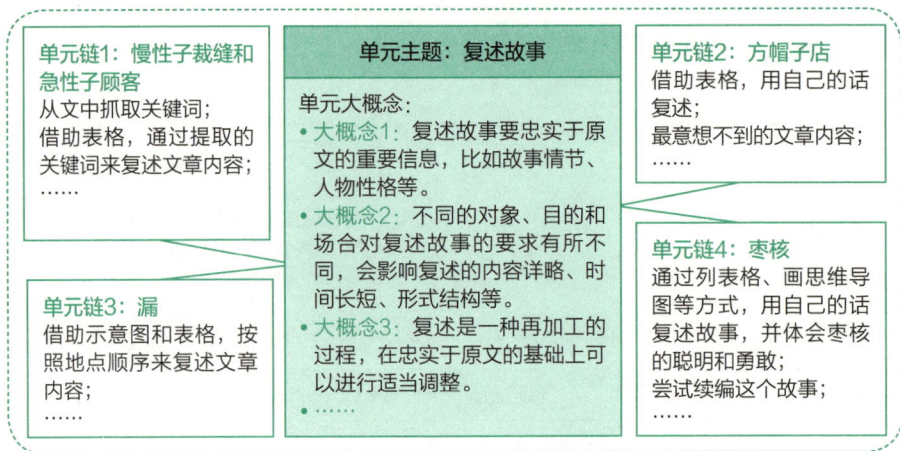

图2-13　过程单元示例①

4．学科单元和跨学科单元

按照单元所对应的大概念是学科大概念还是跨学科大概念，可以将单元分为学科单元和跨学科单元。学科单元一般指学科内的单元，一般围绕学科大概念来组织。比如前面提到的"复述故事""天气与气候"等都是学科单元。

而跨学科单元一般跨越多个学科，围绕跨学科大概念来组织。不过跨学科单元有三种不同的形态，即多学科（multidisciplinary）、交叉学科（cross-disciplinary）和超学科（transdisciplinary），如图 2-14 所示。德雷克（Drake）等描述了三者的区别："多学科方法主要关注学科。使用这一方法的教师会围绕一个主题来组织学科标准。……在这种进行综合的方法（跨学科综合）中，教师们围绕交叉学科的基础知识和技能来组织课程。他们将各学科的基础知识和技能组成信息块，以此强调跨学科的技能和概念。……在用超学科的方法来进行综合时，教师围绕学生的问题和关注点来组织课程。"（德雷克 等，2007）[9-14]

多学科单元主要关注学科，它围绕某个主题"组合"多个学科的内容，单元组织并未突破学科界限。多学科单元指向子学科素养的培养，各子学科整合程度

---

① 该单元由杭州市长寿桥岳帅小学曹爱卫设计。

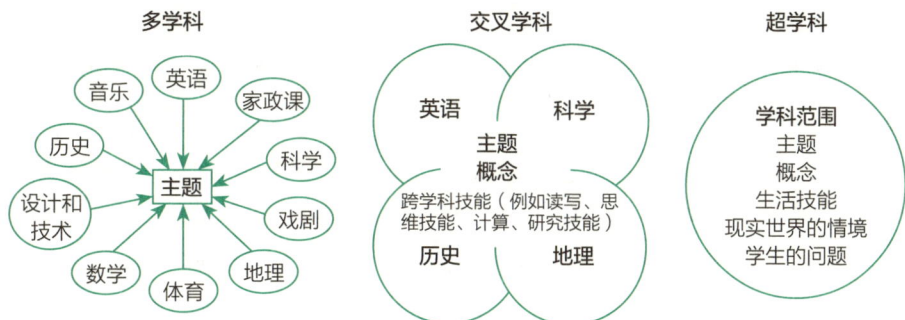

图2-14 多学科、交叉学科和超学科

不如交叉学科和超学科高，因此多学科单元围绕的往往是各个学科的大概念。

具体而言，多学科单元既可以根据某一主题组合相近的学科，比如同样是社会科学的历史、地理、经济和政治，以及同样是自然科学的生物、化学、物理和地理等；也可以根据主题组织相异的学科，比如语文、数学、科学、音乐和美术等。比如，"'苔花'是'花'吗？"就是多学科单元的案例（如图2-15所示），以"苔花"为主题组合了语文、科学、美术和音乐等多门学科。虽然多学

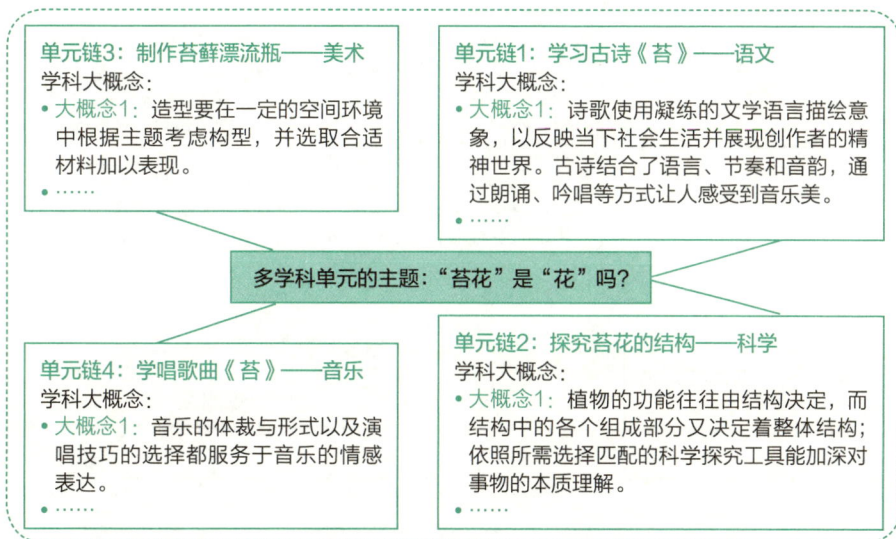

单元链3：制作苔藓漂流瓶——美术
学科大概念：
• 大概念1：造型要在一定的空间环境中根据主题考虑构型，并选取合适材料加以表现。
• ……

单元链1：学习古诗《苔》——语文
学科大概念：
• 大概念1：诗歌使用凝练的文学语言描绘意象，以反映当下社会生活并展现创作者的精神世界。古诗结合了语言、节奏和音韵，通过朗诵、吟唱等方式让人感受到音乐美。
• ……

多学科单元的主题："苔花"是"花"吗？

单元链4：学唱歌曲《苔》——音乐
学科大概念：
• 大概念1：音乐的体裁与形式以及演唱技巧的选择都服务于音乐的情感表达。
• ……

单元链2：探究苔花的结构——科学
学科大概念：
• 大概念1：植物的功能往往由结构决定，而结构中的各个组成部分又决定着整体结构；依照所需选择匹配的科学探究工具能加深对事物的本质理解。
• ……

图2-15 多学科单元示例①

——————————

① 该单元由杭州市京都小学马林设计。

科单元的各个学科之间的关系比较疏离，但是在同一个时间各个学科的内容都涉及同一主题，会激发学生的兴趣，同时有利于丰富学生理解某一事物的思维角度与方式。

交叉学科单元则是以"主题""问题"等为中心来统合各门学科，不同于多学科单元，交叉学科单元不是"拼盘"，而是通过交叉学科综合解决问题，所以每一个学科都对理解主题和解决问题具有不可替代的作用，学科与学科之间有比较强的关联。因此，交叉学科单元既有跨学科大概念，也有学科大概念。比如，以"探索建筑艺术"为主题的交叉学科单元就统合了多个学科（如图2-16所示），整个交叉学科单元既围绕跨学科大概念"建筑设计是实现功能价值和审美价值的统一体"等展开，也有每一门学科的大概念，同时学科与学科之间也有融合，比如"空间设计"中就涉及数学和美术两门学科交叉的大概念，"结构设计"涉及科学和语文两门学科交叉的大概念。

超学科单元则一般围绕生活世界中的真实问题来组织单元，因此在超学科

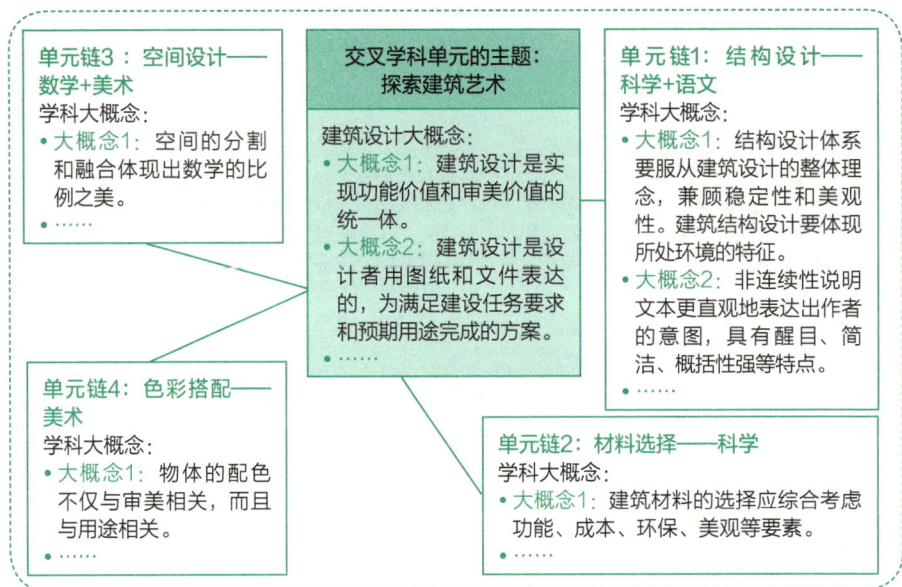

图2-16 交叉学科单元示例[①]

---

① 该单元由浙江大学周炼设计。

单元中，学科是遁形的，几乎看不到学科的边界，基本都是围绕跨学科大概念来展开的。例如，在疫情期间，师生根据现实世界遇到的真实问题进行了"居家防疫我做主"这一超学科单元学习（如图 2-17 所示），涉及居家隔离期间外出采购物资、居家烘焙美食、垃圾分类投放和居家运动等单元链，尽管这一单元也涉及科学、数学、体育、语文等学科，但这些学科充分融入了疫情期间"制定家庭菜谱""设计和制定家庭采购方案""设计与制作家庭防护装备、制作蛋清打发器、制作多功能垃圾桶和设计开发居家运动道具"等真实问题的解决中，已经很难分辨出各个学科的边界。

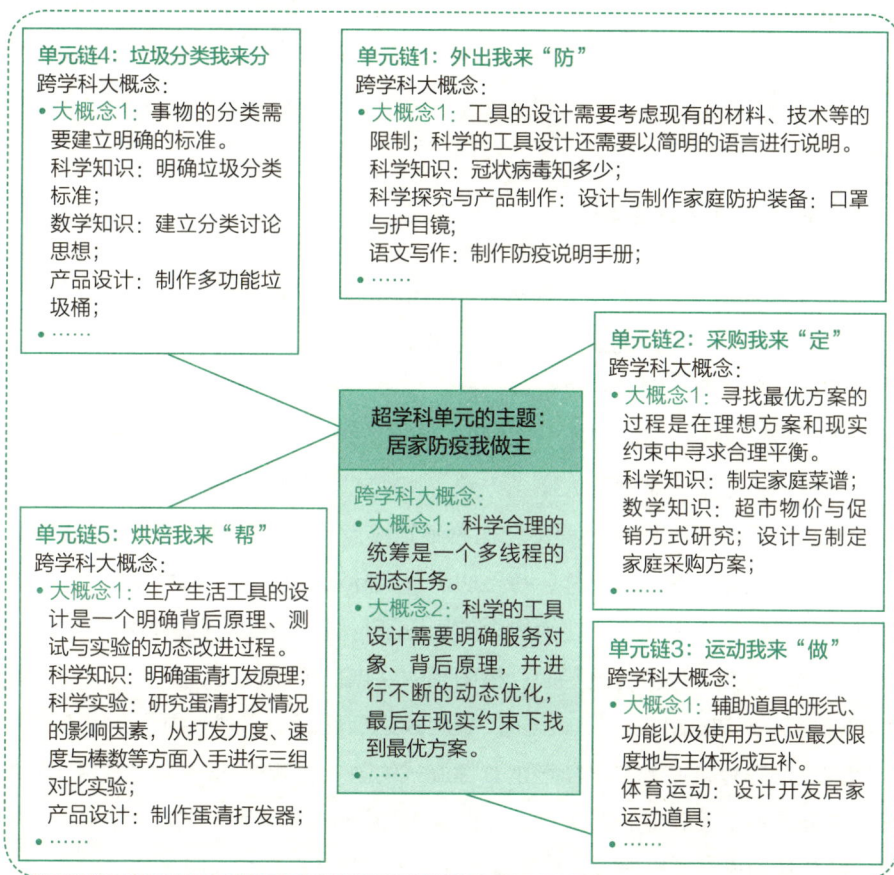

单元链4：垃圾分类我来分
跨学科大概念：
• **大概念1**：事物的分类需要建立明确的标准。
科学知识：明确垃圾分类标准；
数学知识：建立分类讨论思想；
产品设计：制作多功能垃圾桶；
• ……

单元链1：外出我来"防"
跨学科大概念：
• **大概念1**：工具的设计需要考虑现有的材料、技术等的限制；科学的工具设计还需要以简明的语言进行说明。
科学知识：冠状病毒知多少；
科学探究与产品制作：设计与制作家庭防护装备：口罩与护目镜；
语文写作：制作防疫说明手册；
• ……

**超学科单元的主题：
居家防疫我做主**

跨学科大概念：
• **大概念1**：科学合理的统筹是一个多线程的动态任务。
• **大概念2**：科学的工具设计需要明确服务对象、背后原理，并进行不断的动态优化，最后在现实约束下找到最优方案。
• ……

单元链2：采购我来"定"
跨学科大概念：
• **大概念1**：寻找最优方案的过程是在理想方案和现实约束中寻求合理平衡。
科学知识：制定家庭菜谱；
数学知识：超市物价与促销方式研究；设计与制定家庭采购方案；
• ……

单元链5：烘焙我来"帮"
跨学科大概念：
• **大概念1**：生产生活工具的设计是一个明确背后原理、测试与实验的动态改进过程。
科学知识：明确蛋清打发原理；
科学实验：研究蛋清打发情况的影响因素，从打发力度、速度与棒数等方面入手进行三组对比实验；
产品设计：制作蛋清打发器；
• ……

单元链3：运动我来"做"
跨学科大概念：
• **大概念1**：辅助道具的形式、功能以及使用方式应最大限度地与主体形成互补。
体育运动：设计开发居家运动道具；
• ……

图2-17　超学科单元示例[1]

---

① 该单元由湖州市吴兴区太湖小学徐莉莎、倪潇潇、何蓓设计。

三 | 单元设计的迭代逻辑

大概念视角下的单元设计总体来说遵循的是迭代逻辑，所谓的迭代逻辑是指不断重复、反馈和提升的过程，呈现螺旋上升的形态。具体到大概念教学中，就是指不断通过具体案例来加深对大概念的认识。而迭代逻辑既有"不变"，也有"变"。

（一）迭代逻辑的"不变"

1. 线性逻辑与迭代逻辑

任何学习都有一个过程，那么大概念是如何发展的呢？弄清楚这个问题，我们才能明确单元设计的逻辑。哈伦（2016）[22] 等学者曾提出三种大概念的进展方式：①爬梯式。爬梯式是指一个台阶接着一个台阶上，也就是说将学习分成若干阶段，这个阶段可以指一个学期、一个学年或一个学段，每个阶段都有相应的目标，但不一定都和大概念一致。爬梯式的缺点是可能爬到顶点才能发现大概念，而由于在爬梯过程中往往看不到终点，爬梯的路线可能是曲折的。②拼图式。就像拼图游戏一样，每一块拼片实际上都包含了整体的信息，这种整体的信息就是指大概念。在大概念的引导下，可以有效地组织各种在学校获得的经验以及在校外获得的经验。拼图式的缺点在于比较灵活多变，以致很难为教师提供确定的指导。③螺旋式。螺旋式是指反复学习同一内容，只不过每一次的难度和复杂度都在不断增加。螺旋式的缺点和爬梯式一样，往往因为降低难度而忽视了大概念的教学，从而造成了和后面的学习脱节的后果。

哈伦认为这三种进展方式都各有其优缺点，因此在理解大概念的过程中，这三种进展方式都会用到。比如，当学生在不同背景下遇到了同一种现象时，需要用拼图式，以大概念统合各种现象；当学生的想法比较局限时，需要用螺旋式来拓展他们的经验，使他们能拓宽自己的思路；而当学生的想法比较固化，只接受与自己

概念相同的案例时，则需要用爬梯式，引入相应更加上位的概念。（刘徽，2019）

但实际上，我们认为大概念教学主要呈现的应该是螺旋上升的形态，也就是哈伦所说的拼图式和螺旋式的合体，学习既始终围绕大概念，同时又在不断发展，这是一种迭代逻辑。而爬梯式是一种线性逻辑，只能作为学习过程中在大概念引领下掌握知识与技能的进展方式，起到辅助的作用。

斯特恩等（Stern et al.，2018）描述了学习烘烤蛋糕的两个场景。场景一：教师首先告诉学生制作蛋糕需要哪些原料，教他们如何使用打蛋器，给他们演示如何将香草蛋糕制作原料按比例配好，然后逐一教授"打蛋→拌面粉→灌模成形→烘烤"等制作蛋糕的步骤，最后教师品尝学生做好的蛋糕，给蛋糕打分。

场景二：教师首先和学生一起探讨"如何才能做出好吃的蛋糕"，明确"好吃的蛋糕"的具体指标，并教授一些基本的技能。然后，学生分组先尝试做一个香草蛋糕，并按照之前的指标对蛋糕进行评估。接着开始做第二个香草蛋糕，根据上次出现的问题，这次他们加了黄油，并对蛋糕进行评估，不断调整后得到最佳的蛋糕口味。接下去，教师给学生的任务是为敬老院的老人定制一个低糖的健康蛋糕……

上面两个情境尽管都是技能学习，但也显示了线性逻辑与迭代逻辑的不同。场景一展示的是线性逻辑，就是将技能进行分解，学习一个个技能，再将它们整合起来。而场景二则展示的是迭代逻辑，就是先进行整体性的学习，帮助学生理解，然后再通过不同的情境帮助学生加深理解并且迁移运用。

线性逻辑是范梅里恩伯尔（Van Merrienboer）和基尔希纳（Kirschner）说的"原子化"的思路，即把复杂而综合的内容和任务逐级分解还原为较简单或较细小的元素，这种分解会一直进行下去，直到可以变成简单的知识和技能目标。（Van Merrienboer et al.，2018）但这里存在的问题是，一方面，知识和技能并不能自动地整合为素养。事实上，往往我们学习了一堆知识和技能，但当面对一个真实情境时，知识和技能却不能被有效地调用。另一方面，知识和技能常常不是可累积的，而是如《小猴子下山》故事里的小猴子一样，见了桃子扔玉米，见了西瓜又扔桃子，也就是说学了后面会忘了前面。梅里尔（Merrill）称之为"累积性内容排序"，即把复杂的技能分解为若干个子技能，依次学习，期望到最后整合，但事实是，当学生学到最后时，早就忘记了前面所学的技能。（梅里尔，2016）学生会产生这样的疑问——"我不知道前面已经学的和这个问题的解决有什么关系"，"这个前面我好像学过了，但现在已经差不多忘记了"。

综合这两方面的问题，我们很难指望学生自己把学过的"碎片"拼起来去形成素养，去解决现实世界中的问题。麦克泰和威金斯（2020）也将线性逻辑与迭代逻辑分别称为"覆盖的逻辑"和"揭示的逻辑"，认为前者教的是专家结论，即逐步呈现各部分内容，而后者将单元视作一个正在展开的故事或问题，围绕专家思维进行建构。因此，单元的迭代逻辑是一种"整体化"的思路，布鲁纳（1989）所说的"螺旋式"课程贯彻的也就是这种迭代逻辑。值得一提的是，这并不是说在大概念教学中就不能对知识和技能进行分解学习或练习，只不过大概念教学强调要在情境中不断给学生提供统合知识与技能来解决问题的机会，并在一次次解决问题的过程中加深对大概念的理解。

2．围绕大概念、本质问题和关键挑战的迭代

线性逻辑将整体切分为若干部分，期望通过部分与部分的叠加来达成目标，并进行检测（如图 2-18 所示）。迭代逻辑之所以能产生迭代，就是要围绕"不变"螺旋上升（如图 2-19 所示）。而不变的是大概念及其衍生的本质问题（essential questions，也被译为基本问题）和关键挑战（key challenges，也被称为核心任务）。大概念是贯穿始终的主线，本质问题和关键挑战会反复出现。对大

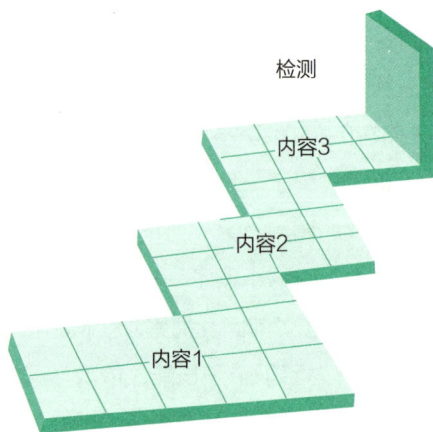

图2-18　线性的单元设计逻辑　　　　图2-19　迭代的单元设计逻辑

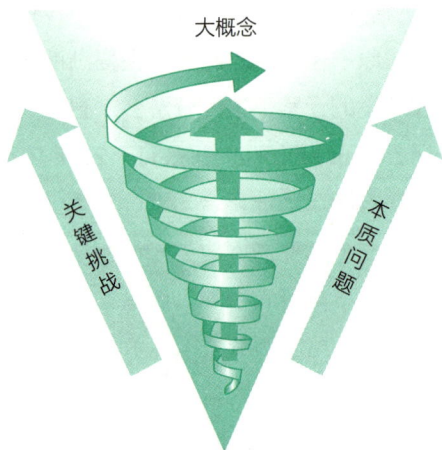

概念我们前面已有论述，这里重点论述本质问题和关键挑战。

　　本质问题是与大概念相配套的，是指围绕大概念展开的、值得被持续探讨的问题。关于本质问题，我们将在第五章详细论述。威金斯和麦克泰格（2017）称本质问题为大概念的航标。章巍（2021）将大概念和本质问题比作一枚硬币的两面，大概念指向教师，本质问题指向学生。比如与复述故事单元"复述故事要忠实于原文的重要信息"等大概念相配套的本质问题是"在这个故事中，什么是需要忠实于原文的，什么是可以改编的？""这个故事哪些部分需要详细讲，哪些部分可以简略讲？"和大概念有学科和跨学科之分一样，本质问题也有不同的层级，并且层层嵌套，有学科、跨学科的本质问题等。如前所述，课程从一定意义来看也是一个单元，只不过是围绕上位的学科和跨学科大概念组织的集合。比如，在澳大利亚人文与社会科学课程是一个跨学科课程，包括历史、地理、社会、经济与商业四个学科内容，围绕"身份的定位""社会的塑造""人与世界的关联"以及"履行社会责任"四个跨学科主题展开，并且分别提出了四组本质问题，即"我们自身以及我们的祖先是谁？是什么样的传统和价值观塑造了我们的社会？""社会和经济是如何运作的，以及如何随着时间而变化发展？""人、地以及思想和事件之间是怎样联结的？""人们如何履行职责，参与社会，并做出明智的决定？"[Australia Curriculum，Assessment and Reporting Authority（ACARA），2020]

　　表 2-2 分别展现了美国纽约中央公园中学东校（Central Park East Secondary School in New York）、卡内基教学促进基金会及国际文凭课程小学项目（International Baccalaureate Primary Years Program，IBPYP）的课程，它们都是以本质问题为串联课程的线索。（威金斯 等，2017）

表2-2　以本质问题为主线来设计跨学科课程框架示例[①]

课程 / 机构	本质问题
纽约中央公园中学东校	● 我们从谁的视角观察、阅读和倾听？以什么角度或立场？ ● 当我们理解时，我们是怎么知道的？证据是什么？有多大可靠性？ ● 人、事、物彼此之间是如何关联的？原因和结果是什么？它们如何组成一个整体？ ● 什么是新知识？什么是已学过的知识？我们以前接触过这个概念吗？ ● 那又怎么样？为什么重要？所有这些意味着什么？

① 改编自：威金斯，麦克泰格. 追求理解的教学设计：第二版[M]. 闫寒冰，宋雪莲，赖平，译. 上海：华东师范大学出版社，2017：313-314.

续表

课程／机构	本质问题
卡内基教学促进基金会	• 刚出生时我加入了哪个群体？ • 现在我属于哪个群体？ • 为什么人们要加入群体？ • 我能离开群体吗？（Boyer，1995）
国际文凭课程小学项目	• 它像什么？ • 它是如何运作的？ • 为什么是这种方式？ • 它是如何变化的？ • 它如何与其他事物相联结？ • 观点是什么？ • 我们的责任是什么？ • 我们如何知道？

除了本质问题不变外，关键挑战也是不变的。关键挑战是指素养所对应的核心任务，一般会在不同情境中反复出现。关键挑战也要在理解大概念的基础上才能完成，因此它也与大概念相对应。比如，与"语言交流是有对象的目的性行为"（语文）大概念相对应的关键挑战是"在具体的情境中与某个人或群体就某一目的进行书面或口头的沟通交流"；与"现实世界中的问题是错综复杂的，要围绕问题解决找到关键的特征、变量或指标等，同时梳理不同的特征、变量或指标之间的关系，建立相应的数学模型。对于同一事物，要解决的问题不同，要考量的关键特征、变量或指标也不同"（数学）大概念相对应的关键挑战是"从一个具体的复杂情境中抽取关键的变量或特征，并建构它们之间的关系"；与"实验是根据研究问题提出假设，利用一定的设备和方法，尽可能排除无关因素，探讨因变量和自变量的关系"（科学）大概念相对应的关键挑战是"根据一定的证据发现问题和提出假设，并设计一个实验加以验证"；与"因为历史不可逆，所以要借助史料对历史形成正确客观的认识，通过各种途径获取的史料的质量和价值不同，鉴别、丰实和组织史料对于得出正确的结论非常重要"（历史）大概念相对应的关键挑战是"根据研究问题收集史料，对史料进行辨析，并梳理成一个连贯的观点"等。

关键挑战不变，只不过承载关键挑战的问题情境有所不同。我们通过大概念把不同的内容、情境和案例联结起来，让学生解决一个个情境中的问题。下一个情境中的问题一般比上一个情境中的问题更加复杂，类似于"滚雪球"的过程，每次通过解决难度更大的问题，就会对学习有更深一步的认识，而大概念就在这样的过程中不断地建立起来。

3．迭代是不断进行归纳和演绎的开放过程

曾经有位教师问研究者，素养能否像注意力一样被训练呢？实际上，这是不太可能的。素养和一般我们说的注意、识记等能力有所区别，素养不能脱离情境存在，素养形成的关键是大概念，而理解大概念要在不同的情境、任务和案例中不断经历归纳和演绎的动态过程。

在第一章中，我们提到过大概念是通过"具体→抽象→具体"的高通路迁移建立的，主要思维活动就是归纳和演绎。从具体的案例中概括出抽象的概念就是归纳，即具体→抽象，而将抽象的概念运用于具体的案例就是演绎，即抽象→具体。

迭代是不断进行归纳和演绎的开放过程，对大概念的理解就是在这个过程中逐步加深的，埃里克森（Erickson，2008）称其为具体与抽象之间的协同思维。协同思维是大脑低阶和高阶处理中心之间的能量互通，大概念从具体案例中被抽象出来，又在具体案例中不断地被验证和修正。这告诉我们，一方面，迭代的作用机制是思维的双向运动，如杜威（2015）[88-89] 所言，"思维表现为双向运动：从一些既定的局部性和凌乱的资讯，联想到综合的（或包含的）整体情况；再从这一整体（一定的内涵、外延的意义，一种看法）回过来思索那些具体的事实，使它们互相连接，而且与留心联想到的事实相连接。粗略地说，前一思维运动是归纳，后一思维运动是演绎"。另一方面，迭代的形态是开放的，即不断打破和拓宽既有的理解。迭代和重复的区别就是"开放"和"封闭"，马歇尔（Marschall）和弗伦奇（French）主张运用"挑衅性问题"（provocative questions）不断打破学生既有的观点。（Marschall et al.，2018）这也是杜威（2015）[16] 所提出的对思维的基本要求，"肯将自己的见解搁置一下，运用各种方法探寻新的材料，以证实自己最初的见解正确无误，或是将它否定。保持怀疑心态，进行系统的和持续的探索，这就是对思维的最基本要求"。在具体与抽象之间不断地穿梭，持续性地拓宽思维的广度和加强思维的深度，从而达成对更高位的大概念的理解。

需要指出的是，尽管对大概念的理解都是通过归纳和演绎的思维，以"具体→抽象→具体"的路径发展起来，但学校教育和日常生活中的大概念发展是有区别的。学校教育中的大概念发展我们称之为"逆向过程"，即大概念已经

被提取，教师有意识地帮助学生理解大概念。而日常生活中的大概念发展我们称之为"顺向过程"，即大概念可能是学生在具体案例、日常概念、小概念等基础上逐步发展起来的。如哈伦（2016）[21]所说，"它始于小的、局部的和特定背景下的概念，这些概念是通过研究特定现象而形成的。渐进过程中包含了归纳式和演绎式的思维。在观察中，对一些模式的关注，会引起提问'发生了什么？'。对问题的回答来自基于先前经验的假定，经常也会将过去的经验连接到新观察的情境，从而产生创新性的思维跨越。当学习者用来自一个事件的概念去解释另一些相关事件时，他们的想法就变得更为有用了，可以用来解释几种背景的内容。当某个概念变得不那么依赖于背景内容时，就必然会变得更为抽象"。

虽然在学校教育中，我们主要关心的是大概念发展的逆向过程，但大概念发展的顺向过程对大概念教学也有启示，可以促进我们了解学生的学习规律以及前概念的自然形成过程。事实上，人类从婴儿开始，就在不断地建立各种概念。刚出生的婴儿，特别关注"移动的物体"。研究者发现，出生后一年，婴儿就已经建立"有生命的物体会自己移动，而无生命的物体不会自己移动"的认识。在婴儿对世界的早期探索中，两个概念的建立是重要的，即因果关系和客体恒常性。当婴儿发现一个行为总是伴随着另一个行为产生时，他们就会推出因果关系；不仅如此，他们还能分辨两种不同的原因，即心理因素（比如，哭会引起父母的注意）和物理因素（比如，"推"这个动作会使小车运动）。

但儿童的概念发展过程也是一个不断纠错的过程，比如，客体恒常性这一观念不是一开始就建立起来的。当球滚到屏风后，婴儿会很迷惑，以为球不见了，皮亚杰（2017）认为直到9个月，婴儿才建立起客体恒常性的观念。婴儿也在不断地进行归纳和演绎活动。比如，当婴儿从多个案例中得到"无生命的物体不会自己移动，除非我推它"这一概念，下次他看到一个木制小车，就知道除非自己推它，否则它就不会动（演绎）；但有一次他发现电动小火车不推也会"自己"动，就会扩展和修正自己原有的概念，得出"除了推以外，还有别的动力方式"（归纳）。事实上，当儿童进入学校时，他们脑海里已经形成了各种各样的概念，包括日常概念和科学概念，这中间有一些是正确的，有一些是错误的。但有一点是相同的，这些概念往往十分牢固，很难改变。因此，大概念的学习既借助于学生的日常概念，同时也要修正错误的日常概念。（刘徽，2019）不过，从一定意义上来看，大概念是一直发展的，这是因为人的认识也在不断更新。

（二）迭代逻辑的"变"

1. 认知的发展：从具体到抽象的结构化

前面我们主要谈到了迭代逻辑中的"不变"，除了"不变"外，迭代逻辑也有"变"，否则就只能停留在一个理解水平上，而无法实现螺旋上升了。迭代逻辑的"变"也反映了对大概念的理解是如何被不断加深的。对每一个学习个体来说，从最初基于先前经验而形成的特定想法，发展到能够解释较大范围有关现象、更为有用的概念，都有一个进展的过程。（哈伦，2016）

如前所述，日常生活中的经验总结经历的也是"具体→抽象→具体"的过程。从人类的整个认知发展进程来看，皮亚杰的发生认识论所提出的"动作→图像→符号"的发展路径也是从具体过渡到抽象。韦伯（Webb，2002）根据知识的深度（Depth of Knowledge，DOK）标准划分了四个层次的认知水平，即DOK 1：回忆与再现（对事实、术语、概念或过程的回忆）→ DOK 2：技能与概念（涉及一些心理加工的概念或方法的应用）→ DOK 3：策略性思维（需要抽象、推理或更复杂的推断的应用）→ DOK 4：拓展性思维（需要跨情境的综合和拓展分析、研究以及非常规性应用）。韦伯（Webb，2002）认为，达到了DOK 3和DOK 4的学习就可以认为是深度学习。不难发现，这两个水平都强调了通过抽象和具体之间的互动来形成辐射性更强的概念。

尽管韦伯的理论已经反映了人的内在认知发展，但彼格斯（Biggs）和科利斯（Collis）提出的可观察的学习成果结构（Structure of the Observed Learning Outcome，SOLO）分类理论的线索更为清晰。SOLO理论将认知发展看作一个连续体，这个连续体沿着从具体到抽象的方向发展，根据能力、思维操作、一致性与收敛、结构四个方面的不同将认知划分了五种水平，即前结构、单点结构、多点结构、关联结构和抽象拓展结构。（彼格斯 等，2010）下面我们分别来看这四个方面中五种水平的具体表现。

①能力。能力主要体现为工作记忆容量或注意广度。前结构水平表现为"什么都没记住"；单点结构水平表现为"记住单点信息"；多点结构水平表现为"记住多点信息"；关联结构水平表现为"记住多点信息，并分析它们之间的相互关系"；而抽象拓展结构水平表现为"围绕抽象原理组织并记住多点信息"。

②思维操作。思维操作是指将线索和回答联系起来的方式。前结构水平在很大程度上没有思维的参与；单点结构水平开始有了归纳的思维，但仅是归纳了其中的一点；多点结构水平能归纳更多点，但没能把它们联系起来；关联结构水平可以想到更多的点，并把它们组织起来，但往往局限在给定的素材范围内；抽象拓展结构水平则可以超越给定的素材，并进行合乎逻辑的演绎。

③一致性与收敛。这涉及相互矛盾的两类需要：其一是尽可能多地寻找素材，其二是尽可能快地得出结论，而且素材和结论之间要保持一致性。一般来说，素材越少，得出结论越容易、越快速，但出错的可能性也越大。而如果能找到更多的素材，那获得一致性和得出结论的难度会大大增加，但所做决定的正确性也会相应提高。前结构水平表现为放弃寻找素材，比如说"我不懂"；单点结构水平表现为只抓住了某一点就得出结论，就像"盲人摸象"的寓言所描述的情况一样；多点结构水平表现为找出很多相关点，但各点之间没有联系，出现不一致的现象；关联结构水平表现为能将这些点连贯成一个整体，得出可靠的结论，但不一定能适用于其他的情境，也就是说适用范围有限；而抽象拓展结构水平则不同，表现为能联想到更多的点，建立起更加高位的原理，适用于更多的情境。

④结构。前结构水平表现为学生用不相关的素材来回答；单点结构水平表现为学生用单个相关素材来回答；多点结构水平表现为学生用多个相关素材来回答；关联结构水平表现为学生将相关素材组织为一个整体；抽象拓展结构水平则表现为学生不仅能联结已经展示过的相关素材，而且能主动寻找没有提供过的相关素材，综合成一个高度抽象的结论，有很强的迁移性。（刘徽，2020b）

如果对四个划分标准作进一步的梳理和分析，会发现思维是最为核心的标准，它决定了认知发展的水平。能力是支持思维发展的必要条件，因为一方面思维的发展需要知识和能力的增长，另一方面知识和能力会形成组块，方便整体调取。为什么专业棋手在复盘时记的步数要比新手多，就是因为他们是以组块为单位来记忆的。而结构是呈现的结果，一致性与收敛则是不断从纵向和横向上来构建、发展结构的。

我们对 SOLO 分类理论进行了一定的调整和修正，对五种认知水平及其表现进行了描述，可以用造房子来比喻（如图 2-20 所示）。前结构水平是有一堆造房子的材料，但材料之间没有任何关联，也就是说学习者往往没有进行归纳和演绎的活动，因此也没有在具体和抽象之间建立关联；单点结构水平是材料之间开始有关联，但是关联较为单一，也就是说学习者尝试进行了归纳或演绎，但往往想到的维度和方面比较单一；多点结构水平是材料之间的关联越来越多，但房子依然没有成形，也就是说学习者进行了归纳和演绎，想到多个维度和方面，但各点之间可能有冲突；关联结构水平是一个飞跃，搭建起了房子的主框架，把材料组织起来了，也就是说学习者通过归纳和演绎能协调、统整多个维度与方面的关系，达成一致性；最后是抽象拓展结构水平，不仅房子造好了，并且还和周边环境融为一体，也就是说学习者能跳出既有框架，进行更大范围的演绎，归纳出更高位的概念（大概念），并在此基础上建构概念网络。

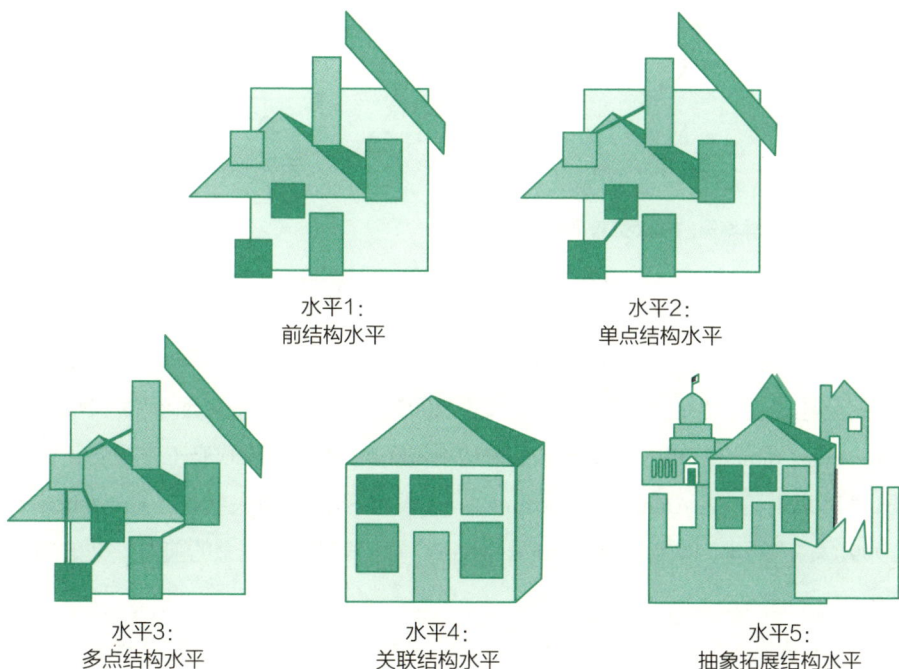

水平1：
前结构水平

水平2：
单点结构水平

水平3：
多点结构水平

水平4：
关联结构水平

水平5：
抽象拓展结构水平

图2-20　SOLO认知结构水平分类的造房子比喻

2．大概念的学习进阶

理解大概念需要经历一个过程，根据"具体"与"抽象"相互关系的不同，可以分为顺向过程和逆向过程。SOLO 分类理论原先划分的前结构→单点结构→多点结构→关联结构→抽象拓展结构这五种水平，基本上描述了学生从具体到抽象的认知发展的自然过程，也就是我们所说的大概念发展的顺向过程，即未参与过大概念学习的学生的认知发展情况。比如 PISA[①] 测试中的阅读、数学、科学的认知水平分类就反映了这一路向，体现了从具体到抽象的上升路径，它的认知水平进阶是顺向的，与 SOLO 分类理论一致，被称为"顺向过程的认知水平进阶"（如图 2-21 所示），分为前结构（未能联结，表现为具体与具体之间没有关联）→单点结构（有一定的联结，表现为具体与具体之间有一定的关联）→多点结构（有更多的联结，但彼此之间有冲突，比如具体与具体之间有关联，但有冲突）→关联结构（归纳出大概念）→抽象拓展结构［跳出既有框架，归纳出更高位的大概念（概念），并在此基础上形成概念网络］。

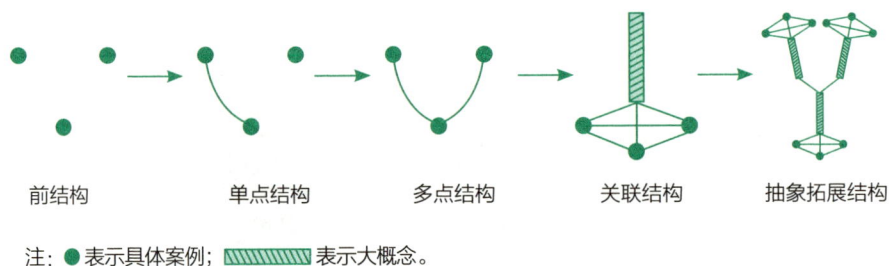

| 前结构 | 单点结构 | 多点结构 | 关联结构 | 抽象拓展结构 |

注：●表示具体案例；▨▨▨表示大概念。

图2-21　顺向过程的认知水平进阶

而在学校教育中，教师常常有意识地引导学生理解大概念，因此教师不是完全地等待学生自己去归纳和总结。2005 年美国国家研究理事会（National Research Council，NRC）发布的 K—12 年级科学成就测验政府工作报告正式提出"学习进阶（learning progressions）"这一术语。格雷夫米耶（Gravemeijer，1999）描述的学习轨迹（learning trajectory）是学习进阶概念的前身，他的研究

---

① PISA是指由经济合作与发展组织（OECD）发起的国际学生评估项目（Programme for International Student Assessment），测评对象是15周岁的在校学生，测评领域主要为阅读、数学和科学，旨在评估学生应用知识与技能适应未来生活的能力。

发现数学学习中可能存在一个针对某些数学概念的学习路线，即学习轨迹。学习进阶理论与 SOLO 分类理论相类似，也遵循了"具体→抽象"的发展规律，并且特别提出认知发展也是大概念的生成过程，学习进阶理论的路径基本上是沿着从具体到抽象再到具体的应用路径（郭玉英 等，2016）。学习进阶理论划分了五个阶段（Wilson，2005），即描述（学生基于自身的日常经验简单叙述事物的某些特征）→表征（学生能够准确使用简单的相关概念来解释和说明相关现象）→联系（学生能够联结、综合多个概念或模型来解答相关问题）→预测（学生能够基于已学的大概念对后续学习或相关问题进行预先推测或拓展）→整合（学生能将已学习的核心概念或大概念相互衔接，实现学科概念或跨学科概念的系统建构、概念互通和深度理解，从而有效应用以解决复杂问题）。郭玉英和姚建欣（2016）在此基础上进行了改编，将五个阶段调整为经验→映射→关联→系统→整合。

可见，在学校教育中，学习的过程是"联结学生的生活经验和日常概念，提供案例帮助学生逐步理解大概念，并在具体的情境中学会应用大概念"，我们称之为"逆向过程的认知水平进阶"（如图 2-22 所示）。对应的认知水平的发展可以调整为：前结构（未有归纳和演绎，比如大概念与具体案例之间没有关联）→单点结构（有一定的归纳和演绎，比如大概念与具体案例之间存在一定的关联）→多点结构（有更多的归纳和演绎，比如大概念与具体案例之间有多点关联）→关联结构（充分的归纳和演绎，比如大概念与具体案例之间有多点关联，且彼此之间没有冲突）→抽象拓展结构（联想到更多的具体和抽象，形成大概念网络）。

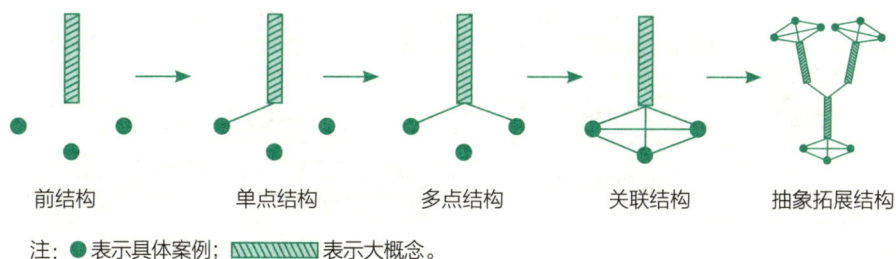

前结构　　　　单点结构　　　　多点结构　　　　关联结构　　　抽象拓展结构

注：● 表示具体案例；▨▨▨ 表示大概念。

图2-22　逆向过程的认知水平进阶

3．三种"变"：知能水平、抽象程度、扶放程度

进阶理论告诉我们，对大概念的理解有一个发展的过程。在学校场景下，我们主要讨论大概念发展的逆向过程，因为学生是在教师的引导下激活相关的生活经验和日常概念，通过具体案例建构大概念，在理解的基础上应用大概念的。从前面的分析不难看出哈伦说的大概念学习进阶的基本逻辑，他认为每一阶段的大概念要与学生拥有的具体经验相关联，遵循从简单到复杂、从具体到抽象的发展规律，随着年龄的增长，学生需要考虑到越来越多的因素，思考也应该越来越细致。（哈伦，2016）可见，学习进阶中大概念是不变的，变的是知能（"知识与技能"的简称）水平，学习越久，积累的知识与技能越多越精确，对大概念的理解就越深入；变的是抽象程度，学习越久，案例越丰富，支持的大概念的抽象程度就越高；变的是扶放程度，学习越久，教师的扶就可以越少，越可以放手让学生自己完成。因此，我们也可以称知能水平、抽象程度、扶放程度为三个进阶变量。

（1）变的是知能水平

大概念不变，但是学生在一定年龄阶段累积的知识与技能是不同的，因此他们所理解的大概念也会有区别。表2-3为"生态系统碳循环——碳的氧化"的大概念学习进阶（皇甫倩 等，2015），其中不同的进阶水平涉及的有关细胞的呼吸作用和氧化燃烧的知识与技能不同，因此学生能达到的成就水平也不同。

表2-3　知能水平不同的大概念学习进阶

大概念：1. 生命系统的有序运转伴随着物质与能量的变化，其中氧循环和碳循环是生命系统中重要的物质循环和能量循环。2. 碳的氧化是通过细胞的呼吸作用和物质的氧化燃烧，消耗氧气产生二氧化碳的过程。

成就水平	维度项目	各水平预期表现/核心特征
水平4 （能够定性地、基于模型地、科学地解释现象过程）	细胞的呼吸作用	知道物质的腐败是由于细胞呼吸作用造成的，并能运用化学模型从微观上科学地解释腐败的原理
	氧化燃烧	• 知道构成燃料大多具有化学相似性； • 理解物质的燃烧是一种氧化反应，并能够解释其化学机理

续表

成就水平	维度项目	各水平预期表现／核心特征
水平3 （能够用更多的专业术语解释现象过程）	细胞的呼吸作用	能够从"分子—原子"水平上，用专业术语基本解释腐烂现象的机理，但可能解释得不清楚
	氧化燃烧	• 知道氧化燃烧的相应术语，并可借此描述氧化燃烧的现象； • 能够通过识别重要产物CO_2来解释燃烧现象，但是不清楚O_2作为助燃物的机理
水平2 （能够利用"机理"解释现象过程发生的因果序列）	细胞的呼吸作用	• 了解物质腐烂的"潜在机理"； • 能够确定腐烂过程中谁是"分解者"； • 知道物质的腐烂在于有机体（如昆虫、细菌）将腐败物作为了食物
	氧化燃烧	• 知道物质燃烧后的产物以"灰烬"和"废气"的形式存在 • 知道氧气和二氧化碳在燃烧中各自的作用
水平1 （能够对现象进行宏观描述）	细胞的呼吸作用	能够对有机体（如苹果等）的腐败进行现象和变化的特征描述，而忽视腐败过程中存在的化学变化和能量守恒
	氧化燃烧	能够对氧化燃烧供给能量这件事进行较为详细的描述，但不关注发生变化的事物本身

（2）变的是抽象程度

大概念不变，但抽象的程度不同，表 2-4（哈伦，2016）[24] 是关于"物质的构成"这一主题的大概念学习进阶。一方面，体现出知能支持的不同，随着年龄的增大，学生关于物质的构成的知识和技能也越来越丰富；但另一方面，可以看到抽象的程度也有所区别，越小的孩子理解的大概念与生活经验越为接近，而越大的孩子则越可能抽象地理解远离生活经验的现象。

表2-4 抽象程度不同的大概念学习进阶

大概念：宇宙中所有的物质都是由很小的微粒构成的。	
学生年龄	理解表现
5—7岁	我们在日常生活中遇到的所有"物品"，包括空气、水和不同种类的固体，统称为物质，它们具有质量，因而在地球上具有重量，并占据一定的空间。辨识不同的物质可以依据它们的特性，其中的一些特性可用于分类，如固体、液体或气体状态。

续表

学生年龄	理解表现
7—11岁	有些物质结合在一起时会形成新的物质（或一些物质）。这些新的物质具有和原来物质不同的特性。有些物质简单地混合在一起，不会发生持久的变化，常常可以把它们重新分离。在室温下，有些物质处于固体状态，有些是液体状态，有些是气体状态。加热或冷却物质，许多物质的状态可以被改变。当固体熔化或液体蒸发时，物质的量不会改变。
11—14岁	如果将物质分成越来越小的碎片，可以发现它们是由非常非常小的微粒组成的，这些微粒小到甚至无法用显微镜来观察。这些微粒不是位于物质之中的，它们就是物质本身。某种特定物质的微粒是相同的，并且和组成其他物质的微粒不同。这些微粒不是静止的，而是在随机的方向上运动的。它们运动的速度体现为材料的温度。可以用微粒移动的速度和范围以及相邻微粒之间的距离与吸力强弱来解释物质在固体、液体以及气体状态时的区别。微粒之间的吸引力越强，要分开这些微粒就越需要将更多的能量传给物质。例如，如果固体要转变成液体，或是从液体转变成气体，都需要能量。这就是为什么物质具有不同的熔点和沸点。
14—17岁	所有的物质，不论处于宇宙何处，也不论是有生命的还是无生命的，都是由数量非常多的被称为原子的基本构造单元组成的。原子大约有100多种不同的种类。仅由一种原子构成的物质被称为元素。不同元素的原子可以组合在一起，形成数量很多的化合物。化学反应使反应物质中的原子重新排列，以形成新的物质，但是物质的总量维持不变。不同物质的特性可以用组成它的原子和原子簇的行为来解释。 原子自身具有内部的结构，包括一个由质子和中子构成的重的核，重量轻的电子围绕着它运动。电子和质子带有电荷，电子带的电荷被称为负电，质子带的电荷被称为正电，因为两者所带的正、负电荷精确地平衡，所以原子是中性的。电子在物质中快速地移动，形成电流和产生磁力。在化合物中存在的净作用力是将原子和分子维系在一起的吸力。当某些电子被移出或被加入时，原子就变得带有正电或负电，这时称其为离子。 有些原子中的核是不稳定的，可以发射出某种微粒，这样的过程被称为辐射。这个过程包括了辐射和能量的释放，释放的能量大于原子间任何其他反应涉及的能量。物质在原子核、原子和分子尺度上的行为，与通常尺度上所观察到的行为不同。

（3）变的是扶放程度

大概念不变，但是提供的支架或脚手架不同，或者说是扶放程度不同，表2-5是有关科学论证的进阶（弜乐 等，2018）。不同的进阶水平（这里称为初级、中级和高级）要求不同，这主要体现为扶放程度的不同。比如，水平5有"该过程有核心概念暗示以及包括观点、证据、理论依据、推理、反驳的提示"，水平6就只有"该过程有核心概念暗示"，而水平7则没有脚手架，要求学生独立完成。

表2-5 扶放程度不同的大概念学习进阶

大概念：科学论证就是有根据地提出论点，同时学会辨别论证中的常见误区，不仅能修正自己的观点，也能反驳别人的观点。

论证阶段	水平	水平描述
高级	7	学生针对一个或几个观点，按照要求构建科学论证（包括观点、证据、理论依据、推理、反驳）（该过程没有脚手架）
	6	学生针对一个或几个观点，按照要求构建科学论证（包括观点、证据、理论依据、推理、反驳）（该过程有核心概念暗示）
	5	学生针对一个或几个观点，按照要求构建科学论证（包括观点、证据、理论依据、推理、反驳）（该过程有核心概念暗示以及包括观点、证据、理论依据、推理、反驳的提示）
中级	4	学生针对一个科学问题，按照要求提出观点，并用证据、理论依据、推理支持它（该过程没有脚手架）
	3	学生针对一个科学问题，按照要求提出观点，并用证据、理论依据、推理支持它（该过程有核心概念暗示）
	2	学生针对一个科学问题，按照要求提出观点，并用证据、理论依据、推理支持它（该过程有核心概念暗示以及观点、证据、理论依据、推理的提示）
初级	1	学生能够基于证据选择适当的观点，或能够依据观点匹配适当的证据

三 | 大概念教学的单元设计

在进行单元设计时，要保持两种思维方式同时运行，既要向外看，也要向内看，如果用两个隐喻来表示的话，就是望远镜思维和放大镜思维（Marschall et al.，2018）。大概念教学的单元设计对于每一位教师来说都是有难度的，就像威金斯和麦克泰格（2017）所说，即使厨师手头有操作性极强的菜谱，但具体做菜时依然还需要不断琢磨和尝试。映射到单元设计中，就是说单元设计是需要教师们在过程中通过研究和实践逐渐明晰起来的。在具体实践中，因为大概念教学建立在教师深入解读教学内容的基础之上，所以建议教师们可以从改造旧单元开始，选一个自己比较熟悉或擅长的单元入手。

（一）单元设计的望远镜思维

望远镜思维意味着教师在教学中要形成一个"从宏观到微观的总体框架"，只有这样目标才能被层层落实。这就好比建筑施工时要将设计蓝图了然于胸，通盘考虑建筑各部分之间的关系，以及建筑与所处环境之间的关系等，只有这样打每一个桩、铺每一块砖时，心里才是踏实的。教师在教学时头脑中应该有一个"从宏观到微观的总体框架"，通过望远镜思维，我们会突破微观单元的狭窄视野，在头脑中形成中观单元和宏观单元，建立"从宏观到微观的总体框架"。这样即使我们在实际教学中还是以微观单元来组织，但只要做到了"心中有数"，具有整体愿景，明确了最终的目标，师生就能始终知道自己要去哪里，并且知道自己现在在哪里。

望远镜思维可以理解为"向外扩展"，如图 2-23 所示，不仅要思考"单元与单元的关联"，还要思考"单元与学科的关联""单元与跨学科的关联""单元与现实世界的关联"，也就是在更大范围内形成迭代结构，通过更高位的大概念引领，达成深度学习。

一般来说，望远镜思维具体有两种方法，即统整法和基点法。所谓统整法，是根据一

单元与单元的关联
单元与学科的关联
单元与跨学科的关联
单元与现实世界的关联

图2-23 单元设计的望远镜思维

定的线索，整体性地建立单元与单元、单元与学科、单元与跨学科以及单元与现实世界之间的关联。常见的线索有主题、大概念、素养目标、本质问题和关键挑战。所谓基点法，是以当前的单元为基点，建立单元与单元、单元与学科、单元与跨学科以及单元与现实世界之间的关联。

1. 单元与单元的关联

对于单元与单元的关联，需要思考以下问题：哪些单元是相互关联，指向

同一个大概念的？哪些单元的大概念相互关联，可以上升到更高位的大概念？

　　单元与单元关联的统整法表现为我们可以从整册教材、整个学段甚至跨学科来看单元与单元的关联。这里最为常见的统整线索就是"同一主题"，即从主题出发寻找单元间的关联，再提炼大概念。当然也可以直接以大概念为线索寻找单元与单元之间的联结。图2-24就是以"生命系统的物质与能量"主题联结了人教版生物初中教材的五个单元。

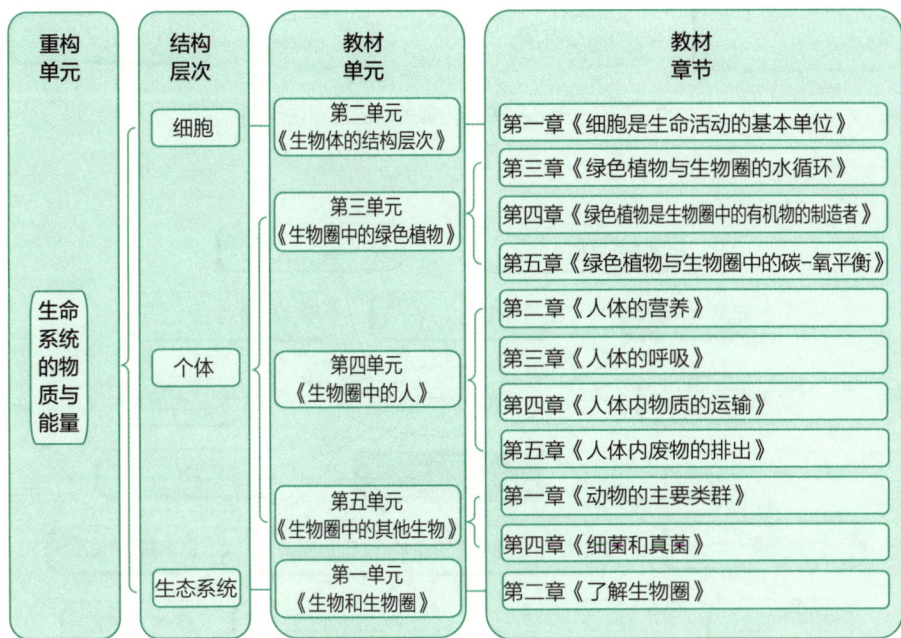

重构单元	结构层次	教材单元	教材章节
生命系统的物质与能量	细胞	第二单元《生物体的结构层次》	第一章《细胞是生命活动的基本单位》
		第三单元《生物圈中的绿色植物》	第三章《绿色植物与生物圈的水循环》
			第四章《绿色植物是生物圈中的有机物的制造者》
			第五章《绿色植物与生物圈中的碳-氧平衡》
	个体	第四单元《生物圈中的人》	第二章《人体的营养》
			第三章《人体的呼吸》
			第四章《人体内物质的运输》
			第五章《人体内废物的排出》
	生态系统	第五单元《生物圈中的其他生物》	第一章《动物的主要类群》
			第四章《细菌和真菌》
		第一单元《生物和生物圈》	第二章《了解生物圈》

图2-24　单元与单元关联的统整法示例①

　　而单元与单元关联的基点法是以某一单元为基点寻找与其他单元的关联。如图2-25所示，以"时间的测量"这一单元为基点，以内容的大概念（工具的大概念、设计的大概念、光影的大概念、运动的大概念、电的大概念、流速与气压的大概念）将相关的单元联结起来。

　　除内容关联外，还可以用方法的大概念将相关的单元联结起来。如图2-26所示，通过实验的大概念联结了更多的单元，有助于教师建立整体意识，单元

---

① 该单元关联图由北京十一学校龙樾实验中学林亚设计。

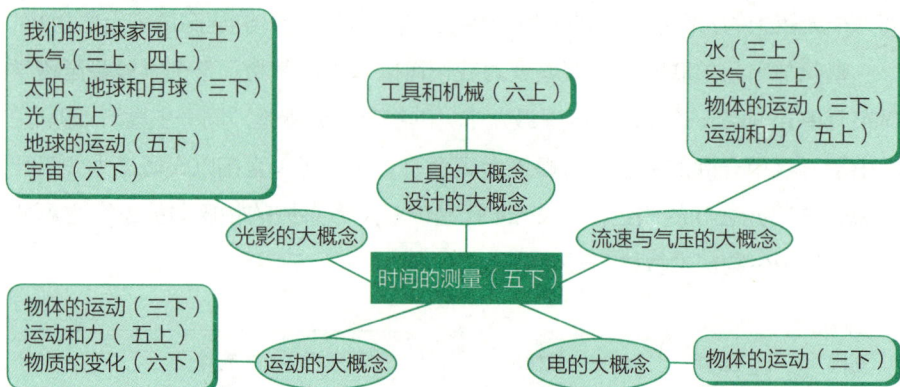

图2-25　单元与单元内容关联的基点法示例

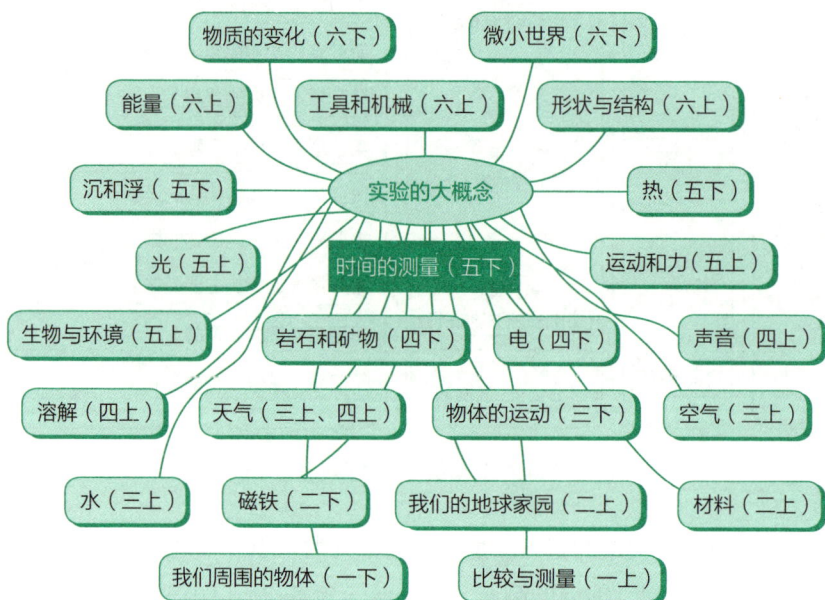

图2-26　单元与单元方法关联的基点法示例

与单元之间形成迭代结构，帮助学生持续地加深对大概念的理解。当然，有时也不一定要把所有实验的相关单元都联结起来，可以根据教学实践的需要，将比较相近的单元进行关联，比如可以将"时间的测量"单元与同是五年级的"沉和浮""热""光""运动和力""生物与环境"等单元相关联。

有时单元与单元的关联还可以突破学段的限制，因为常常不同学段会循环学习同一主题、同一文体等。以语文为例，统编版教材五年级上册第五单元、部编版教材八年级上册第五单元和高一必修下册第三单元都是说明文单元，因此它们往往贯彻相同或相似的大概念、本质问题和关键挑战。

值得一提的是，单元与单元的关联不仅可以以相同的内容和方法为线索来寻找，也可以直接以素养和大概念为线索来寻找。比如仅从内容来看，与小学语文复述故事相关的单元有三下第八单元、四上第八单元和五上第三单元，相对应的语文要素分别为"了解故事的主要内容，复述故事""了解故事情节，简要复述课文"和"了解课文，创造性地复述故事"。但要做到很好地复述故事，还需要有概括、详略取舍等相关素养，因此还可以从更大的视野将这些单元关联起来。同时，一个单元的教学时间毕竟是有限的，但如果我们能打通更多的单元，那么就会形成合力。从这点来看，与之相关的单元还有三上第六单元、五上第八单元、六上第六单元和六下第一单元。相对应的语文要素分别为"借助关键语句理解一段话的意思""根据要求梳理信息，把握内容要点""抓住关键句，把握文章的主要观点"和"分清内容的主次，体会作者是如何详写主要部分的"。

2．单元与学科的关联

对单元与学科的关联需要思考以下问题：从学科专家思维的视角来看，这个单元应该教什么？或者说这些单元如何教才能有助于学生建立学科的专家思维，形成专家素养？这个单元的学科大概念是否与更高位的学科大概念相关联？

学校教育以学科的单元为主，因此就要考虑单元与学科的关联，这里同样也可以使用统整法和基点法。统整法以上位的学科大概念为轴，对单元进行整理（如表2-6所示），这样就可以清晰地建立起学科和单元之间的关系，从中我们不仅能看到单元与学科的关联，而且能看到单元与单元的关联。

表2-6　单元与学科关联的统整法示例①

主题单元	课时内容	学科大概念							
		计算	计量	图形	概念	统计	逻辑	建模	应用
第一册 生活中的货币	1. 生活中的货币	√			√	√			
	2. 你认识人民币吗？		√		√				√
	3. 小小商店	√			√			√	√
	4. 人民币给我们出"难题"	√			√		√		√
	5. 我们给人民币出"难题"	√			√		√		√
	技能模块：各种币值的换算	√					√	√	
第三册 时间的秘密	1. 时间单位的历史		√				√		
	2. 各种计时工具		√		√				
	3. 钟表上的秘密		√		√		√		
	4. 1分钟有多长		√		√	√			
	5. 好玩的时间游戏	√		√				√	
	6. 设计有规律的生活	√	√					√	
	技能模块：认识时间及计算	√	√				√	√	
第九册 生活与统计	1. 你的反应有多快？		√		√	√			
	2. 怎样看得更清楚？		√	√	√	√		√	
	3. 怎样表示更简洁？		√	√	√	√		√	
	4. 怎么设计遥控器上的按钮？		√			√	√		
	5. 校园的直饮水机该设在哪儿？		√			√	√		

　　而基点法是将某个单元作为基点，将它与学科上位的大概念进行关联。比如，在统编版语文教材五年级上册第七单元，根据语文要素"初步体会景物的静态美和动态美；学习描写景物的变化"提炼的大概念为"景物描写一般涉及

---

① 改编自：袁晓萍. 让数学学习成为儿童真实的探究与创造[J]. 小学数学教师，2019（12）：11-15，2. 内容来自人教版小学数学教材。

众多的事或物，而且一般都有动有静""静态描写一般涉及空间维度，动态描写一般涉及时间维度"，向下可以再细化为大概念"渐变描写要抓住事物随时间变化的线索和特征"，向上可以提炼出大概念"鉴赏文主要满足审美的需求，因此要突显事物的特征和特点，一般要求新奇、优美"等，以及再往上的大概念"语言是交流的中介或工具"，如图 2-27 所示。这与学科素养"能够在具体情境中根据不同的对象和不同的目的进行交流"相关联。[①]

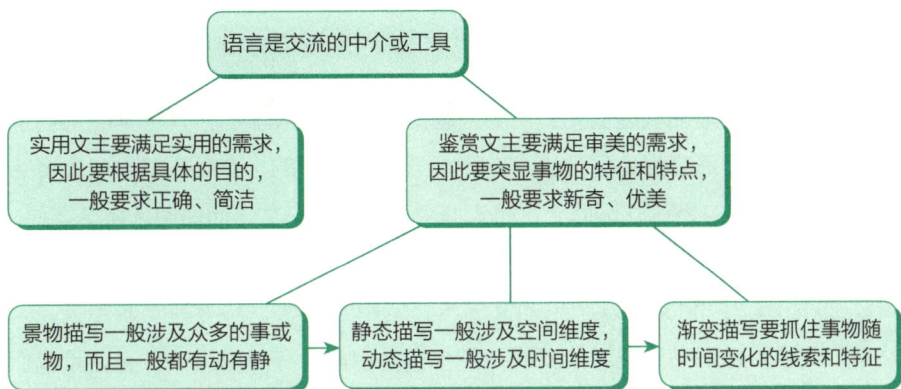

图 2-27 单元与学科关联的基点法示例

3．单元与跨学科的关联

对单元与跨学科的关联需要思考以下问题：哪些单元之间的关联可以打破学科的限制，形成跨学科大概念？或者从跨学科大概念出发，可以统整哪些单元？

这里的统整法体现为以一个跨学科大概念辐射各学科（如图 2-28 所示），可以按跨学科大概念（如第一节提到的团队合作系列、思维系列、问题解决系列）来统整单元。此外，还有一些跨学科大概念，看起来像学科大概念，但实际上也跨越单一学科。将单元与跨学科的其他单元相关联，也有助于我们对大概念有更深的理解。比如，"语言交流是有对象的目的性行为"不仅是语文、英语等语言类学科的大概念，也是数学、科学、音乐、美术、体育等学科的大概念，涉及"数学学科如何对数据统计结果进行描述？"或"音乐学科中如何用

① 该单元由杭州市崇文实验学校汪玥设计，何慧玲指导。

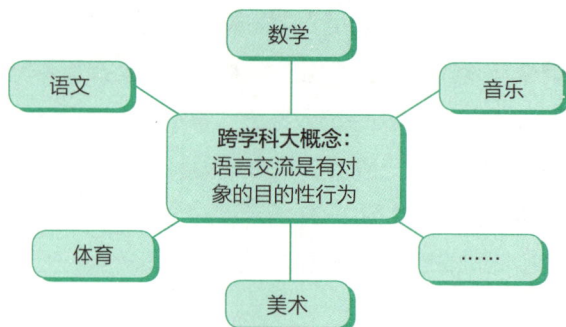

图2-28 单元与跨学科关联的统整法示例

音调、音色、节奏来表达情感？"等问题。这是因为数学学科有数学的语言系统，图、表、符号等都是数学语言的构成元素。同样的，音乐、美术、体育等也都有各自的语言系统。因此，这条大概念不局限于语文，而适用于各个学科。

而基点法则表现为某一单元的学科大概念可以应用于其他学科。比如，如图2-29所示，说明文可以超越语文学科，运用到数学、科学等学科中去。无论是口头说明还是书面说明，我们在各个学科中都会有所应用——无论是我们在第一章举的"数学课上的说明文"这个例子，或是科学课上老师要求学生给自己做的生态景观瓶写一份产品说明书，告诉消费者产品的工作原理和养护方法，还是在项目化学习中小组展示时都需要进行口头说明。因此，教师应该有这种跨学科的单元意识。不同学科的教师可以恰当进行沟通，科学老师可以询

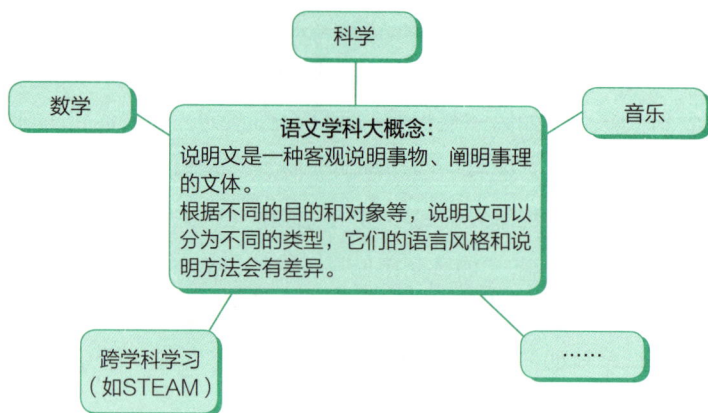

图2-29 单元与跨学科关联的基点法示例

问语文老师说明文的评价标准，附在生态景观瓶的产品说明书任务后面，让学生了解说明书的写作要求，也可以在上课时提醒学生在语文课上已经学过说明文，要记得说明文的写作要求等。当然也可以在语文课的说明文单元学习中让学生接触和其他学科相关的各种类型的说明文。这样就不会出现学生所学具有"天然的学科屏障"的现象，避免产生大量的惰性知识以致学生很难将在一个学科学过的东西迁移到另外一个学科中去。

4．单元与现实世界的关联

单元与现实世界的关联需要思考以下问题：在现实世界中，单元的大概念如何运用？单元的大概念可以体现在哪些问题的解决上？

前面我们谈到了单元与单元、单元与学科、单元与跨学科的关联，但望远镜思维最重要的是单元与现实世界的关联。每位教师都需要从未来的角度审视整个学习对于学生的"生活价值"，思考单元的学习对他们未来解决真实问题有哪些帮助，而不是将目光局限于眼前的考试，把知识点全都过一遍，或者盲目让学生"做"，参加各种活动，将动手和动脑相混淆。在威金斯和麦克泰格（2017）看来，学习只有着眼于未来，才能有一个明确的前进方向。那么在整个学习过程中，学习成果是不断累积的，否则就是"近视眼"，只能抓住眼前的短期目标，如此教育必然会出现很多损耗和浪费。

统整法表现为从素养目标出发来整体性地考虑单元与现实世界的关联。这一方面包括跨学科素养，思考下列问题：当学生走出学校后"能否有效地合作；能否既学会倾听、表达，又学会分配、协调"，"是否有良好的思维方式，学会联想、分类、推理、归纳"，等等。另一方面也包括学科素养，思考下列问题："能否阅读和写作各种类型的文本""能否鉴别和创作好的文学作品"（语文），"是否养成健身的意识，了解自己的身体，并能为自己制订合适的健身计划"（体育），"是否了解各种音乐类型，能正确地发声，懂得欣赏音乐，在此基础上创作音乐"（音乐），从而提取相关的大概念，并以此来规划课程与单元。

基点法则是指在具体设计某个单元时，教师应该有将单元与现实世界相关联的意识，否则很容易只教了小概念和方法，没有建立起大概念，也很难使学生形成素养。老师们应该习惯性地发问："这个单元学生掌握的内容在现实世界的价值是什么？"比如在教小说时，教师要思考的问题是："学生知道了小说三要素，他们就能鉴赏小说了吗？"要考虑这个单元与现实世界有哪些关联，可以怎样建立关联。下面是一位老师在"生命系统需要物质与能量"这一单元中所写的单元与现实世界的链接。[①]

> 物质与能量代谢是生命的本质特征，物质循环和能量流动是生态系统维持和运转的链条。自然生态系统具有一定的自我调节能力，但对于生物圈这个特殊生态系统而言，人类活动有着不可低估的影响。培养形成物质与能量观的价值在于提供解决个人和社会问题的视角以及方法策略，让学生在日常生活实践中用物质与能量观念指导自身的一言一行。在此基础上，学生能够重新审视生活中的现象与问题，如怎样提升农产品产量、怎样延迟水果蔬菜的保存时间、怎样控制体重保持身材、怎样打造物质循环利用的低能耗生态环境等。内化于心中的物质与能量观会渗透进学生生活，影响其生活中的点滴行为，如减少塑料制品使用，遵守垃圾分类规则，低碳出行，节约水电，等等。

（二）单元设计的放大镜思维

放大镜视角可以理解为"向内深挖"。如图 2-30 所示，向内深挖能找到大概念、本质问题等。教师可以通过概念地图来找到这些元素，同时规划单元的结构和序列，了解单元设计的步骤。

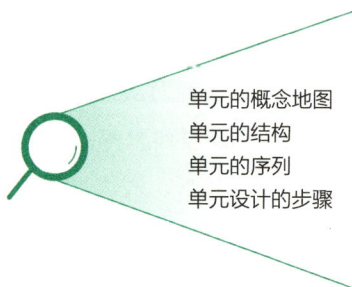

单元的概念地图
单元的结构
单元的序列
单元设计的步骤

图2-30　单元设计的放大镜思维

1. 单元的概念地图

要设计单元，就要了解单元的大概念以及相应的单元本质问题等，并以大

---

① 改编自北京十一学校龙樾实验中学林亚在第六届中国未来学校大会上展示的单元设计。

概念视角对单元的内容进行梳理。这就需要构建认知网络，而认知和思维是基于概念来建构的，因此诺瓦克（Novak）创设了"概念地图"（concept maps，也称"概念图"）。（诺瓦克，2016）[5] 概念地图从结构上讲是一个完整、连贯的故事，波斯纳和鲁德尼茨基（Rudnitsky）将之比作一个晚餐对话。（波斯纳 等，2010）[61]

家长：今天在学校里学了什么？

学生：嗯，我们在学习石质地生态系统（Rocky Shore Ecosystem）。

家长：是吗？给我说一下。

学生：我知道很多东西的，你想知道什么？

家长：嗯，我什么都不知道，最好是从头开始。

学生：为了生存，生物必须适应他们所处的自然环境，石质地给生物的生存提出了真正的挑战……

波斯纳认为这些对话创造了"情节"，使人聚焦于思想，"这有助于他们最少量地关注具体内容，并更多地重视单元中主要的内在思想"（波斯纳 等，2010）[62]。波斯纳所说的"情节"类同于诺瓦克提到的"命题"，是一个个命题构成了概念地图，"概念图展示的不是概念的简单定义，而是一套完整的命题，而这些命题在一个特定知识领域中表现了一个概念是怎样与其他概念联系起来的"（诺瓦克，2016）[50]。命题一般是以观念的形式出现的，观念的基本构成单位是"概念"，但就像故事一样，如果要让别人听懂，必然需要勾连起他们具体的生活经验，我们称之为"案例"。可以说，概念地图是一条条由"概念"和"案例"构成的观念纵横交错形成的，概念地图包含本质问题和大概念，从而反映专家思维。这就将概念地图与一般的思维导图区分开来，思维导图通常仅将概念与概念关联起来，很大程度上反映的是专家结论，描述了"路线"，"思维导图对概念进行简单的联结，因此能促进快速的头脑风暴，而概念地图是一个更能反映过程，并强调'如何'和'为什么'的联结"（Kinchin et al.，2005）。因此概念地图在很大程度上反映了专家思维，围绕大概念来组织"概念""案例"和"问题"等，不仅回答"是什么"，还关心"为什么"，它构建的是"地图"。以教科版科学教材五年级下册"时间的测量"单元为例，单元思维导图主要由概念组成，反映了概念与概念之间的简单关系，并以从属关系居多；而图 2-31 是概念地图，它的一般组成元素有概念、观念、案例、本质问题、大概念。[①]

（1）概念和观念

概念地图的基本元素是概念，但一般呈现的方式是观念或观点，这样才构成意义。因此，两者常常一起出现。观念由概念组成，描述了概念与概念之间的关系。不过在概念地图里呈现完整的观念较为困难，因此通常用关键词或关键语句来描述概念与概念、概念与案例之间的关系。如图 2-31 所示，工具和人类社会发展的关系用关键词加以表述，就是"满足人类需求"和"拓展人类能力"。在关系相对比较明显的情况下，常常也会省略关键词，如水钟和沙钟是并列关系，就没有必要再写"并列"二字。

（2）案例

案例就是我们所说的"具体→抽象→具体"高通路迁移中的"具体"。案例一般指情境中的经验，这里的案例既包括校内的，也包括校外的。在概念地图的建构中，案例起到的作用非常大，它能够不断细化我们的认知。以往浅层学习也有案例，但案例往往是作为工具来进行证明的。比如"现代社会最常见的是机械钟"这一案例可以用来证明"计时工具发展的总体趋势是越来越稳定和精确的"。而概念地图的意义在于用多个案例帮助师生拓展思考，比如"餐厅在顾客等餐时选用沙漏进行上菜倒计时"这一案例让人们反思"计时工具发展的总体趋势是越来越稳定和精确的"是不是需要加以修正，从而得出"计时工具的设计要具有用户思维，符合特定情境中人的需求"的大概念。就像地图一样，只有学生主动探寻和激活足够多的"案例"，才能构成复杂的地图，形成人的自然知识，否则只能是干巴巴的"路线"。学习科学的研究也表明，专家思维是镶嵌在情境之中的。（布兰思福特 等，2013）

（3）本质问题和大概念

概念地图的创建通常是由本质问题推动的，通过本质问题，激活了相关的案例、经验和情境，引出了概念和观念，从而形成了大概念。本质问题的基本假设是，世界上一切的专家结论都是专家运用专家思维暂时得到的，它既不是原本就有的，也不是一成不变的，因此可以问"为什么一天被划分为 24 个小时，

[①] 有关概念地图的绘制步骤请见第三章。

单元大概念

①计时工具能够拓展人类时间管理的能力，满足时间管理的需求。

②人类的计时工具经历了一个发展的过程。

③计时工具的设计要具有用户思维，符合特定情境中人的需求。

④计时工具的设计和制作符合特定的科学原理。

⑤实验根据研究问题提出假设，利用一定的设备和方法，尽可能排除无关因素，探讨因变量和自变量的关系。

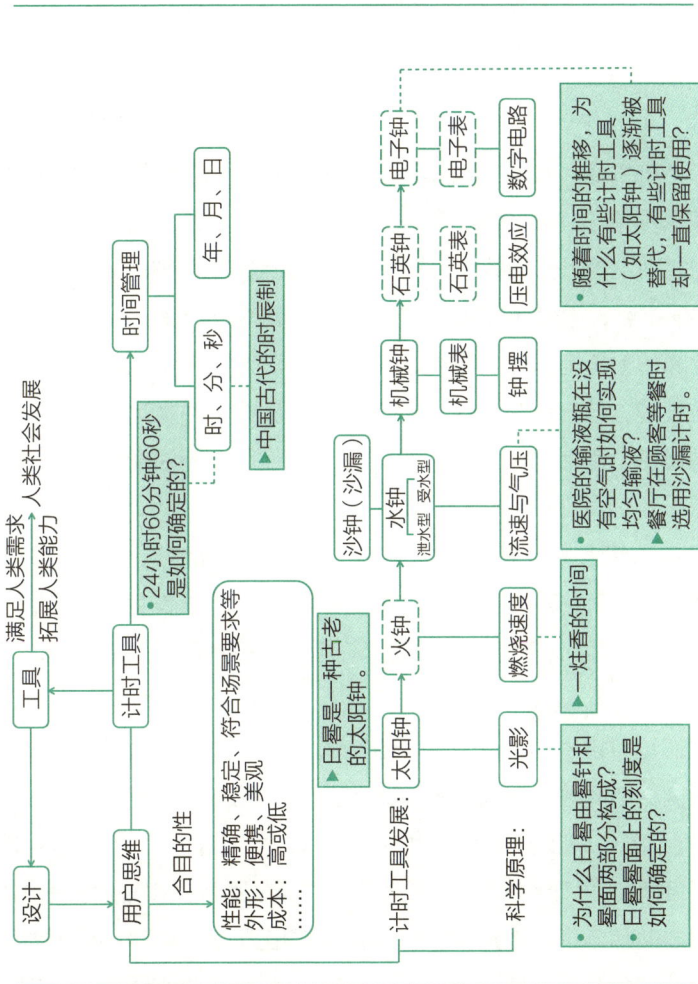

单元本质问题

①人类为什么需要计时工具？计时工具满足了人类的哪些需求？

②计时工具的设计符合什么样的要求？

③计时工具是如何发展的？

④如何选择计时工具的材料和构造？

⑤如何通过实验的方法得到因果关系？

图2-31 "时间的测量" 单元概念地图

注：最下方框中示例前加 • 的，表示来自现实生活中的事例（具体问题）；示例前加 ▶ 的，表示来自现实生活的反思（案例）。

1 个小时是 60 分钟，1 分钟是 60 秒？"这样的问题。也正因为本质问题还原了专家思维的路径，循着本质问题，我们对事物的理解会越来越透彻，进而找到大概念，形成专家思维。应该说大概念是一种特殊的概念和观念，是反映专家思维的概念和观念。

2．单元的结构

如前所述，不同于以"线性逻辑"组成的浅层学习，深度学习遵循的是"迭代逻辑"。不难发现，线性逻辑和迭代逻辑的最大区别在于，线性逻辑下内容与内容之间基本是"并列"或"递进"的关系，没有更上位的共同目标。迭代逻辑下的内容则由更上位的共同目标所联结。迭代逻辑就像"滚雪球"，大概念是贯穿始终的主线，学生通过持续性的学习不断加深对大概念的理解。

梅里尔（2016）运用迭代逻辑构建了"波纹环状"的教学设计模式，即先确定若干成分技能，然后让它们在一个个完整问题的解决中反复出现。这里我们做了一定的修正，即根据深度学习的需要，将梅里尔所说的成分技能转换为大概念。

要以大概念为线索来分析单元的结构，一种是单元的所有内容都围绕同样的一组大概念展开，我们称之为并联型单元结构。如表 2-7 所示，"建造高塔——严格条件下寻找最优解"等五个项目都围绕解决问题的五个大概念展开。

当然，我们也可以对这五个项目调整参数——主要包括情境的难易程度、任务的难易程度、不同的扶放程度等。比如表 2-7 所展示的单元中这五个项目的难度在不断地增加，同时扶放程度也不同[1]。以"明确任务"相关的大概念为例，第一个项目需要教师示证[2]，第二个项目需要教师示证和教师辅导相结合，第三个项目需要教师示证、教师辅导和同伴协作相结合，第四个项目需要教师辅导、同伴协作和独立表现相结合，第五个项目需要同伴协作和独立表现相结

---

[1] 有关扶放程度的详细论述请见第五章。

[2] "教师示证"是费希尔和弗雷在《扶放有度实施优质教学》一书中提到的，包括教师讲授、示范和演示等在内的教学方式。

合。而"激活思路"难度稍大，所以第一个项目需要教师示证、教师辅导和独立表现相结合，第二个项目需要教师示证、教师辅导和同伴协作相结合，第三个项目需要教师示证、同伴协作和独立表现相结合，第四个项目需要教师辅导、同伴协作和独立表现相结合，第五个项目需要同伴协作和独立表现相结合。

表2-7 并联型单元结构示例

问题解决大概念	建造高塔（严格条件下寻找最优解）	桥梁悬臂（像工程师一样思考）	超级跷跷板（平衡极限挑战）	设计热卖的八音盒（人人都是产品经理）	设计游乐场（想象并动手付诸实践）
项目图示					
明确任务	◐	◐◐	◐◐	◐◐	◐◐
激活思路	●◐◐	●◐◐	●◐◐	◐◐	◖
设计草案	●◐◖	●◐◐	●◐◐	◐◖	○
制作模型	●◐◖	●◐◐	●◐◐	◐◖	○
展示反馈	●◖	◖	●◐◖	◐◖	◖○

注：●表示教师示证，◐表示教师辅导，◖表示同伴协作，○表示独立表现，即阴影部分表示教师介入的比例，白色部分表示学生参与及自主学习的比例。表中项目案例整理自：陈如平，李佩宁. 美国STEM课例设计：小学卷[M]. 北京：教育科学出版社：2018。

除了跨学科的单元，并联型单元结构在语文等强调方法的学科单元也比较常见，因为单元内的课文常常是围绕一组方法大概念展开的（如图2-13所示）。

另一种是单元内容对应的大概念并不完全相同，我们称之为串并联型，这在科学、数学、历史等强调内容的学科单元中更为常见。表2-8对"时间的测量"单元的八节课进行了整理，其中大概念2、大概念3、大概念4和大概念5

都贯穿于不同的课之间，形成了迭代结构。而在线性逻辑中，这八节课的内容都不相同，会被看作并列或递进的关系，只不过它们共同组成了"时间的测量"这一单元，只有内容上的相关性。

表2-8 串并联型单元结构示例

大概念	大概念1：计时工具能够拓展人类时间管理的能力，满足时间管理的需求。	大概念2：人类的计时工具经历了一个发展的过程。	大概念3：计时工具的设计要具有用户思维，符合特定情境中人的需求。	大概念4：计时工具的设计和制作符合特定的科学原理。	大概念5：实验是根据研究问题提出假设，利用一定的设备和方法，尽可能排除无关因素，探讨因变量和自变量的关系。
教材内容 1. 时间在流逝	√				
2. 太阳钟		√	√	√	
3. 用水测量时间		√	√	√	√
4. 我的水钟				√	
5. 机械摆钟		√	√	√	
6. 摆的研究				√	√
7. 做一个钟摆				√	√
8. 制作一个一分钟计时器				√	√

3. 单元的序列

单元内的序列安排，有常规型和创新型两种思路。所谓常规型就是基本不打乱教材的课时顺序，将大概念融入其中，而创新型则是根据大概念重新组织课时。两种方法各有好处，常规型比较容易操作，创新型则能更紧密围绕大概念展开教学。

但无论是常规型还是创新型，首先，要根据大概念对内容进行整理。比如在"时间的测量"这一单元中（如表2-9所示），除了大概念1以外，其他大概念都涉及多个课时，比如大概念2和大概念3都涉及第2、3、5课时，大概念4涉及第2、3、4、5、6、7、8课时，大概念5涉及第3、6、7、8课时，那么就应该以大概念连接各个相关的课时。

表2-9　单元内梳理示例

教材内容		1	2	3	4	5	6	7	8
		时间在流逝	太阳钟	用水测量时间	我的水钟	机械摆钟	摆的研究	做一个钟摆	制作一个一分钟计时器
大概念	大概念1	√							
	大概念2		√	√		√			
	大概念3		√	√		√			
	大概念4		√	√	√	√	√	√	√
	大概念5			√			√	√	√

其次，创设单元内链接。根据单元内梳理的结果，可以明晰各条大概念与各个课时之间的关系。在常规型设计中，虽然还是按原来的课时顺序进行教学，但因为有了课时共同贯彻的大概念，教学的立意和定位就不同，具体教学中会体现为：一些本质问题会反复出现；如果上一节课已经建构了某个大概念，下一节课就可以给学生尝试应用的机会等；在复习课中统合各个课时的大概念，并让学生在真实性问题情境中进行迁移，体现他们对大概念的理解。

而在创新型设计中，教师可以打破原有的课时顺序，从大概念建构的角度来重新安排内容、课时和顺序，并可以增加一些新的课型，如单元导读课、组文阅读课、深度讨论课、问题解决课等。比如，围绕大概念4可以开展深度讨论课，和学生一起探讨不同类型的钟，如水钟、火钟、机械钟等如何根据科学原理来选择材料和进行构造，让学生有更多的机会进行联结性思考。在此基础上，教师再安排问题解决课，让学生制作一个一分钟计时器。

最后，设计单元（时间）轴。项目化学习一般用"项目轴"，我们可以通过单元轴让师生了解单元学习的总体规划、课时安排、作业要求等。尤其是创新型设计，因为在一定程度上打乱了原有的课时安排，所以更有必要设计单元轴。

单元轴可以有主轴线，即时间安排的主要线索。单元轴的主轴线可以是"教"，可以按照内容来组织，见附录中的"单元整体设计样例（小学语文说明文单元）"；也可以按照形式（课型等）来组织。比如，部编版语文教材八年级上册第五单元说明文单元创新型设计的单元轴[①] 为：

单元导读课（1课时）→教读引领课（2课时）→组文阅读课（1课时）→教读引领课（2课时）→组文阅读课（1课时）→自读体验课（1课时）→名著导读课（1课时）→单元融合课（1课时）→主题写作课（2课时）。

又如，北师大版数学教材五年级上册"多边形的面积"的单元轴[②] 为：

问题导学课（2课时）→自学分享课（1课时）→问题导学课（1课时）→自学分享课（2课时）→自学分享课（1课时）→理练结合课（2课时）。

单元轴的主轴线也可以是"学"。比如，人教版生物学教材八年级下册"传染病和免疫"的单元轴[③] 为：

子任务一（探秘病毒：用模型或概念图解的形式揭示新型冠状病毒侵入人体呼吸系统的路线图，10月17日完成）→子任务二（用图示或模型的形式证明新型冠状病毒肺炎属于传染病，并说明其传播路径，10月19日完成）→子任务三（选择其中一种防疫措施：全民戴口罩、不聚集、勤洗手，用图解或模型分析其科学性和重要性，10月21日完成）→子任务四（研发适合提高自身免疫力的小妙招，10月22日完成）→子任务五（找到一条疫情暴发后网上出现的谣言，用所学知识分析谣言出现的原因，并用新闻发布会的形式粉碎谣言，通过倡议书的形式让公众认识到敬畏自然和生命的重要性，10月24日完成）。

4．单元设计的步骤

单元的放大镜思维最后体现为单元设计的步骤。围绕大概念，国内外许多学者都对单元设计的步骤和框架进行了探索，其中国外最有代表性的观点是威

---

① 该单元由河南省郑州高新技术产业开发区第一中学语文组张汉果、郭盼、王晓丽、张育萧、韩艺炜、范丹丹设计。

② 该单元改编自：朱德江. 重塑学习：小学数学"深度学习"课堂样态新探八讲[M]. 上海：华东师范大学出版社，2021：241－242.

③ 该单元由北京十一学校一分校叶翠、杨清、杨冠中、张林春设计。

金斯和麦克泰格（2017）以及埃里克森和兰宁（2018）的观点。我们先来看威金斯和麦克泰格的 UbD（Understanding by Design，简称 UbD）模式[①]的设计三阶段，也称"逆向设计"。它包括确定预期结果、确定合适的评估证据、设计学习体验和教学（如图 2-32 所示）。

图2-32　UbD模式的设计三阶段

威金斯和麦克泰格（2017）以学驾驶汽车为例呈现了单元设计的三个阶段（如表 2-10 所示）。不难发现，阶段一、阶段二和阶段三是相互呼应的。

表2-10　UbD单元设计的三阶段示例

阶段一	阶段二	阶段三
如果预期目标是……	然后证明学习者能够……	然后学习活动要……
在交通拥堵状况下开车时，可以应对其他言语粗鲁或精力不集中的司机，避免发生事故或心生怨气	在真实和虚拟的驾驶情况下，学会防御性驾驶，以应对交通状况或其他司机的"坏"脾气	帮助新手熟练掌握开车技能；帮助他们在各种状况下学习和操练防御性驾驶；帮助他们学会使用幽默感或换个思路来消解怒气

埃里克森和兰宁（2018）提出了 11 个单元设计步骤，具体为创建单元主题→确定概念棱镜→确定单元链→编织单元网络→归纳概括→开发引导问题（本质问题）→确认关键内容→确认关键技能→编写最终的评估方式和相应的评估标准→设计学习经验→撰写单元概述。马歇尔和弗伦奇对其进行了改编，并增加了

---

① 常被译为理解为先的教学设计或追求理解的教学设计。

"确定驱动概念"的步骤，调整后有 12 个步骤，具体如下。（Marschall et al.，2018）

步骤 1：创建单元主题。一个好的主题在吸引和激发学生对单元的兴趣的同时，也让学生明确了学习的方向。

步骤 2：确定概念棱镜。概念棱镜一般是比较宏观的概念，有助于聚焦学习内容，展开具体与抽象的协同思维。

步骤 3：编织单元网络。与传统教学不同，编织单元网络不是按照知识的逻辑，而是按照大概念的逻辑，考虑概念与概念之间的关系来形成单元链。

步骤 4：确定驱动概念。驱动概念是指单元中的关键概念，常常是学科性质的，一般一个单元有 4—7 个驱动概念。

步骤 5：确定单元链。步骤 3 的概念网络实际上已经包含了单元链，但通过明晰驱动概念，可以再次修正和确定单元链。

步骤 6：归纳概括。概括是指关于概念间关系的论述或观念。每个单元可以包括 5—9 个概括。

步骤 7：开发引导问题（本质问题）。引导问题能促进学生对大概念，包括概念和概括的思考。

步骤 8：确认关键内容。关键内容主要是和大概念相关的本单元要学习的知识，这也是学习的内容。但和传统教学不同，这里的关键内容是受大概念引导的。

步骤 9：确认关键技能。和关键内容相仿，关键技能是指大概念引导下本单元要学习的技能。

步骤 10：编写最终的评估方式和相应的评估标准。这里是指设计能反映学生对大概念理解的表现性任务，并给出具体的标准和量规。

步骤 11：设计学习经验，即根据目标和评估来设计学生各个阶段的学习体验。

步骤 12：撰写单元概述。将单元目标和评价方式等以综述的方式呈现，一方面是为了引发学生的兴趣，另一方面也为学生的学习指明了方向。

国内比较有代表性的观点有刘月霞（2021）提出的深度学习实践模型，这一模型系统整合了"选择单元学习主题、确定单元学习目标、设计单元学习活动、开展持续性评价"的 4 个步骤，同时强调目标与内容、活动、评价的内在一致性。盛群力提出的单元设计"6+1"模型，即明类型、划水平、定任务、写目标、编量规、优结构、配评估。[①] 李刚和吕立杰（2018）提出的单元开发七步框架，包括选择单元主题、筛选大概念群、确定关键概念、识别主要问题、编写单元目标、开发学习活动和设计评价工具。邵朝友和崔允漷（2017）提出的五项关键行动，即选择核心素养等既有目标、从既有目标中确定大概（观）念、依托大概念形成一致性的目标体系、基于大概念的学习要求设计评价方案、围绕主要问题创设与组织学习活动。

　　尽管学者们具体提出的单元设计步骤并不完全相同，但基本都提到了目标设计、评价设计、过程设计这三个部分，并且都强调了目标的重要性，即要以素养为导向，以大概念为抓手，重视充分理解后的迁移应用。此外，他们都同意将评价设计前置，以确保目标的实现，而过程设计要紧密围绕目标和评价展开。只不过，学者们根据不同的理解对这三个部分进行了细化、扩充和合并。比如，埃里克森和兰宁（2018）关注目标的设计和内容的组织，前面的九个步骤对目标设计进行了细化，而一些学者则将目标设计和评价设计合二为一。

　　不过这里需要强调的是，我们今天所说的（大）单元设计是以素养为导向的，也就是说大概念是贯穿于单元设计步骤的灵魂。在实践中，我们发现一些教师对 UbD 模式的理解常常停留在表面的三个步骤上。曾经有一位体育老师说，他觉得 UbD 一点都不难，甚至他觉得自己一直在做 UbD，只不过他不知道这个模型而已。他向研究人员举了个例子，比如这节体育课的内容是"长跑"，那么教学设计的第一步确定预期学习结果，他说不就是让学生通过练习提升长跑的耐力和速度嘛；第二步是确定合适的评估证据，他拿出一张非常详细的跑步成绩表（3 分 20 秒是 100 分，3 分 30 秒是 95 分……）；第三步是设计学习体验和教学，他说就是让学生去跑步了……

　　从这个案例可以看出，形式上做到这三步并不难，难就难在改变教学的目标，要以大概念串联起目标设计、评价设计和过程设计。因此我们构建了单元整体设计模型（如图 2-33 所示）。其中目标设计和评价设计是

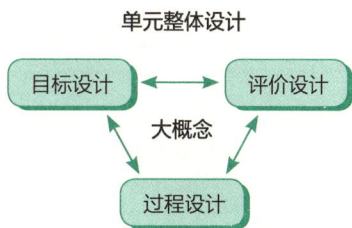

图2-33　单元整体设计模型

[①] 引自浙江大学盛群力教授的慕课《掌握教学设计》的第二章第一节。

相互影响、协调的，评价设计既将目标设计具体化，同时目标设计也通过评价设计进行调整，使之更好地导向素养；过程设计则是围绕目标设计和评价设计展开的，而对过程设计的反馈也会进一步修正目标设计和评价设计。

为了方便老师们更好地进行设计，我们给出了每个部分的评价标准。单元目标设计可以参考以下标准：

①我提取的大概念是否能反映专家思维？②我提取的大概念是否可被纳入概念网络？它的辐射面是否足够广？③我提取的大概念是否能迁移到学生的未来生活中去，形成素养？④我是否结合了内容和学情等，将大概念具体化？

单元评价设计可以参考以下标准：

①我是否根据评价目标设计了评价的连续体？②我设计的表现性评价是否反映了大概念的迁移？③我设计的真实性问题情境是否具有真实性？④我设计的量规是否能反映学生对大概念的理解水平？

单元过程设计可以参考以下标准：

①我是否激发了学生的内在探索兴趣，让他们认识到学习的意义和价值？②我和学生的讨论是否面向现实世界，在讨论中我们是否体会到"无止境"性？③我是否提供了让学生应用大概念的机会？④我是否给学生提供了反思的机会？

大概念教学的目标设计

第三章

素养目标是一种行动模型，由多种成分构成。而大概念是素养目标的内核，它就像鸡蛋里的蛋黄，尽管需要蛋白的支撑，但蛋黄的内涵是最丰富的。没有大概念的素养目标是空洞的，只有理解了大概念，我们才能正确行动。

一 | 指向素养的目标设计

在单元设计的三个部分中最重要的就是目标设计。"素养导向"，顾名思义，就是以素养为目标。也正是目标的改变才会带来一场赖格卢特和卡诺普（2015）口中"范式层面的变革"。近些年学界的探究让我们对目标有了颠覆性的理解，如果对目标的认识不到位，那么就会停留在原来的范式里解释各种概念，比如将"深度学习"理解为做更难的题，将"学为中心"理解为增加学生的活动时间。因此可以说，素养目标是撬动课堂转型的一个支点，而大概念是素养目标的构成核心，只有在充分理解的基础上才有可能正确地行动。把握不准目标设计，评价设计和过程设计都会偏离方向。

（一）认知目标转型

1. 认知的层次和认知的类型

提起目标设计，有一个人是不得不提的，他就是布卢姆。布卢姆的教育目标分类理论无论是在理论界还是实践界，影响都颇为深远，其中人们最熟悉的就是知识、领会、应用、分析、综合和评价的认知六层次，如图 3-1 所示。（Bloom，1956）认知目标是目标设计中最为核心的内容，而理解大概念就是在认知领域发生的，因此认知目标的转型在一定程度上决定了目标设计的转型。

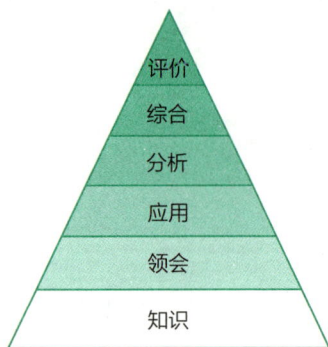

图3-1 布卢姆的教育目标分类学：认知领域

《教育目标分类学（第一分册：认知领域）》自 1956 年出版以来，曾先后被译成 20 多种文字。在这本书出版 45 年以后，由安德森（Anderson）等三位课程与教学专家、梅耶（Mayer）等三位教育心理学家和克拉斯沃尔（Krathwohl）等两位测量评价专家组成的跨研究领域专家组，与有经验的中小学教师合作，经过多年集体的修订工作，出版了《学习、教学和评估的分类学》一书，此书同样引起了很大反响。在这场全球性的以素养为导向的教育变革背景下，学者们对布卢姆和安德森等人提出的理论进行了反思，并作了进一步的发展。

认知目标的研究趋向不仅表现为对认知层次进行修正，更重要的是对认知类型或知识类型进行区分，而且提出不同类型的知识往往并不处于同一认知层次。安德森等人（2008）[25] 在对布卢姆的教育目标分类学进行修订时，除了对认知层次进行调整（变为记忆、理解、运用、分析、评价和创造）外，还增加了知识分类这个维度，把知识分为事实性知识、概念性知识、程序性知识和反省认知知识。（如表 3-1 所示）安德森对概念性知识和事实性知识的区分，被埃里克森誉为认识上的飞跃，但她反对安德森将两者视为并列的两种知识类型。在她看来，概念性知识（理解）是事实性知识的结构化和抽象化，因此它更高位，概念性知识才是学习的核心目标。事实性知识就是我们前面提到的"具体"，而概念性知识则是"抽象"，概念性知识常常是从事实性知识中抽象出来的。

表3-1　安德森等的二维目标分类学

知识维度	认知过程维度					
	1. 记忆	2. 理解	3. 运用	4. 分析	5. 评价	6. 创造
A. 事实性知识						
B. 概念性知识						
C. 程序性知识						
D. 反省认知知识						

在实际教学中，我们也往往将概念性知识当作事实性知识来教学，这就是埃里克森说的二维模式，"这并不是说二维课程模式不包含概念性焦点，而是说它并没有将事实与技能的要求和概念性理解清晰地区分开来"（埃里克森 等，2018）[17]。

2. 从认知目标的"二维模式"到"三维模式"

知识和技能通常会因为有不同的学习机制而被视为两大类别，我们也称之为"陈述性知识"（关于"是什么"的知识，比如"自行车是一种环保的代步工具"）和"程序性知识"（关于"怎么做"的知识，比如"如何骑自行车"）。但在埃里克森和兰宁看来，两者最后都能统一到概念性理解（包括概念、概括和原理等）。第二章中提及的"知识的结构"和"过程的结构"描述的就是三者之间的关系。这就打破了陈述性知识和程序性知识之间的绝对界限。的确，除了少数极简单的技能（程序性知识）的习得只需要依靠反复练习，大部分技能的习得和精进也需要不断归纳，提取更上位的（大）概念、规则或原理。威金斯本人就曾经是一位教练，他认为体育运动一样也是有大概念的，比如团队运动（如篮球、足球）就受"创造防守的空间以创造进攻的机会"这条大概念的指导。（威金斯 等，2017）

因此，可以说认知目标由平面的二维模式转向了立体的三维模式，如图3-2所示（埃里克森 等，2018）[18]，用概念性理解把知识和技能有效地组织起来。三维模式用 KUD 来明确目标，即知道（know）、理解（understand）和做（do），其中知道的是"事实"，做的是"技能"，而理解的是"概念"。KUD 的核心是"理解"，只有"理解"了，才能"知道"和"做"。

例如：学生将知道（K）：美国参与"二战"的原因、"二战"中发生的重大事件；学生将能做（D）：通过上网等方式寻找新闻、传记等以及采访等获取资源，通过识别、对比、排序、综合等方式分析信息，辨别史料的真伪；学生

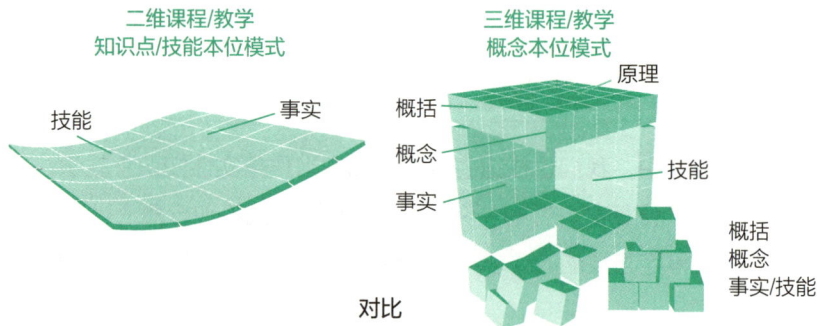

图3-2 埃里克森提出的二维和三维的目标模式

能理解（U）[1]：国家间的争端会导致政治、军事、经济等方面权力平衡的转变，战争期间的军事资源需求可以促进就业和刺激经济等。（埃里克森 等，2018）

威金斯和麦克泰格提出了一个确定次序的框架，它由三个嵌套的椭圆形组成。探月学院的张阳老师形象地将之比喻为"蛋黄"和"蛋白"。如果说最外面两层都是"蛋白"，那么最核心的这层就是"蛋黄"，蛋白为蛋黄提供支撑，但蛋黄才是内涵最丰富和最重要的。威金斯以统计学为例来进行说明，如图3-3所示（威金斯 等，2017）[79]，最外层是"需要熟悉的知识"，也就是只要学生"知晓"就可以了，比如了解对现代统计学发展有突出贡献的关键人物。中间这层则是"需要掌握和完成的重要内容"。与最外层相比，这一层要掌握的内容是和最内层密切关联的，也就是支撑大概念形成的知识、技能和概念，比如表示集中趋势量度的"平均数、中位数、众数、范围、标准差"等。最内层则是核心，

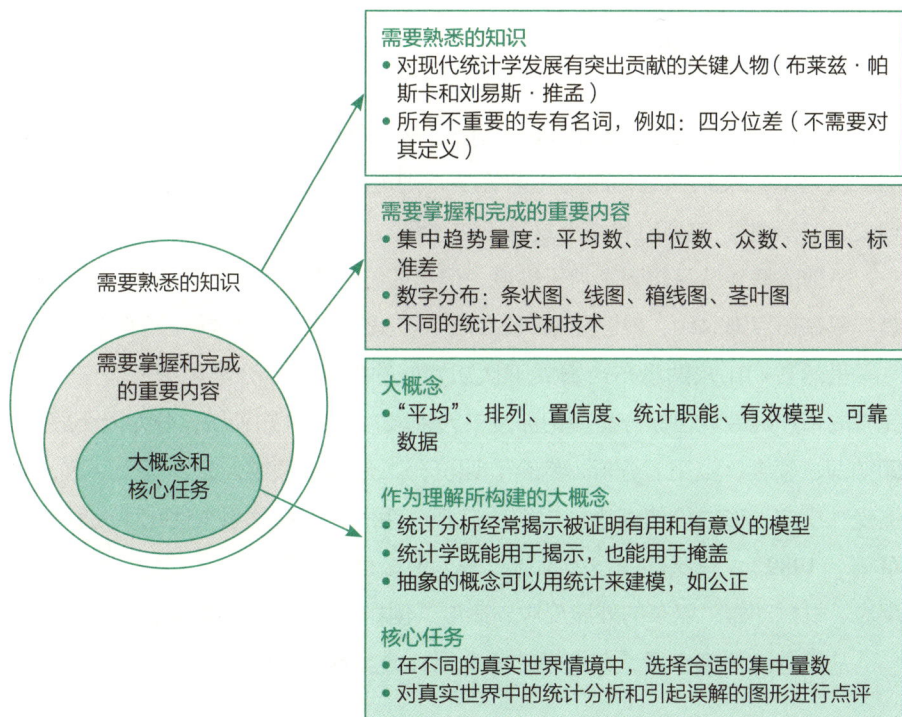

需要熟悉的知识
- 对现代统计学发展有突出贡献的关键人物（布莱兹·帕斯卡和刘易斯·推孟）
- 所有不重要的专有名词，例如：四分位差（不需要对其定义）

需要掌握和完成的重要内容
- 集中趋势量度：平均数、中位数、众数、范围、标准差
- 数字分布：条状图、线图、箱线图、茎叶图
- 不同的统计公式和技术

大概念
- "平均"、排列、置信度、统计职能、有效模型、可靠数据

作为理解所构建的大概念
- 统计分析经常揭示被证明有用和有意义的模型
- 统计学既能用于揭示，也能用于掩盖
- 抽象的概念可以用统计来建模，如公正

核心任务
- 在不同的真实世界情境中，选择合适的集中量数
- 对真实世界中的统计分析和引起误解的图形进行点评

需要熟悉的知识
需要掌握和完成的重要内容
大概念和核心任务

图3-3 威金斯提出的明确内容优先次序的框架

---

[1] 因为"U"代表理念，所以把这部分内容放在了最后。

也就是单元中最为核心的大概念，比如"统计分析经常揭示被证明有用和有意义的模型"。当然它也有相应的核心任务（关键挑战），如"在不同的真实世界情境中，选择合适的集中量数"或"对真实世界中的统计分析和引起误解的图形进行点评"。

因此在具体目标写作中，威金斯等人将"预期学习结果"分为三层，即学会迁移（学生能自主地将所学运用到……）、理解意义（学生将会理解……）和掌握知能（学生该掌握的知识是……，学生该形成的技能是……）。其中，"理解意义"所指向的就是大概念，这也是关键的一层，它是"实现迁移"的前提条件，同时它也统摄着"掌握知能"。（威金斯 等，2018）

（二）教育目标新分类学：从框架到模型

1. 框架形态的教育目标

至此，学界对教育目标的认识历经了两次飞跃，第一次是从一维到二维，第二次是从二维到三维，而马扎诺等学者则进一步提出教育目标要从"框架"转变为"模型"，这可以称得上是第三次飞跃。

所谓的框架就是想到了若干维度，但这些维度是并列的，而不是结构化的。其实早在布卢姆时代，就已经意识到目标不应该是单一维度或单一领域的。

虽然我们比较熟悉布卢姆关于认知领域的教育目标分类理论，但实际上，完整的布卢姆教育目标分类理论涉及三大领域：一是认知领域，分为六个层次，即知识、领会、应用、分析、综合、评价；二是情感领域，分为五个层次，即接受、反应、形成价值观念、组织价值观念系统、价值体系个性化（克拉斯沃尔 等，1989）；三是动作技能领域，分为七个层次，即知觉、定势、指导下的反应、机械动作、复杂的外显反应、适应、创作（哈罗 等，1989）。[1]

从素养的角度来看，布卢姆的教育目标分类理论也同样涵盖了认知、情感

---

[1] 布卢姆等人在1956年出版《教育目标分类学（第一分册：认知领域）》和克拉斯沃尔等人在1964年出版《教育目标分类学（第二分册：情感领域）》后，因故没有继续编制动作技能领域的教育目标分类学，后来这项工作由哈罗和辛普森共同承担。

和动作等多个领域，但它们是分离并列的，相互之间是不交融的，在面对问题解决时，看不到彼此的关系以及作用机制。因此在马扎诺看来，无论是布卢姆还是安德森，至多是提供了一个框架，而不是模型。马扎诺提出了教育目标新分类学，变教育目标的框架为模型。（马扎诺 等，2020）

2．模型形态的教育目标

不同于框架，模型不仅考虑多个维度的目标，而且从行为的角度梳理了维度之间的关系。马扎诺和肯德尔构建了一个行为模型，如图 3-4 所示，这个行为模型由三个系统和知识组成。他们认为当一个新任务来临时，首先激活的是人的自我系统，自我系统中动机是否被激发决定了学习者是否愿意投入新任务。其次激活的是元认知系统，元认知系统包括目标设计、过程监控、清晰度监控和准确度监控，然后才启动认知系统进行一系列操作，而在这个过程中，需要进行知识（信息）的提取。（马扎诺 等，2020）[12]

在行为模型的基础上，马扎诺和肯德尔构建了一个教育目标的二维模型（如图 3-5 所示）。其中一维是思维（心智过程），分为六个层次，即认知系统里的信息提取、理解、分析和知识应用，再加上元认知系统和自我系统；另一

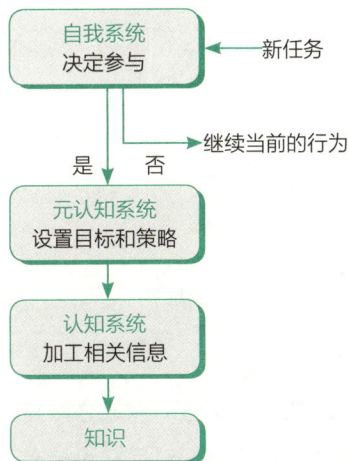

图3-4 马扎诺和肯德尔的行为模型

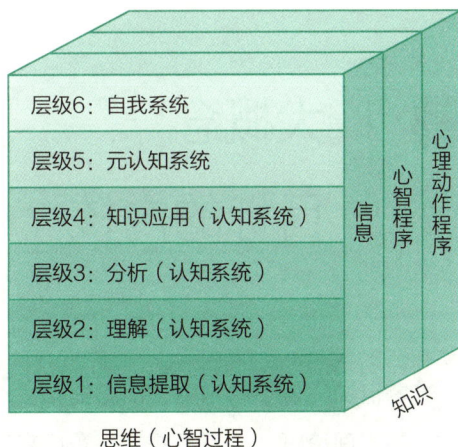

图3-5 马扎诺和肯德尔的教育目标模型

维是知识，包括信息、心智程序和心理动作程序。（马扎诺 等，2020）[62]

模型和框架具有本质性的区别，"从技术上讲，模型和理论是允许人对现象进行预测的系统；而框架则将相关的原则松散地组合起来，以便对特定现象的特点进行描述，但无须对现象做出预测"（马扎诺 等，2020）[17]。总结来说，就是模型可以用于预测，而框架只能用于解释。因为行为模型能够阐释解决问题的完整过程，这个学习行为模型也是学生未来真实生活中的行为模型。他们在知识应用这个层级里列举了四种活动，即决策、问题解决、试验、调查，这四种活动具有很强的整合性，是现实世界中人类发生的主要活动。

尽管教育目标模型看起来有些复杂，但它的确更新了我们对目标的认识。教育目标模型指向于素养，而素养是建立在我们对世界的认识、对自我的认识和对他人的认识之上的，所以教育目标模型既有情感维（包括对世界、自我和他人的情感、态度和价值观），也有认知维（包括对世界、自我和他人的认识）和技能维（在现实世界中的行动），并且从行为的角度将三个维度有效地加以整合，而且，马扎诺在认知系统里也强调了理解的重要性。

综上，如果说安德森、埃里克森、威金斯等学者的贡献在于将认知维进行了分层，将（理解）大概念置于目标的核心，那么马扎诺则把认知维包裹在行为模型之中，还原了现实世界中解决问题的素养结构。

二 | 大概念：
目标的内核

素养目标统合了认知维、情感维和技能维，这就决定了它的构成必然是复杂的。除了理论研究的不断深入，多年来的教学实践也让我们对目标设计有了更为立体的认识。在今天素养导向的教育改革背景下，我们需要对以往的实践经验进行总结和反思，在此基础上进一步剖析素养目标的构成，从而更合理地设计，使目标真正起到有效引领教学的作用。

（一）大概念统合三维目标

第八次基础教育课程改革提出了三维目标，即知识与技能，过程与方法，情感、态度与价值观。从"双基"（基础知识、基本技能）到三维是一次重大的进步。那么问题来了，今天提的素养、大概念和三维目标是什么关系呢？一些人认为，三维目标已经过时了，我们要用素养目标来代替三维目标。事实上，三维目标也是素养导向的，三维目标和素养目标有很强的内在关联。当前我们进一步明晰了三个维度的目标，并通过大概念加以统合，从而形成了素养目标的完整结构。

1. 三维目标为素养提供了"座架"

素养的概念相对来说比较宽泛，在第一章我们提到素养的核心是"真实性"，指向于解决现实世界的问题，解决问题要调动全身心，因此素养概念具有整体性。但是从目标设计的角度来看，还要进一步解析，从而更有利于教师在课堂上落实素养。杨九诠（2021）指出，三维目标为素养提供了"座架"，固态的"知识与技能"、液态的"过程与方法"和气态的"情感、态度与价值观"三者是相融的。

实际上，三维目标和前面所提的马扎诺教育目标新分类学构建的目标模型中涉及的三个维度（情感维、认知维和技能维）是高度一致的，而吉拉尔（Gevard）曾对素养目标进行了更为细致的分解，他将素养（素能）分类分层，如图3-6所示（罗日叶，2010b）[45]。

其中SFC、SFG和SFA分别代表认知性、动作性和社会情感性三个维度，而这三个维度都有三层，即复制、知做和知存，其中复制是基于记忆的重复，知做是基于理解的精致活动，知存则反映了态度、习惯和人格等。比如，一个空姐机械地向每一个乘客说同样的话（复制）、做同样的递食品动作（复制），如果乘客按服务铃，空姐则会根据每个人不同的需求给予应答（认知性知做），并发自内心

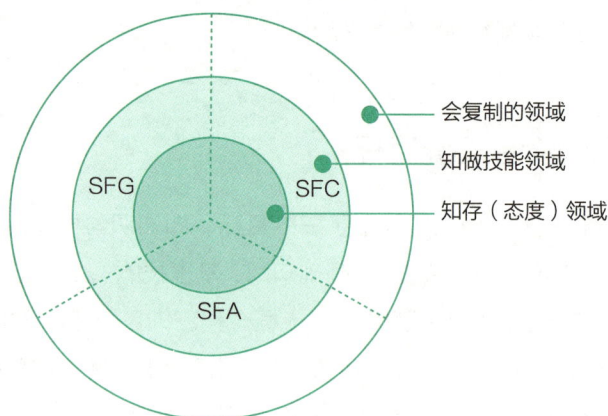

图3-6　吉拉尔的素养分层

地对每一位乘客微笑（社会情感性知做），同时她热爱自己的工作，尊重每一位乘客，尽力为他们提供最好的服务（知存）。

2．大概念是素养的内核

　　根据吉拉尔的观点，理解和复制会导致三个维度的区别，尽管有时我们也需要做一些复制的工作，但今天我们所说的素养更多的是一种高通路迁移，而复制是一种低通路迁移，在一定程度上，吉拉尔所说的复制并不是我们所讨论的素养。因此，我们的目标更多地指向于理解这个层面，而和理解相关联的就是大概念。如前所述，素养指向于真实性，所谓真实性就是在具体的情境中主动调动相关的知识、技能去创造性地解决问题。如果只是习得了专家结论，即掌握了一定的知识和技能，当面对一个新的情境时一般很难调动知识和技能做出正确的行动。而有素养的人往往是指建立起了以大概念为锚点的专家思维，在具体情境中能顺利提取和整合相关的知识和技能来有效地解决问题。下面举个例子来帮助大家理解素养与大概念之间的关系。

有一档职场观察类真人秀节目叫《令人心动的offer（第二季）》，讲述的是八位法学院学生在四位律师的带教考核下，经历为期一个月的律师事务所实习生活，争取被录取的过程。这八位实习生都是来自名校的本科生或研究生，在层层选拔中脱颖而出后，进入业界享有盛名的君合律师事务所实习。带教律师给实习生的第一个任务是给一位被妻子家暴的苏先生（委托人）写一封法律问题咨询的回信。实习生们在完成第一个任务时就状况百出。大部分实习生犯的错误是将回信写成了一份专业性过高的法律分析文本，满篇都是法律术语以及对法律条文的阐释。而一位相对年长的实习生，虽然因为有工作经验没有犯在校生写得过于深奥的错误，带教律师也一致认为他写得不错，然而，他却犯了个致命的错误，在落款时，误将"君合"写成"君和"，这导致了他的分数一落千丈。最后还有一位马虎的实习生误将邮件发给了律所的其他律师，而不是四位带教律师……

如果仅从知识和技能来看，这些优秀的实习生都具有相关的法律知识以及条文阐释和写作邮件等能力，但问题在于他们不理解"语言交流是有对象的目的性行为"这一大概念，因而没有很好地完成任务。在上面这个情境中，语言的主要对象当然是客户，即那个遭受家暴的男人，而回信的目的是解决客户现阶段的困惑，那么就要设身处地地思考现在这个客户最渴望知道的是什么，比如"可以得到什么样的帮助？费用大概是多少，是否可以承受？周期要多长，还要忍受多长时间的家暴？"，等等，并以通俗易懂的文字加以表达，而不是回一封像论文般的天书邮件。对于这个可怜的男人来说，这无异于雪上加霜。当然，这个情境中还有一个潜在对象，就是"带教律师"，也许把"君合"写成"君和"对于旁人来说不过是件小事，但如果你想象一下别人把你的单位或你的名字写错时你的内心有多么抗拒，就能理解带教律师为什么给那位实习生打了低分。而最后那个发错邮件的实习生不由让人质疑，未来她有没有可能将本应发给自己委托人的邮件发给对方当事人的律师。正因为这些实习生还没有很好地理解"语言交流是有对象的目的性行为"这条大概念，所以他们并没有具备"能够根据不同的目的和对象，在各种不同媒介上撰写正式或非正式的实用文，在高效、准确传递信息的同时与他人建立良好的关系"这一素养。

从上面这个故事可以清晰地看到，只有在理解大概念的基础之上才能形成素养，光有知识和技能是远远不够的。因此，我们可以说大概念是素养的内核。

3．大概念为三维目标提供了指针

从这些年的教学实践来看，三维目标在实际操作中也的确遇到了一些问题，主要表现为两大问题：第一个问题是"过程与方法"和"情感、态度与价值观"的目标不够明晰，体现为教师对"过程与方法""情感、态度与价值观"的理解不是很透彻。

在写"过程与方法"这一维度的目标时，很多教师认为只要他们的目标设计里出现了"过程"和"方法"字样就可以了。最为常见的是两种写法，即"体验……过程"和"掌握……方法"。"体验……过程"的写法过于含糊，几乎所有的目标都可以写成"体验……过程"，比如"体验实验的过程"，"体验写作的过程"，等等，但具体从过程的体验中获得什么是不清楚的。而"掌握……方法"基本还是属于知识与技能维度，比如"掌握写留言条的方法和格式"，"掌握绘制条形统计图的方法"，等等。但事实上，第八次课程改革提出的三维目标中的"过程与方法"，其原意是反映专家思维的"过程与方法"。

在写"情感、态度与价值观"这一维度的目标时，教师则容易写得比较空泛，比如"引导学生珍爱生命，超越身体的、心灵的局限，把握好生命的过程"，"在探究'光反射时的规律'过程中培养学生的科学态度"。还有一种倾向是直接将核心素养写进目标，比如"培养学生的批判性思维，培养学生的合作能力，培养学生的创新能力"等，由于比较高位所以很难落实，对此我们会在目标的误区中再加以详细阐释。

第二个问题是，三维目标之间的关系比较松散，没有得以结构化。如马扎诺的教育目标模型显示的那样，情感维、认知维和技能维在素养导向下应该是整合的，共同构成了行为模型，而不是分散的。但老师们在写三维目标时，常常是分列三条。下面是一位老师所写的"留言条"这一课的教学目标。

> 1. 知识与技能：了解留言条的写作特点，能在合适的情境下运用正确、规范的格式撰写留言条。
>
> 2. 过程与方法：通过观察例文，掌握留言条的基本格式。借助教师创设的情境，明白写留言条的必要性，并在交流讨论的过程中，学会修改留言条的内容和格式。
>
> 3. 情感、态度与价值观：体会留言条在沟通交往、传递情感上的方便，能运用留言条更好地为生活和学习服务。

正是三维目标撰写的这两个问题导致教师最后落实的还是知识与技能维度的目标。此外，老师们更习惯于撰写课时目标，而不是单元目标，很难跳出单课或单个知识点提炼出更加高位的目标，如上面关于留言条的教学目标还仅停留在留言条这一课时上。

而围绕大概念的单元目标可以有效避免这两个问题，因为大概念是带有综合性的高阶目标，所以，一方面大概念可以在真实性问题情境的引导下使三个维度得以结构化，三个维度被大概念联结，深度融合成素养。这里，我们将三维目标中的"知识与技能""过程与方法""情感、态度与价值观"调整和简化为认知维、技能维和情感维，只有面向真实性时，三者之间的关系才能更加紧密。正如菲德尔等人（2017）[94] 所说："只有将技能应用到内容知识中，深度的理解和在真实世界情境中的应用才可能发生，由此彼此才能够相互促进。"另一方面，大概念可以将素养目标与单元教学内容相结合，因此会更加具体。可以通过大概念校准三个维度的内涵，避免流于空泛，使之真正服务于素养的形成。

综上所述，我们在教育目标的模型观下，梳理了素养与大概念、三维目标之间的关系，调整了吉拉尔的模型。如图 3-7 所示，素养目标以大概念为内核，也就是说在具体的情境中，素养在理解的基础上整合三个维度（情感维、认知维和技能维），从而能恰当地行动，并且这里的理解不仅指理解世界，还指理解他人和理解自我。

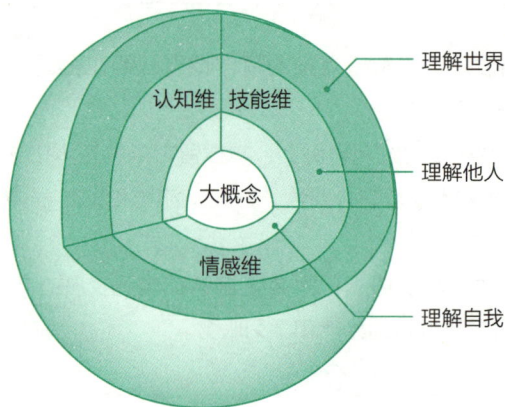

图3-7　以大概念为内核的素养目标模型

（二）目标设定的误区：过低、过高或偏离

以上我们建构了以大概念为内核的素养目标模型，下面我们来具体看看在教育教学实践中，如果缺乏大概念，目标设定会出现什么样的误区。一般来说，缺乏大概念的目标设定，会出现目标设定得过低、过高或偏离的问题。

1. 过低的目标设定

过低的目标设定一般有两种情况。第一种情况是将素养目标降格为知识与技能目标。这就是我们前面提到的，由于对三维目标的认识不够透彻，且没有将之看作一个整体，最后凸显和落实的就是知识与技能目标。如果脱离大概念，容易出现机械地教知识与技能的情况，学生很难将所学迁移到真实生活中去。比如只教学生一些科学知识，但是随着科技的发展，知识在不断地更新，原来学的知识很有可能就过时了；又比如只教学生写通知的格式，但现实世界中的情境是多变的，从纸质媒体到电子媒体，通知的格式有了很大的变化。

第二种情况则是局限在单课或单个项目的目标之中。以往我们更多的是将眼光局限在单课或单个项目中，而单课或单个项目常常针对一个非常具体和细碎的话题或内容，比如一篇课文、一个项目、一个概念。如果没有渗透单元的大概念意识，那么就很难将其与其他内容构成一个集合，而它本身的迁移价值一般是比较低的。

前面提到的留言条教学的三维目标的写法就体现了第一种情况。第二种情况我们以"创意风筝，放飞我的中国梦"这个跨学科项目化学习为例进行说明。这个项目的情境是某市要举办一个国际风筝节，有一个公司向学生定制一只具有中国特色的时尚风筝。老师原先所写的目标是"学生能够认识风筝的构造，利用给定的材料学习设计并制作简易风筝"，这个目标就过低了。我们知道，今天教学生做风筝不是为了让学生未来做风筝，因为现实世界中除了家长陪孩子做风筝外，没有多少人会做风筝。如果要放风筝，多数人会选择买一只风筝。不难发现，项目化学习的质量很大程度取决于素养目标是否足够清晰，因为做完一个项目容易，但思考怎样通过做好一个个项目发展学生的素养则颇费心思。因此，目标中要融入大概念，如博斯（Boss）和克劳斯（Krauss）所说："好项目直指一门学科的核心……项目规划的第一步，就是确认我们所教授学科的大概念。"（博斯 等，2020）[54] 可以在目标中加入"跨学科大概念"和"学科大概念"，从而提升目标的设定。

跨学科层面的大概念可以从"解决问题"的角度来看，要让学生理解"不同的情境下客户的需求不同""每个团队及个人的优势和特长不同"等大概念，这样他们才能学会"根据客户需求和现有条件来确定设计方案"。从这些大概念出发，教师就会引导学生学会分析客户的需求以及团队的优势，对"有中国特色的时尚风筝"进行诠释，从而更好地定位设计方案。

从"思维"的角度来看，要让学生理解"分类是根据同一标准把事物分为不相交叉的类别"以及"不同的标准会导致不同的分类"等大概念，这样他们才能"学会根据一定的标准进行分类"。从这些大概念出发，教师就会引导学生查阅现有的风筝资料并进行分类，从而使学生拓宽对风筝的理解，为下一步的创意做好准备。分类还可以用于中国特色和中国元素的整理，比如按照色彩、图案、造型等标准对中国元素进行分类和归纳，从而更好地认识中国元素。

学科层面的大概念可以从美术学科来看，要让学生理解"实用物品的配色与用途相关""不同的色彩以及色彩的搭配会带给人不同的心理感受""色彩搭配给人的感知不仅取决于色彩，同时和每一种色彩所占的面积有关"等大概念，这样他们才能学会"搭配色彩"以及"根据特定的需求设计造型"。从这些大概念出发，教师就会引导学生去认识不同的风筝配色，鉴赏配色的品质，以及理解不同造型与配色的关系，了解如何有创意地加入中国元素，从而设计一个漂亮的风筝。

而从科学学科来看，要让学生理解"外界环境影响人造物品的设计与制作"等大概念，这样他们才能"根据科学原理来选择材料和设计结构"。从这些大概念出发，引导学生去分析风筝为什么要选用比较轻的材料，为什么很多风筝会有尾巴等现象，在此基础上学生设计和制作自己的风筝。

加入大概念的目标设定就不再局限于"做风筝"。以科学大概念为例，如果学生通过做风筝理解了"外界环境影响人造物品的设计与制作"等大概念，后面再做"转啊转，我的风力涡轮机"这个项目时，他们就会自然想到和风力涡轮机最相关的外界环境是"大自然的风向是多变的"，这时需要考虑给风力涡轮机装个调节风向的小尾巴装置，否则每时每刻都要关注风向，并进行手动调整。

如前所述，对大概念的理解要靠具体案例的支撑，做风筝、做风力涡轮机和做一分钟计时器都涉及同样的大概念，具体案例越丰富、越多样，所支撑的大概念的可迁移性就越强。否则，学做风筝就只是为了做风筝，学做风力涡轮机也只是为了做风力涡轮机，但由于未来学生再做风筝和风力涡轮机的概率很小，这样学习的意义便会大打折扣。

以往我们的目标往往会设定得过低，而在大概念教学中，我们提倡大概念思维，表现为一种"大概念式的发问"，也就是问一问："我今天教的东西对学生未来有价值吗？价值体现在哪里？"在一次教研活动中，一位英语老师进行了"招聘广告"的单元说课，校长听完后提了一个问题："未来不是每个学生都需要写英语的招聘广告，那么，你告诉我，你教这个单元的意义和价值是什么？"[1] 这就是一种典型的大概念式的发问。老师们不妨问问自己，也可以在教研时就这个问题进行研讨。

2. 过高的目标设定

与过低的目标设定相对的就是过高的目标设定。当前因为倡导核心素养和学科核心素养，老师们会很自然地将它们直接罗列到目标中去，比如"培养学

---

[1] 该案例来自杭州市文海教育集团的"文海之星"教学比武活动。

生的合作能力，培养学生的沟通能力，培养学生的批判性思维"。有一次我听了一节数学项目化学习的课，课后我问老师："您这节课的目标是什么？"他反复说就是培养学生合作解决问题的能力。我问有没有更为细化的目标，比如既然这是数学的项目化学习，那么这节课培养了学生什么样的数学素养呢？老师答不上来。这就是我们说的过高的目标设定，老师们把学科核心素养笼统地写入目标，带来的问题是对核心素养的理解不深。实际上，每一个核心素养都要有其对应的大概念来帮助教师和学生更好地理解这个核心素养，否则目标的模糊性会带来教学和学习实践中的一系列问题。

我们以"合作"为例。合作是一种很重要的素养，但教师如何理解合作，会对如何培养学生的合作素养以及培养的效果产生影响。实际上，不同阶段的合作对应着不同的大概念，比如大部分合作，无论是像"制作一架无人机"这样的跨学科学习，还是"制作一个一分钟计时器"（科学）、"制作一部宣传片"（语文）这样的学科学习，都分为"设计"和"制作"两个阶段，英文中这两个阶段的合作概念也有区别，分别为"collaboration"和"cooperation"。而这两个阶段的素养目标以及相对应的大概念是不一样的，如表3-2所示。

表3-2　不同阶段合作的素养目标和对应的大概念

阶段	素养目标	对应的大概念
设计阶段的合作	学会尊重他人，既能倾听他人的意见也能表达自己的意见，能够充分组织和融合不同人的观点	对同一问题，每个个体都会有不同的看法和想法，团队合作就是要充分融合不同的观点，从而产生集体的效应
制作阶段的合作	学会将任务分解成不相交叉的部分，交给合适的人去完成，并能相互协调、互帮互助，高效完成任务	每个人都有自己的所长，通过任务的合理分解不仅可以提高工作效率，同时还可以提升作品的质量

而在教育教学实践中，一些教师认为"只要我把四个学生放在一起，他们自然可以发展出合作和交流的素养"，因此不对学生的合作开展做任何引导。但如果放任四个人自己合作和交流，那么这与学生在家里和几个小朋友玩游戏等非正式学习就没有什么区别了，也许在家里，学生和学生之间的合作和交流还更自然、更充分。课堂教学作为一种正式教育，其目标需要更加精准。一些教师也慢慢意识到了合作需要引导，因此目前我们在课堂上看到的常见现象是，教师布置完任

务后就立刻对四人小组进行分工，或让学生自行分工，分工的角色一般为总策划、制作员、材料员、记录员等，但因为教师和学生没有充分理解合作的大概念，所以常常会出现问题。

比如在一节科学课上，学生以四人小组的形式合作制作一个一分钟计时器，教师指定一个学生为总策划（通常是能力最强的学生），两个学生为制作员，还有一个学生为材料员。问题随之出现，我们观察到当设计阶段开始时，小组里的制作员和材料员会对总策划说"你是总策划，应该由你负责设计"；当然，也有些小组会开展讨论，但常常出现的情况也是总策划说了算，一些学生放弃思考。因此，常常只有总策划在设计阶段进行了充分思考，但总策划在过程中同样也没能发展"学会尊重他人，既能倾听他人的意见也能表达自己的意见，能够充分组织和融合不同人的观点"的素养。

到了制作阶段，当材料员拿回材料后，他们就完成了自己的使命，接下来似乎就应该是制作员的事情了，总策划和材料员都是"友情赞助"。因为在他们看来，"这是制作阶段，制作任务理应由制作员来完成"。因此，这一阶段学生同样也没有发展出"学会将任务分解成不相交叉的部分，交给合适的人去完成，并能相互协调、互帮互助，高效完成任务"的素养。

"合作"是跨学科大概念，指向于核心素养的形成，在第二章中我们给出了常见的跨学科大概念系列，除了团队合作系列外，还有问题解决系列和思维系列，可以供各位老师参考。

学科核心素养与具体内容的相关性更高，更应该在单元中有所细化，如果过于宏观，比如"品味本文（演讲稿）中语言的风趣幽默，提升语言建构与运用能力"（语文），也不能对教学形成有效的指导。如埃里克森和兰宁（2018）[34]所说："宏观的概念可以解决宽度问题（更强的跨情境的迁移性），但是却无法提供深度的学科理解。"

3. 偏离的目标写作

偏离的目标写作往往表现为"偏离学科"和"偏离内容"。对于每一个单元或主题来说，因为教学时间是有限的，每一个单元所能完成的目标是有限的，所以要把握关键素养目标，即目标重心。目标重心和我们说的概念焦点（关于概念焦点将在接下来的第三节详细论述）是关联的。

在学科学习中，概念焦点一般要和学科有关，因为正是在这个学科中这个概念焦点才可以得到比较深入的理解，如果这个概念不属于该学科，那么对其讨论的广度和深度都会受到一定的限制。比如在语文课上，尽管长篇小说《西游记》《水浒传》《简·爱》等都涉及"规则与自由"这一主题，但如果将之作为这一单元的概念焦点，则并不是特别合适。这个主题可能更适合在道德与法治"遵守社会规则"中进行讨论，师生就会有更充分的时间深入思考。当然，如果作为跨学科的主题，那么把语文学科纳入讨论也是可行的，但在语文这一单元中应该由更能体现语文学科核心素养的大概念来引导。

比如浙教版劳动与技术教材六年级下册中有一个主题是"庭院模型的设计与制作"，一位老师原先设计的教学目标是"了解庭院的作用和意义，理解庭院所展示的文化；观看视频，总结庭院所包含的元素；学习相关小技巧，探索选材技巧，小组讨论设计草图"，且不说这里的目标不全是"预期学习结果"，作为劳技课，这个项目的主题虽然是与庭院相关，但素养目标的重心应该是"抽象出现实世界中事物的关键特征，包括造型特征、材料特征、色彩特征等，并选取合适的材料进行制作，同时需要对材料进行一定改造和加工"，而理解的大概念应该是"事物的主要特征一般可以从结构、质感和色彩等方面进行提取"，这和最后作品"制作庭院静态模型"才是相呼应的。

三 ｜ 目标设计的步骤

大概念教学目标设计可以分为"找到提取路径""绘制概念地图"和"撰写单元目标"这三个步骤，但它们还可以有多种组合。第一种组合是"找到提取路径＋撰写单元目标"，即先通过八条提取路径找到大概念，再撰写单元目标；第二种组合是"绘制概念地图＋撰写单元目标"，即先通过绘制概念地图明确大概念，再撰写单元目标；第三种组合是"找到提取路径＋绘制概念地图＋撰写单元目标"，即先通过八条提取路径初步找到大概念，然后通过绘制概念地图进一步精致化，最后再撰写单元目标。这也就是说，"找到提取路径"和"绘制概念地图"既可以同时采用，也可以根据情况任选其一，因为"找到提取路径"隐含着"绘制概念地图"的过程，只不过是以非正式的方式进行，而"绘制概念地图"也隐含着依据八条路径提出本质问题和大概念的过程。

（一）找到提取路径

综合不同学者的观点（威金斯 等，2017；珀金斯，2015；Lanning et al.，2019），并结合中国教育的实际情况，我们总结了以下大概念的八条提取路径，其中前四条是自上而下提取的，后四条是自下而上提取的。

1. 自上而下的提取路径

自上而下提取的大概念在很大程度上是现成的，难点在于教师能否准确理解大概念，并根据学生和教学的实际情况进行细化，以及找到教学的重难点等。

（1）从课程标准中提取大概念

课程标准是国家课程的基本纲领性文件，它提出了面向全体学生的学习基本要求。因此，原则上所有大概念的提取都要参照课程标准。我们重点分析2017年发布2020年修订的普通高中各科课程标准。

首先，可以从课程标准中的"课程性质与基本理念""学科核心素养与课程目标"部分来提取大概念。"课程性质与基本理念"实际上指明了"我们要培养什么样的人"，也就是核心素养。另外也要配合课程方案进行解读，课程方案中的"培养目标"就是总体的素养目标，它指出了育人的总体方向，可以进一步细化为跨学科大概念，比如课程方案中的"学会交流与合作，具有团队精神和一定的组织活动能力，具备全球化时代所需要的交往能力"，可以进一步提炼为表3-2所示的合作大概念。

"学科核心素养与课程目标"则给出了学科核心素养以及与之相配套的素养目标。学科核心素养是指学生通过学科学习应形成的正确价值观念、必备品格和关键能力。通过学科核心素养可以提炼出比较高位的学科大概念，比如历史学科核心素养中的时空观念"特定的史事是与特定的时间和空间相联系的"是大概念。课程目标则是与学科核心素养相配套的素养目标。素养目标一般来说更为具体，因此也可以从中提炼出大概念，比如从"鉴赏文学作品。感受和体验文学作品的语言、形象和情感之美，能欣赏、鉴别和评价不同时代、不同风格的作品，具有正确的价值观、高尚的审美情趣和审美品位"中，可以引申出大概念"文学作品的审美价值常常体现在语言表达、形象塑造和情感共鸣上"等。

其次，可以从课程标准中的"课程结构"和"课程内容"来提取大概念。课程标准给出的课程结构有助于我们通览整个年段的教材，从而梳理大概念网络，而具体给出的课程内容则有助于我们总结中观单元的大概念。比如高中生物学课程标准将必修课程分成了"分子与细胞""遗传与进化"模块，并给出了每个模块的（大）概念，如"分子与细胞"这一模块的（大）概念有"细胞是生物体结构与生命活动的基本单位""细胞的生存需要能量和营养物质，并通过分裂实现增殖"。

威金斯和麦克泰格（2007）以建筑类比了课程标准与大概念的关系。课程标准好比建筑标准，是建筑必须要遵守的规定，但没有人会比照着建筑标准来建造房子。课程标准为我们理解大概念提供了重要的依据，并勾画出了整体的教学愿景，对形成大概念网络起着引导性作用，但对于目标设计来说，课程标准会存在过大或过小的情况，在实际教学中具体提取单元大概念时，还需要作进一步的选择、修改、细化或整合，使大概念更适合于单元教学。

（2）从教材分析中提取大概念

大概念教学主张不要教教材，而要用教材教，这恰巧说明教材是最为重要的教学资源，因此需要重点加以分析。

首先，可以从"单元起始处"提取大概念。"单元起始处"最为常见的就是"单元导读"。大部分教材都有单元导读，而单元导读里有大量线索。

有些教材的单元导读会联系真实生活，并且对将要学习的单元内容作总体阐述，比如"在许多大型的文艺比赛中，统计评委的评分时，为什么要去掉一个最高分和一个最低分？三峡工程是世界最大的水利枢纽工程，如果我们获得大坝下闸蓄水前后8个地点的水位海拔，我们可以用什么统计量来说明大坝下闸蓄水后长江出现'高峡出平湖'的景象？本章将学习平均数、中位数、众数、方差和标准差等内容。通过本章的学习，我们将对数据的作用有更多的认识，能够对统计的结果作出判断和预测。"（浙教版数学教材八年级下册第 3 章）。通过分析这一单元导读，可以知道本章主要学习的是平均数、标准差等内容，通过与真实生活的关联，可以提炼出"不同类型的数据从不同的角度对统计结果作出描述"这条大概念。

在有些教材的单元导读中，编者会阐述对单元内容的理解，从中可以直接提炼出大概念。比如，"我们生活在世界上不同的区域中。在这些区域里，既有多姿多彩的自然景观，又有异彩纷呈的人文景观。着眼于不同区域的自然条件，无论生活在平原还是山区、沿海还是内陆、草原还是荒漠，不同区域的人们都根据各自的自然条件，因地制宜地创造着独具特色的区域生活。着眼于不同区域的人文特色，每个区域的社会生活，都是展现这个区域人文特色的橱窗。透视典型区域的社会生活，在领略世界各地的自然风光、欣赏世界各地的人文风貌的同时，我们更应该关注不同区域中人们的生活状况与地域环境特点的密切关系"（部编版历史与社会教材七年级上册第三单元），从中可以提炼出"不同区域中人们的生活状况与地域环境特点密切相关"这一大概念。

有些教材的单元导读既能让我们从中提炼出大概念，同时也给出了素养目标。比如"学习本单元，……要了解不同媒介的特点，学习综合运用多种媒介获取信息、表达交流的方法；理解、辨析、评判媒介信息，辨识其立场，多角度分析问题，逐步形成独立判断；还要学会正确面对海量信息，恰当筛选利用，以提高媒介素养，更好地适应信息时代的生活"（部编版语文教材高一必修下册第四单元），从中可以提炼出"信息时代需要通过各种媒介搜索信息，同时要对信息进行辨识、筛选、整合，才能更好地加以利用"这一大概念。

像统编版小学语文教材给出了语文要素，语文要素基本相当于素养目标，比如"阅读简单的说明性文章，了解基本的说明方法。搜集材料，用恰当的说明方法，把某一种事物介绍清楚"（五年级上册第五单元），从中可以提炼出"说明文是一种客观说明事物、阐明事理的文体"这一大概念。

有些教材的单元导读还给出了本质问题，如"为什么单细胞生物能独立生活，而多细胞动植物必须依赖各种分化细胞的密切合作才能完成复杂的生命活动？为什么细胞的形态各异，但却有着大致相同的基本结构？为什么生命活动离不开细胞？"（人教版生物学教材高中必修 1 第 1 章），从中可以得到"细胞既具有统一性也具有多样性"等初步的大概念认识。

其次，可以从"单元结尾处"提取大概念。最为常见的就是"单元小结"，比如像上面举例的生物学教材高中必修 1 第 1 章在"本章小结"中会直接总结大概念，如"从系统的视角看生命世界，细胞、组织、器官（系统）、个体、种群、群落、生态系统、生物圈，是不同层次的生命系统。由于细胞是生命活动的基本单位，各层次生命系统的形成、维系和运转都是以细胞为基础的，因此细胞是基本的生命系统。生物科学要研究各个层次的生命系统及其相互关系，首先要研究细胞"，同时它也给出了素养目标，如"阐明细胞的多样性与统一性，进而认同生物界的多样性与统一性，感受大自然的神奇与美丽。初步建立系统的观念，尝试以系统观认识生命世界。通过分析细胞学说建立的过程，认同科学发现的基本特点：重视观察与实证，需要归纳和概括；科学的发现依赖于技术的进步；科学理论的建立往往要经历不断修正完善的过程。能够在今后的学习和探究中不断深化这些认识，并以此指导自己的探究，审视他人的研究过程和结论"，这与前面的单元导读中的本质问题形成了呼应。

最后，可以从教材的单元内容中提取大概念。一方面，很多教材在单元内容中会穿插各种形式的提示，比如交流平台、知识卡片等，对相关概念作出解释和阐述。另一方面，从教材相关单元的内容构成中也能提取大概念，比如语文的单元常常是由一篇篇课文组成的，每篇课文不同的内容就是我们说的"具体"，从中也可以抽象出大概念。如说明文单元包括《太阳》《松鼠》《鲸》《风向袋的制作》四篇不同的说明文（统编版语文教材五年级上册第五单元），而这几篇说明文的风格有很大的不同，《太阳》《松鼠》是科普小品文，呈现生动的风格，而《鲸》《风向袋的制作》则重于阐述过程和程序，呈现简约的风格，从这些不同风格的说明文中我们意识到"根据不同的目的和对象等，说明文可以分为不同的类型，它们的语言风格和说明方法会有差异"这条大概念。

（3）从专家思维中提取大概念

大概念是反映专家思维方式的，因此专家思维也是大概念的直接来源。不过与前面所说的课程标准和教材分析不同的是，专家思维没有固定文本，需要教师通过阅读相关的著作、论文等文献，或者通过听讲座、网络搜索等方式去找寻和提炼。因此，大概念教学要求教师不断地学习，增强自己的专业素养，包括教学素养和学科素养。如果我们要求学生像专家一样思考，前提条件就是教师也要像专家一样思考。也正因为如此，尽管大概念教学对教师提出了很高的要求，但同时也能有效地促进教师学习，使教师克服职业倦怠，因为职业倦怠就是由不断重复劳动和感受不到自我的成长所致。

常见的包含专家思维的资源如下：首先是史类，包括科学史、数学史、文学史、艺术史等。因为这类文本常常揭示了知识的来源，比如科学问题是如何被发现的？又是如何被解决的？数学概念是怎样发展的？这类文体或流派是如何形成的？数学概念、科学原理、文体、流派等的产生过程就包含了专家思维，并且因为"史"拉了一条时间线，有助于我们了解问题与问题、概念与概念、文体与文体以及流派与流派之间的关系。比如，从"最早的分数是整数倒数，要了解小数的意义，可从分数的意义着手，分数的意义可从分割及合成活动来解释，当一个整体（指基准量）被等分后，再集聚其中一部分的量称为'分量'，而'分数'就是用来表示或记录这个'分量'。当整体被十等分、百等分、千等分……时，此时的分量，就使用另外一种记录的方法——小数"这段数学史中可以提取大概念"小数是在十进制下一种特殊的分量"，并且从中也可以梳理出"整数""分数"和"小数"的关系。

其次是著作论文类。著作论文会深入某个话题或问题进行探索和阐述，因此会有一些深刻的观点，其中包含了专家思维，而且新近的著作论文会提供最新的学科进展，有助于教师更新认识，从中提炼大概念。比如从在 2021 年《科学》（Science）期刊上发表的文章《后起之秀——被忽视的 mRNA 疫苗的强大力量》（The overlooked superpower of mRNA vaccines）提出了对 mRNA（信使核糖核酸）的新发现"mRNA 是以 DNA 的一条链为模板转录而来的、携带遗传信息且能指导蛋白质合成的一类单链核糖核酸，它虽然只占细胞总 RNA 的 2% 到 5%，但种类最多，并且代谢十分活跃，是半衰期最短的一种 RNA，合成后数分钟至数小时即被分解。因此，mRNA 不仅在当前抗击新型冠状病毒肺炎疫情中被广泛采用，而且还在癌症研究中被用来触发针对特定癌细胞的免疫系统"这段表述中，可以提取大概念"细胞内各物质对于生理过程的价值，不在于含量、存在时间和形态等，而在于其独特的功能。因此当我们需要促进或抑制某一生理过程时，剖析生理过程发生机制是基础和前提"。

同时著作论文也能清晰地提供专家思维的框架。比如，自然科学和社会科学的实证类论文一般都是由研究背景、文献综述、研究问题、研究方法、研究结果、研究讨论、研究结论组成的，体现了专家研究的过程，从中可以提炼出科学研究和探索的大概念，比如"科学探索是由问题引发的，同时在前人研究的基础上确定继续探索的目标，运用一定的研究方法得到研究结论"，"科学研究是学术共同体的持续性行为，前人的研究提供了研究基础，无论是在结论上还是在方法上，而同时我们的研究也为后续研究提供思路和借鉴"，等等。

最后是科普读物类。由专家撰写的科普读物也反映了专家思维，而且科普读物常常比较贴近人们的生活，体现真实性。比如，可以从科普读物《人体简史》（布莱森，2020）[168] 里的"最重要的是，我们演变出了一颗迥然有别于其他灵长类的头颅。我们的脸是扁平的，没有明显的凸出拱嘴。我们有高额头，用以容纳令人佩服的大脑。烹饪带给我们更小的牙齿和更精致的下巴。在内部，我们的口腔缩短，是以有了更短、更圆润的舌头，还有位于喉咙下方的喉头。无意中，我们身体上部解剖结构的变化使人类获得了一种独特的能力，能发出语音片段，清晰地说话。走路和说话可能是相辅相成出现的。如果你是一种狩猎大生物的小动物，交流能力显然是一项优势"这段阐述中提炼出"生物体的结构和功能相统一""生物体的结构与环境相适应"等大概念。

除了科普读物外，事实上我们也可以使用百度百科、知乎等获取基本认识。比如，从"神话是由人民集体口头创作，表现对超能力的崇拜、斗争及对理想追求及文化现象的理解与想象的故事……学术上，所说的神话必须具有以下几个条件：叙述人类原始时代或人类演化初期的单一事件或故事。承传者除了自己以外还要让别人对这些事件、故事信以为真。通常为远古族群的人们集体创造并且流传下来"这一百度百科对神话的解释中，我们可以理解到神话不同于一般的小说、传记等文体的特点，并提炼出"神话是反映人们对创世大问题的集体意识，既符合常识又超越常识"这一大概念。当然，值得注意的是，对获取的信息要进行鉴别和筛选，建议老师们多查阅材料，以获得更为准确的认识。

（4）通过概念派生提取大概念

如图 1-10 所示，大概念与大概念之间是相互关联和派生的，因此也可以通过派生或总结的方式来提取大概念。比如，"语言交流是有对象的目的性行为"是一条高位的大概念，不仅可以用于语文、英语，也可以用于数学、音乐、美术等学科，而且在日常生活中也非常适用，无论是作公开汇报还是写邮件，都要根据不同的对象或者场合来调整语言的风格、内容等。因此，它可以派生出"书面语言交流是有对象的目的性行为"和"口头语言交流是有对象的目的性行为"这两个大概念。

比如针对复述故事单元可以从"语言交流是有对象的目的性行为"派生出"复述故事通常是有对象的目的性行为"，因此学生要在复述时学会区分对象、目的、要求和条件。比如同样是复述故事，对父母复述和对低年级的小朋友复述就不一样，同时也受到时间等条件的限制。如果是为了让别的小朋友了解这个故事的梗概，而且时间有限，那就要简略地复述故事的情节；但如果今天有充足的时间，要向低年级小朋友生动地呈现故事，那么可能还要对一些情节进行恰当扩展，比如对情境中的人物对话进行想象和补充。

不过这里要注意的是，要区分上位的大概念是不是适合派生。比如我们一般不能把"语言交流是有对象的目的性行为"这个大概念派生为"诗歌创作是有对象的目的性行为"。因为虽然有一些诗歌创作也是有对象和目的的，但这可能不是普遍情形，比如我们很难想象李白在写诗时考虑过他的读者是谁。

2．自下而上的提取路径

后四种是自下而上提取的，难点在于是否能沿正确方向上升到大概念的层面。这就要结合生活和教学经验不断追问，综合更多的具体案例和小概念，思考是否有更加上位的、能反映专家思维方式的大概念。

（1）从生活价值的角度提取大概念

大概念具有生活价值，是打通学校教育和现实世界的桥梁。因此，我们也可以用生活价值来校准大概念。

比如我们曾经和老师们研讨过人教版数学教材五年级上册第六单元"多边形的面积"中的规则图形和不规则图形的面积计算。这一单元包括平行四边形、三角形、梯形等图形面积的计算，以及不规则图形面积的计算，到了六年级还有一个单元讲规则和不规则体积的计算。在讨论中我们突然意识到，其实在生活中人们很少计算面积和体积，无论是规则的还是不规则的。于是我们问老师们，生活中什么时候要算面积和体积。老师们发现，可能就只有为装修房子而买家具和材料时会用到。那么我们以置办家具为例，家具都是三维立体的，但谁知道自家的床是多少立方米呢？或者床面是多少平方米呢？老师们都表示没有算过。这是因为在真实生活中，床的长度和高度都是相对固定的，一般成年人的身高在 1.5 米至 1.8 米长度范围内，因此床的长一般在 2 米左右，高一般是 0.3 米左右，而只有宽度是可变的，一般有 1.2 米、1.5 米、1.8 米三种尺寸可供选择，而再回想我们生活中的各种物品，基本都是讲尺寸，比如 60 cm × 60 cm 的垫子、530 mm × 290 mm × 370 mm 的盒子，等等，而不讲具体的面积或者体积。所谓的尺寸就是关键的维度，只不过前面床的例子抽取的是一个维度，而垫子和盒子抽取了两个或三个维度。这里就反映了数学抽象和数学建模的思想——"现实世界中的问题是错综复杂的，要围绕问题解决找到关键的特征、变量或指标等，同时梳理不同特征、变量或指标之间的关系，建立相应的数学模型"。而且同样的东西在不同情境下抽取的特征和维度不尽相同，比如我们铺瓷砖时，一般考虑地砖的长和宽，但如果是运瓷砖，就要考虑它的长、宽、高，以及它的重量。一般用大卡车运瓷砖时不会装满，因为要考虑瓷砖的重量，以免下面的瓷砖被压碎。于是，我们和老师们就商量上一节有关数学建模的课，这就是从生活价值的角度来发现大概念。[①]

（2）将知能目标向上提炼为大概念

知能目标也可以向上提炼为大概念。一方面，如图 3-7 所示，大概念可以分为情感维、认知维和技能维，也就是说，知识与技能是大概念的重要组成部分。另一方面，如前所述，过低的目标设定往往表现为"将素养目标降格为知识与技能目标"和"局限在单课或单个项目的目标之中"。因此，可以说知能目标是与大概念和素养目标相关联的下位目标。那么，我们可以通过提升知能目标来获取大概念，比如基于"明确毫米产生的实际意义，建立 1 毫米的概念，会用毫米作单位进行测量"的知能目标，可以将其上升为"单位是将整体转化为部分，使之可测量和可比较的统一工具"的大概念，这一有关单位的大概念不仅可以用于对毫米的认识，也可以用于对米、厘米的认识，甚至突破长度测量，用于对面积、体积、时间等测量的认识。而且这条大概念不仅适用于精确计算，还可以扩展到估算。估算的精度取决于你以什么作为单位，比如估算一

---

① 参与讨论的老师有杭州市保俶塔实验学校倪幸佳、施一虹等。根据这次讨论，倪幸佳上了关于数学建模的大概念教学的实验课。

版报纸的字数，可以以"文章"为单位，也可以以"段"为单位，或者以"行"为单位。

因此，当我们将知能目标提升到大概念，也就获得了更为广阔的视野，对原有知能目标的认知也就更为深刻，甚至可以纠正一些有偏差的知能目标。比如，在学习说明文单元时，知能目标是让学生"了解基本的说明方法，并用恰当的说明方法把某一种事物介绍清楚"。这里的基本说明方法就涉及列数字、举例子、作比较和打比方。

但在具体教学时，老师们有时觉得很难辨析这些方法，比如到底什么叫列数字。以《太阳》这篇文章为例，比如"古时候，天上有十个太阳"，"其实，太阳离我们有一亿五千万千米远"，"因为太阳离地球太远了，所以看上去只有一个盘子那么大"——这里的"十个""一亿五千万千米""一个"都是数字，但只有"一亿五千万千米"是列数字。为什么呢？老师们一开始解释说，只有当这个数字是指具体描述长度、宽度等时，才叫列数字。如果按照"只有描述长度才是运用了列数字的方法"这一标准，那么"唐朝延续了289年"里的"289年"可以说运用了列数字的方法，但如果写"唐朝（公元618—907年）"，就不是运用了列数字的方法了，因为"618"和"907"只是两个年份，而不是描述长度。这机械地理解了列数字这种方法。

事实上，这个知能目标要提升到大概念"说明文往往要科学地帮助人们了解一定的事或物，因此要运用一些说明方法。不同说明方法的用途有所区别，如列数字等方法是为了更精准地表达，而举例子、作比较和打比方则是通过将陌生的事物熟悉化，从而更具体生动地表达"等。如果按这个标准来看，我们就能判别"唐朝（公元618年—907年）"也是列数字的方法，而且比"延续了289年"更好，因为前者更加精准。

（3）从学习难点分析中提取大概念

学习难点有两层涵义。一层涵义是从近期来看，学生在学校学习中遇到的难题或困难。建议老师们有意识地收集真正的难题（不是偏题），并且分析学生为什么不会做或做错，因为不会做或做错在很大程度上就说明学生不理解，所以往往通过深剖学习难点就能发现大概念。比如，学生有时解不出题是因为他们不善于运用数形结合的思想，往往只有当题面中明显提示时学生才会用，也就是说他们只是机械地将数形结合作为一种工具，而没有理解数形结合的思想。因此从这个学习难点出发，要让学生理解数形结合的大概念，即"'数'与'形'反映了事物两个方面的属性。数形结合结合了抽象思维和形象思维，既可以'以数解形'，借助于数的精确性来阐明形的某些属性；同时也可以'以形助数'，借助形的几何直观性来阐明数之间的某种关系"，从而使他们具有自觉进行数形结合的素养。

又比如在英语学习中，学生的学习难点往往在于以汉语的习惯来表达英语，比如学生很难理解英语的时态、从句、语序，他们会习惯于讲"I very much like it"（我很喜欢它）。对此，要让学生理解大概念"语言是一定区域的人们在漫长的交往历史中形成的沟通媒介，它是约定俗成的，因此语言既有相对固定的用法，同时也随着时代的发展不断出现新的变化"。也就是说，学英语很大程度上就是要熟悉英语不同于汉语的表达结构，包括语序、时态和固定搭配等，这也解释了为什么我们常常强调要在语篇和语境中学习英语。

另一层涵义是从长远来看，学生未来在现实世界的工作和生活中有可能遇到的困难。大部分时候，学校教育的学习难点和现实世界的学习难点是重合的，比如，学生在学校中学习统计图、统计表等相关知识时，学习的难点在于"选择用哪种统计图表来呈现数据、选择哪些维度和指标来作图"。而在现实世界中，尽管有像 Excel 等能轻松实现精致作图的软件，但如何根据需求去选择作图的维度和指标，以及选择哪种图表，同样是难点所在。

但是也有些时候，学校教育的学习难点并不是现实世界的学习难点。以实用文（应用文）写作教学为例，很多语文老师认为学习难点在于学生很难记住各种格式，他们不是漏写"对象""时间"，就是忘记落款应该把名字写在日期上一行，等等。这也解释了前面我们提到的为什么教师会在"留言条"的三维目标中反复强调要注意格式。

但如果我们从真实生活的角度看写实用文的难点，则会发生很大的变化。在互联网时代，信息传播的媒介发生了很大的变化。以往我们更多的是在纸质媒体上写实用文，但现在更多的是在电子媒体上写作。学校教育因为各种条件的限制，无论是教材的例文还是学生的练习都依然是以纸质媒体为主，但是到了现实世界中，因为媒介不同，学生的写作方式就有了很大变化（目前教材编写也关注到了这一变化，在部编版语文教材高一必修下册就有一个单元叫"信息时代的语文生活"），比如像通知之类的实用文基本上是通过微信平台来写作和传递。

图 3-8 和图 3-9 是我的两个研究生写的一则关于大概念研讨活动的通知，第一个学生是在"大概念教学研究生群"里通知研究生们，第二个学生则是在"大概念教学教师交流群"里通知杭州市的老师们。不难发现，微信上的通知和纸质媒体上的通知有了很大的不同。

首先，形态不同。通知的具体内容往往不会直接写到交流框里，这是因为具体内容的字数一般有好

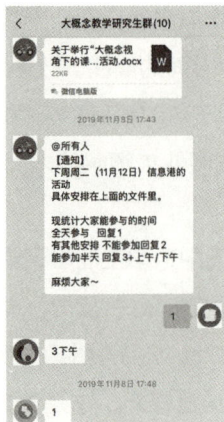
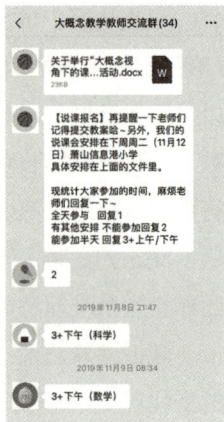

图3-8　微信通知一　　图3-9　微信通知二

几百字，如果全打在交流框里，会占好几个满屏，不符合微信的阅读习惯。因此，我们通常会将通知编辑成一个 Word 文档，方便阅读和下载。但如果仅仅贴上一个 Word 文档，可能很多人不会点开看，因此需要在交流框里补充一条简洁的通知。

其次，格式不同。按通知的纸质媒体模板，第一行应该写标题，即"通知"，且要居中，第二行才是"通知对象"。关于通知对象的写法我们在第一章曾经提及。这里我们谈谈"标题"，不仅"通知"有大概念，"标题"也有大概念。如图 3-8 所示，标题一则没有像纸质媒体那样写在第一行，二则也没有居中，而是放在第二行并且加了方括号。这是因为标题的大概念是"标题是对内容的提示和概括，它往往是人们是否继续阅读的判断依据，因此十分重要"。也就是说，因为标题决定了人们是否愿意继续阅读内容，所以一般要以比较醒目的方式凸显标题。标题的这条大概念不仅适用于"通知"，也适用于"论文""课题""寻物启事"等。但在具体的情境和不同的媒介中，标题的写法会有所区别，比如在 Word 文档中，会将标题"放大、居中和加粗"，字体上也会和正文有所区别，但微信交流框不能改变字体，同时居中也比较费事，这里加个"【　】"显然也突出了标题，因此这也体现了理解标题大概念后的灵活运用。

最后，模式不同。不同于纸质媒体的单向通知，即只是单向地向对象传递信息，电子媒体使双向的交流成为可能，很多时候"通知"不仅传递信息，同

时也需要收集信息。如图 3-8 所示，第一位学生统计了研究生们可以参与的时间，并且使用 1、2、3 的分类代码方便收集和统计。有意思的是，另一位学生是在第一位学生通知后，参考了她的写法，但这里就出现了很大的问题。如图 3-9 所示，虽然是有关同一活动的通知，但是对象发生了很大的变化，第一个通知的对象是研究生，因此这个活动原则上是都需要全程参加的，所以按"全天、半天和不参加"这种分类是合适的；但第二个通知的对象是杭州市的老师们，而这个研讨活动安排在周二，本来就是给对大概念教学感兴趣的老师提供一个机会，如果他们恰巧有空就可以参加，而且这个研讨活动的学科内容上午是语文，下午是数学和科学，一般老师们都是有学科背景的，显然他们更大的可能是选择自己的学科。因此，第二个通知如果按"语文、数学和科学"的分类来收集反馈信息显然更为合适。这就告诉我们，进行实用文写作时一定要有对象意识。

此外，还有一个小小的细节，第一位学生在非常显眼的地方（空了一行）加了一句"麻烦大家～"，这实际上是照顾了通知对象的情感需要。因为实用文是用于和人交流沟通的，所以应该设身处地为他人考虑，照顾他人的情绪。曾经听一位历史老师提到，他的一个学生要加他微信，在微信好友申请那里写了一句话，说"你加一下我的微信，方便你给我辅导功课"，让人啼笑皆非。

由此，我们可以发现现实世界里实用文的写作难点在于"根据不同的对象和媒介来写作"和"照顾对象的情感需求"，而不是学校教育中的"写作格式"。因此，从生活的难点出发，大概念为"实用文要服务特定的对象，在不同媒介中考虑内容传达的清晰正确性，以及情感上的可接受度"。

（4）从评价标准中提取大概念

评价标准是对学习行为和结果的反思，而这种反思也有利于教师发现目标写作的偏差，厘清大概念。比如在小学语文的观察单元中，教师一般会教"按顺序观察"和"五官并举"等策略，并认为这就是大概念。可如果追问教师"什么是一篇好的观察作文？比如写一个杯子时，我从上到下、从左往右、从里到外观察了一遍，全写出来，然后我摸一下、听一下、看一下、尝一下……，把感受全部写下来，这是不是一篇好的观察作文？"，他们马上会意识到学生机械地使用这些策略写出来的文章会很生硬，进而领悟到"观察是一种为写作收集素材的方式和方法"这一大概念，区分了"收集素材"和"写作"；同时理解了为什么要"按顺序观察"，因为观察要全面，按顺序不会遗漏重要信息；以及为什么要"五官并举"，因为通过多种感官通道收集到的素材往往更丰富。

3. 用分析罗盘定位大概念

尽管大概念有自上而下和自下而上的八条提取路径，但这些路径往往不是单独运用的，在实际确定大概念时，通常需要综合考虑，而具体的某条路径往往只是切入口。在很多情况下，大概念的提取是几条路径共同作用和验证的结果。为此，我们绘制了大概念分析罗盘，如图3-10所示。

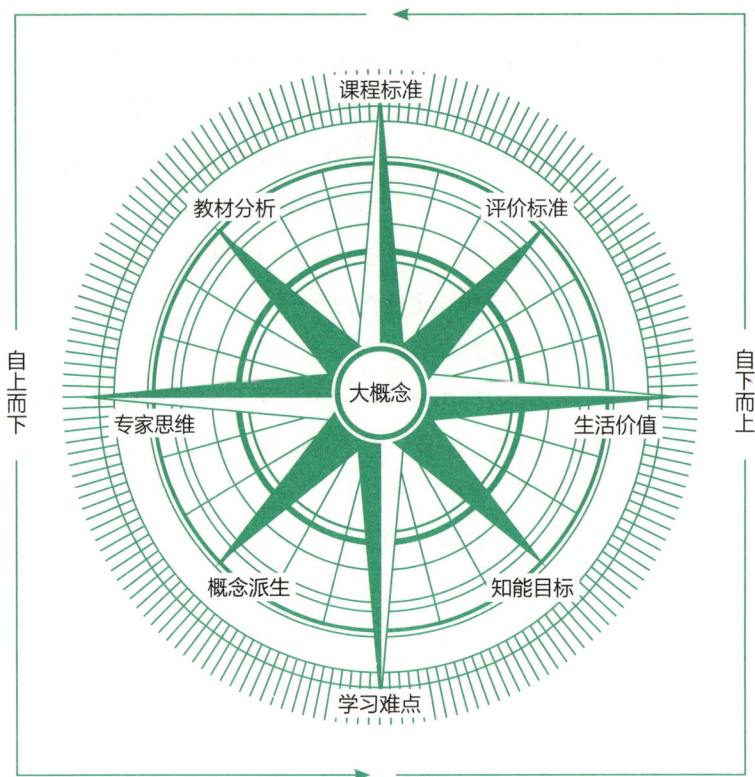

图3-10 大概念分析罗盘

　　不过，八条路径并不是完全并列的，课程标准是必须细读的，要分析其中蕴含的大概念。因为作为国家纲领性文件，课程标准一方面指明了目标和方向，另一方面也规定了学生需要达到的程度，这无论是对于大概念提取，还是素养目标和单元具体目标的写作都是最重要的参考。同时，大概念教学的对象是学生，因此一定要考虑学情，而学习难点是最为重要的学情。因此，学习难点也是定位大概念所必须要考虑的。而教材分析、评价标准、生活价值、专家思维、知能目标、概念派生也可以帮助我们校准目标、定位大概念。

　　比如，"根据不同的目的和对象等说明文可以分为不同的类型，它们的语言风格和说明方法会有差异"这一大概念主要是由"能根据需要，运用常见的表达方式写作，发展书面语言运用能力""阅读说明性文章，能抓住要点，了解文章的基本说明方法。阅读简单的非连续性文本，能从图文等组合材料中找出有价值的信息""写作是为了自我表达和与人交流"（课程标准），"教材中有不同类型的说明文，比如《太阳》《松鼠》《鲸》和《风向袋的制作》"（教材分析），以及"语言交流是有对象的目的性行为"（概念派生）等路径所定位的。

　　"图、表、文字都是数据描述的方式，但它们的结构化程度不同。其中图的结构化程度最高，其次是表，最后是文字"这一大概念，主要就是由"在做题时，学生读数据统计图的困难常常体现为对图中各元素所代表的内涵以及各元素之间的关系把握不准"（学校教育中的学习难点），"具体的数据分析常常由软件完成，但如何将数据结构化是个难点，它不仅体现在数据分析完后的数据描述，而且体现在数据分析前对研究结果的构想中，比如要采用箱线图对数据进行描述，那么可能就要根据箱线图的构成对数据进行提取和分析"（真实生活和工作中的难点），以及"在生活中，我们常常要使用各种数据描述方式呈现研究结果，而且不是仅使用一种数据描述方式，而是要进行搭配使用"（生活价值）等路径所定位的。

　　比如"计时工具的设计要具有用户思维，符合特定情境的需求"这一大概念，主要就是由"人们设计不同的仪器和工具来满足特定用途"（课程标准），"在设计时一般要考虑情境中的用户需求"（专家思维），"学生很难从多个维度辨别计时工具的设计要求"（学习难点），以及"学生能正确地识别不同情境下计时工具的设计要求"（评价标准）等路径所定位的。

（二）绘制概念地图

前面我们讲了自上而下和自下而上一共八条寻找大概念的分析路径。接下来我们来学习绘制概念地图。如前所述，绘制概念地图和找到提取路径既可以联合使用，也可以单独使用。

在第二章我们已经对概念地图有了初步的介绍。概念地图有助于我们理解（大）概念与（大）概念的关系、（大）概念与具体案例的关系等。因此，它不仅对提取大概念有帮助，还为下一步的评价设计和过程设计做好了准备。接下来我们来谈谈如何绘制单元的概念地图。具体由以下五步组成，分别为确定概念焦点、发现上位概念、激活概念和案例促进理解、制作概念地图、修正概念地图。

1. 确定概念焦点

就像我们平时看到的地图一样，越大范围的地图呈现的地理细节越少，越小范围的地图呈现的地理细节越多，比如在世界地图上一般找不到"杭州市"，而在杭州市的地图上可以找到杭州的每条街道。尽管概念地图探寻的对象具有延展性和开放性，但如果没有焦点，可能会存在泛化的问题。因此，一般来说，需要确定一个概念焦点，这个概念焦点相对于这个单元而言，大小是合宜的，围绕这一概念焦点可以进行深入研讨。比如教科版科学教材五年级下册"时间的测量"单元的概念焦点是"计时工具（的设计与制作）"，人教版数学教材七年级下册"数据的收集、整理与描述"单元的概念焦点是"统计图（的选择与应用）"。有时也会有两个概念焦点，比如人教版英语教材六年级下册第三单元"Where did you go"的概念焦点从内容上看是"假期生活"，从方法上看是"一般过去时态"。又以古典白话小说为例，如果将概念焦点定位于"文学作品的欣赏"显然就过大了，而如果定位于"古典白话小说的三要素"又过小了，流于方法，定位于"古典白话小说（的欣赏）"则是更为合适的。

2. 发现上位概念

一般来说，教材因为要循序渐进，会按主题等逻辑把学科内容分成若干单元，由此概念焦点往往也比较具体，这样的划分有利于教师分步教学，但同时带来的问题是教师可能只看到局部而忽视了整体。因而，教师确定概念焦点时需要寻找更加上位的概念。比如，"计时工具"这一概念焦点的上位概念是"工具"（科学）；"统计图的选择"这一概念焦点的上位概念是"数据描述"（数学）；"儿童诗欣赏"这一概念焦点的上位概念是"诗歌欣赏"（语文）等。

3. 激活概念和案例促进理解

确定了概念焦点后，下一步就要围绕概念焦点，通过一系列本质问题激活概念和案例，从而获得地图的细节。比如，"时间的测量"这一单元围绕"计时工具"概念焦点的单元本质问题之一就是"计时工具的设计要符合什么样的要求？"，我们可以结合具体案例将单元本质问题分解为一系列具体的本质问题。这一过程往往带有"挑衅性"，因此能够不断拓展和深化学生的思维。比如，"计时工具是不是越精准越好？为什么餐厅在顾客等餐时会使用沙漏计时而不是用更精准的电子钟呢？"通过一系列本质问题可以激活概念和案例，同时可以确定观念，梳理概念与概念、概念与案例之间的关系。这里的概念既可以是教材中已有的概念，也可以进行适当补充，比如太阳钟、水钟、机械摆钟是教材里的，火钟、石英钟、电子钟是教材外的。也正是在这一过程中，对单元大概念和单元本质问题不断进行修正。需要指出的是，在构建概念地图的过程中，我们可能会不断对已形成的大概念进行修正，比如一开始认为"计时工具设计的要求是高性能，包括精确、稳定"，但当想到餐厅会选用沙漏来计时，把上菜时间变成了倒计时的承诺，会意识到沙漏虽然不是特别精确，但因为这一情境中不需要精确到分、秒，而且沙漏带有趣味性和美观性，能有效满足人们的需求，于是将大概念修正为"计时工具的设计要具有用户思维，符合特定情境中人的需求"。

4．制作概念地图

经过充分的思考与讨论后，可以制作概念地图，当然也可以同步进行第三步和第四步。一般来说，常见的关系有以下几种：从属、并列（比较）、时间、因果（循环）、举证。其中，前四种关系主要存在于概念与概念之间，比如计时工具和工具是"从属关系"；水钟和沙钟是"并列关系"；太阳钟→火钟→水钟（沙钟）→机械钟→石英钟→电子钟是"时间关系"；光影和太阳钟是"因果关系"。而举证关系则常常发生在概念与案例之间，比如"中国古代的时辰主要用水钟来计时，而不用太阳钟"这一案例帮助学生理解计时工具设计性能要求中的"精确、稳定"，因为在阴天和雨天没法用太阳钟来计时，而水钟相对来说更好控制，稳定性更强。在制作概念地图时也可以对一些重要关系进行简单的描述，比如"工具满足人类需求，提升人类能力"。

在绘制时，为了更清晰地表达，可以用不同的符号来表示概念、案例及其不同的关系，单元大概念和单元本质问题则分列两边。具体如下：概念和案例用不同的方式加以区别，比如用圆角矩形表示概念，并且用实线框表示教材中已经出现的概念，用虚线框表示补充的概念，从而方便教师在教学时进行详略处理；用方角矩形表示案例或具体问题；从属和并列的关系因为没有包含前后的作用，因此我们一般用"—"表示；时间和因果的关系因为常常包含前后的作用，我们一般用"→"表示；而举证的关系我们一般用"---"表示。当然老师们也可以按照自己习惯的方式来进行标注，只要能清晰呈现即可。

5．修正概念地图

最后可以对概念地图进行调整，在计算机上进行地图绘制会更加方便，包括寻找交叉连接、提出新的问题等，如图 2-31 所示。

概念地图可以有简化版，如图 3-11 所示。因为概念地图最为主体部分就是构建（大）概念与（大）概念、（大）概念与（具体）案例之间的关系，在符号上也可以进一步简化。至于单元的本质问题和单元的大概念，也可以根据简化的概念地图来提取。

鉴赏儿童诗

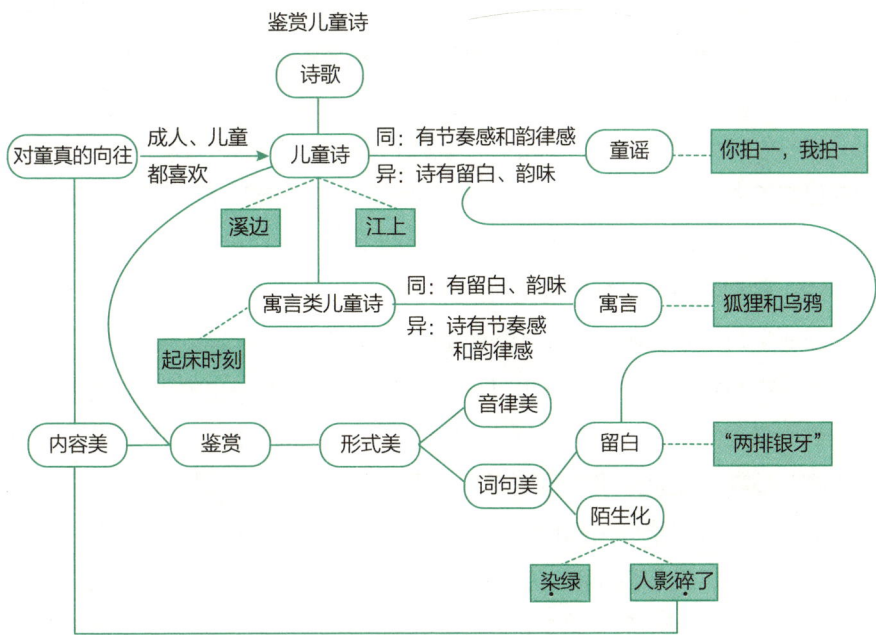

图3-11　"儿童诗"单元概念地图（简化版）

（三）撰写单元目标

1. 单元目标的构成

（1）单元目标是预期学习结果

当前学者们在一定程度上达成了这样的共识：目标写的应该是预期学习结果。因为最终的学习成效是要通过学生的学习结果来呈现的，写预期学习结果更有利于教师明确教学的方向。威金斯所说的逆向设计中的"逆向"指的是首先要明确预期学习结果，"我们的课堂、单元和课程在逻辑上应该从想要达到的学习结果导出，而不是从我们所擅长的教法、教材和活动导出"（威金斯 等，2017）[14]。

所谓的"预期学习结果"也就是"学完这个单元后，学生能获得什么样的学习成果，形成何种素养"。这一方面告诉我们，预期学习结果一定是以"学生"为主语的，可以阐述为"学生学到了什么"，而不是"教师教了什么"。因此，单元目标不能写成"播放古诗《山行》的动画，帮助学生准确识读生字，感受秋景的美好和作者的思乡情怀""组织合作学习，引导学生用英语讨论自己的假期经历，感受一般过去时的用法""结合教材内容进行爱国主义和环保意识的教育"等教学行为。

另一方面，预期学习结果是指"学到了什么"，而不是"学了什么"，因此，单元目标不能写成"观看视频，总结庭院所包含的元素""默读课文，了解故事内容，借助表格整理故事的发展线索"等学习行为。

（2）预期学习结果是结构化的素养目标

预期学习结果是多维的并且结构化的。如前所述，埃里克森和兰宁（2018）曾提出 KUD 模型，其中 K 是知道，U 是理解，D 是做，也就是技能。KUD 理论的核心是理解，因为只有理解了才能对知识有全局的把握，可以融会贯通地使用相关技能。威金斯也把预期学习结果分为三层。第一层叫学会迁移，指学生能够自主地将所学应用到什么地方去。第二层是理解意义，就是学生将会理解什么。第三层是掌握知能，就是学生应该掌握的知识是什么，应该形成的技能是什么。（**威金斯 等**，2017）无论是威金斯还是埃里克森，都强调了大概念对知识与技能的统摄作用，并且认为大概念是可以落实为具体的知识与技能目标的。

综上，威金斯和埃里克森都将大概念和知识与技能视作一个三角的关系，但在单元目标撰写时，除了考虑大概念和知识与技能的关系外，还要考虑到"一般"和"具体"的关系。格朗伦德（Gronlund）和布鲁克哈特（Brookhart）提出"一般教学目标"和"具体教学目标"的组合（**格朗伦德 等**，2017）[3]——这里说的一般教学目标，其实就是大概念。但因为一般教学目标比较宽泛，所以在具体的课程中还需要结合课程内容进行细化。

综上所述，在大概念教学的目标撰写中，我们要考虑两组关系，即一般与具体的关系以及不同类型的目标之间的关系。结合前面我们分析得出的情感维、认知维和技能维这三个维度，可以构建素养目标模型（如图 3-7 所示）。据此，我们构建了目标设计的模板。

（3）目标设计模板的构成

大概念教学的目标设计模板具体由四部分构成，如表 3-3 所示。

表3-3 目标设计模板

素养目标		
学生在今后学习或真实生活中能够具备……素养		
层面	**单元大概念**	**具体单元目标①**
跨学科层面	大概念1：…… 学生将会理解……	1.1 情感维（学生具备……的意识） 1.2 认知维（学生将知道……，理解……） 1.3 技能维（学生能够做到……）
	……	
学科层面	大概念1：…… 学生将会理解……	1.1 情感维（学生具备……的意识） 1.2 认知维（学生将知道……，理解……） 1.3 技能维（学生能够做到……）
	……	
其他具体单元目标		
学会操作……；学会……动作；会写……；熟练掌握……的计算；认识生字……		

第一部分是"素养目标"。预期成果是结构化的素养目标，也就是说素养目标是一种整体性的描述，回答"学了这个单元后，学生具备什么样的素养"这个问题。

第二部分是"单元大概念"。素养目标建立在对单元大概念的理解之上。单元大概念可以分为跨学科和学科两个层面的大概念。如果是跨学科学习，那么常常既有跨学科层面的大概念，也有学科层面的大概念。而如果是学科学习，那么则要有学科大概念。不过从本质上来看，大概念教学都是指向于解决真实性问题。因此，即使是学科学习，其实也隐含着跨学科大概念。

第三部分是"具体单元目标"。单元大概念要细化为具体单元目标，两者之间存在对应的关系，比如大概念1就对应具体单元目标1.1、1.2、1.3，将两者做成关联表格的形式。

以"时间的测量"单元为例，这个单元的大概念包括"1. 计时工具能够拓

---

① 情感维、认知维和技能维是三个维度，但在实际撰写时，这三个维度常常是相互融合的，而不是截然分开的。

展人类时间管理的能力，满足时间管理的需求"，那么它相对应的具体单元目标就有：

1.1 理解人类对时间管理的需求，找出具体的场景；

1.2 对比有无计时工具的人类生活；

1.3 体会工具对人类生活产生的重大影响，具有自觉使用工具的意识。

具体单元目标分为三个维度，即情感维、认知维和技能维。这里需要指出的是，认知维不仅仅限于"学生将知道……"这类简单的识记，也包括"学生将理解……"这类高阶思维，只不过这里的理解和单元大概念中的理解是一种具体与一般的关系。比如"计时工具的设计和制作符合特定的科学原理"（单元大概念）就包括"理解不同的科学原理对每一种计时工具在材料和结构上的要求"（具体单元目标）。

第四部分是"其他具体单元目标"。主要是指一些不能和大概念形成对应关系的具体单元目标。它们一般是简单的认知维与技能维的目标，比如识字、计算或基本动作练习等，这些简单的认知维与技能维的目标往往通过练习而不是主要经由理解来达成。

2. 单元目标的撰写

前面我们已经阐释了预期学习结果的内涵和构成，那么具体如何撰写单元目标呢？如前所示，大概念的教学目标包括四个部分，即素养目标、单元大概念、具体单元目标和其他具体单元目标。从写作顺序来看，可以先写单元大概念，再匹配相关的具体单元目标和其他具体单元目标，最后再来写素养目标，这是因为素养目标是建立在对单元大概念的理解之上的。因此，单元大概念和相应的具体单元目标的撰写是重点，也是难点。当然，如果素养目标非常明确，也可以先写素养目标。

（1）单元大概念的写法

实际上，单元大概念也是一种预期学习结果。它的主语也是学生，动词是"理解"，因为所有的单元大概念配套的动词都是"理解"，因此便省略了"理解"两个字。

这里我们重点谈一下单元大概念写作常见的几个误区。

误区 1：大概念就是单元的主题或论题，比如"复述故事""能量的转换""数学建模"。

第一章我们已经对大概念进行了界定，大概念是反映专家思维方式的概念、观念或论题，它具有生活价值。可见它的形式有三种，即概念、观念和论题。但我们同时提出，一般只有人文艺术领域的高位大概念才会用论题形式，因此这种形式是不常见的。大概念更为常见的形式是观念和概念，因为只知道论题或主题，并不能促进人的理解，所以"复述故事"只是单元主题，而"复述故事要忠实于原文的重要信息，比如故事情节、人物性格等""不同的对象、目的和场合对复述故事的要求有所不同，会影响复述的内容详略、时间长短、形式结构等""复述是一种再加工的过程，在忠实的基础上可以进行适当的调整"，才是大概念。

误区 2：大概念就是要高度概括，比如"小说是一种文学体裁""数轴为一种特定几何图形"。

大概念具有抽象性，但并不等于说越抽象越概括就越好，知道"小说是一种文学体裁"无助于理解小说，更不用说提升鉴赏和创作小说的水平了，因此这种表述尽管概括程度很高，但对于单元来说过于宏大，包含的信息量不够。而"小说中的全知视角因为不受视角的限制，可以在不同场景、时间上任意切换，自由剖析众多人物的行为和心理，便于展现广阔的生活场景和社会画面，所以宏大的作品一般采用这种全知叙述"才是大概念。

误区 3：大概念就是素养目标，比如"能够根据不同的场景对数量、时间、货币等进行估算，并按不同的要求在估算的效率和质量上取得平衡"。

素养目标体现为一种在真实生活中解决问题的专家素养，写为"能做……"，而大概念则反映专家思维，写为"能理解……"。具备专家素养的前提是形成了专家思维，所以大概念是素养目标的内核，两者具有高度的关联性，但两者依然是不同的，不能混淆。比如与估算素养相对应的大概念应该是"估算是以部分为单位对整体进行推断，估算的精度受到所选取单位的影响""估算的效率和质量存在一定的矛盾关系，根据不同的要求取得两者之间的平衡"。

从上面我们对单元大概念写法常见误区的分析，大家应该明白了大概念不是什么，下面我们再来谈谈在具体撰写大概念时的注意点。

注意点 1：围绕"概念焦点"来写。因为每一个单元的容量有限，因此概念焦点应该适中，与单元主题相符，比如"古典白话小说"单元，如果大概念都围绕"小说"展开就容易忽略古典白话小说的特性。当然，基于小说鉴赏的共性，如对叙述视角的理解也可以用于对古典白话小说的鉴赏，那么可以用概念派生的路径将之进一步细化为古典白话小说单元的大概念。

注意点2：体现理解深度。大概念要体现出理解的深度，它通常不是常识，也不是案例和方法，比如"社会由人组成""沙漏是一种计时工具""说明方法有列数字、举例子、打比方、作比较等"这些表述，很难反映出专家思维，而"说明文往往要科学地帮助人们了解一定的事或物，因此要运用一些说明方法。不同说明方法的用途有所区别，如列数字等方法是为了更精准地表达，而举例子、作比较和打比方则是通过将陌生的事物熟悉化，从而更具体生动地表达"则体现了理解的深度，才是大概念。

注意点3：语句要精练正确。既要包含必要和正确的信息，同时也应该加以提炼和概括。比如"文章要有一个明确的主题和中心，关键语句帮助我们理解文章的意思，它常常出现在文章的开头或文章的结尾"这一写法存在两个问题。问题一是"关键语句"包括很多类型，既有总括性的，也有转折性的，这里应该界定清楚，目前的写法显然不够正确和完整。问题二是"文章要有一个明确的主题和中心"和这里要论述的大概念关联不大，应该去掉，而且它没有很好地提炼关键语句的作用。修改后的版本为"总括性关键语句通常出现在开头和结尾处，起到预示和总结的作用，帮助人们将信息结构化"。

表3-4整理了大概念撰写时的常见问题，并给出修改前和修改后的版本供大家对比。

表3-4　大概念撰写问题诊断

修改前的大概念	问题诊断	修改后的大概念
复述故事	只是单元的主题或论题，没有具体内容，不能促进理解	复述故事要忠实于原文的重要信息，比如故事情节、人物性格等
小说是一种文学体裁	过于高度概括，信息量不足，不能促进理解	小说中的全知视角因为不受视角的限制，可以在不同场景、时间上任意切换，自由剖析众多人物的行为和心理，便于展现广阔的生活场景和社会画面，所以宏大的作品一般采用这种全知叙述

续表

修改前的大概念	问题诊断	修改后的大概念
能够根据不同的场景对数量、时间、货币等进行估算，并按不同的要求在估算的效率和质量上取得平衡	素养目标和大概念不同，大概念与"理解"搭配，主要的表现形式是观念和概念	估算是以部分为单位对整体进行推断，估算的精度受到所选取单位的影响
小说常常通过故事情节来展现人物性格和中心思想	相对于单元主题"古典白话小说"，概念焦点过大	古典白话小说常用极富表现力的简洁洗练的白描式语言，活灵活现地描绘出贴近生活的人物和情景
说明方法有列数字、举例子、打比方、作比较等	只描述了方法，但没有揭示出专家思维，体现不出理解的深度	说明文往往要科学地帮助人们了解一定的事或物，因此要运用一些说明方法。不同说明方法的用途有所区别，如列数字等方法是为了更精准地表达，而举例子、作比较和打比方则是通过将陌生的事物熟悉化，从而更具体生动地表达
文章要有一个明确的主题和中心，关键语句帮助我们理解文章的意思，它常常出现在文章的开头或文章的结尾	大概念的表述不够正确，没有界定清楚"关键语句"的类型，同时表达冗余，也不够精练	总括性关键语句通常出现在开头和结尾处，起到预示和总结的作用，帮助人们将信息结构化

（2）具体单元目标的写法

具体单元目标分为情感维、认知维和技能维。无论是哪个维度，在具体撰写时，一般都包括两个部分，即内容（学习什么内容）和表现（要做到什么），有时也包括程度（达到什么样的要求）。通常我们用名词来陈述内容，用动词来陈述表现，用形容词来陈述程度。我们可以用一个公式来表示其构成：具体单元目标=表现+内容（+程度）。

这里和马杰（Mager）的行为目标做个对比。马杰认为一个完整的教学目标应该由行为、表现条件和标准三个要素组成。所以，教学目标应该要回答"要求学生做什么？""根据什么标准来做？""做到什么程度算合格？"这样三个问题。（张祖忻 等，1992）比如"学生能不借助字典，将一段简单法语翻译成英语。每100个单词的翻译错误不超过5个，每100个单词的翻译不超过20分钟，视为合格"。但过于精确的量化标准可能适合于简单的技能学习，不一定适用于指向复杂问题解决的深度学习。因此，具体单元目标不同于过度强调精确量化标准的行为目标。

相对来说，内容和具体的单元有关，表现则有一些比较通用的词汇，因此选取合适的动词也很关键。虽然可以借鉴理论研究中的一些成果，但课程标准是最为重要的参考。一般来说，课程标准不仅给出了相应的表现动词，同时也描述了程度。比如，在 2017 年版 2020 年修订的普通高中语文课程标准中的"能清晰地解释文本中事实、材料与观点、推断之间的关系"；在普通高中数学课程标准中的"能够借助古典概型初步认识有限样本空间、随机事件，以及随机事件的概率"；在普通高中生物课程标准中的"初步运用进化与适应观，说出生物的多样性和统一性"，"能熟练地使用常见的实验器具，制订简单的实验方案或在给出的多个方案中选取恰当的方案并实施"。

格朗伦德与布鲁克哈特（2017）[19] 指出，教师应该以创造性的眼光来撰写目标，要学会分析、学会拓展，用积极的态度来编写适合自己的教学目标。因为"内容"各不相同，所以这里主要谈谈"表现"的写法。一方面，要使用更准确的动词。比如同样是理解，如果涉及历史的发展，用"梳理"这个动词会更好。另一方面，句式的表达要灵活，比如动词有时还可以用一句话来表示，比如"将言语表述转化为数学形式"指的也是"领会"，而"写一段有实际意义的文字"也能表达"应用"。这也再一次告诉我们，教学目标的撰写要尽可能贴合教学的需要，正确表达学习的预期结果，而不仅仅拘泥于"字词"。

以下我们来分别谈谈具体单元目标情感维、认知维和技能维的写法。

情感维的写法。相对来说情感维是最难描述清楚的，因为一方面情感结果的表述是多样的、模糊的，最常见的有态度、兴趣、欣赏和适应等；另一方面情感结果往往是内隐的，只能靠推断来发现。（格朗伦德 等，2017）[19]

教育目标分类学将情感分为接受（选择性关注，如注意）、反应（主动参与，如兴趣）、价值化（形成某种具有稳定性的倾向，如态度）、组织（形成内在一致的价值系统，如价值取向和生活态度）、价值体系的特征化（养成深思熟虑的价值系统，如个性）这五个水平。（格朗伦德 等，2017）[19] 相对来说，较低水平的情感行为，如接受和反应是比较容易观察的，而较高水平的情感行为，如价值化、组织、价值体系的特征化则是很难观察到的。根据稳定性的不同，我们将五个水平简化为三种水平，即接受、反应和价值化，因为价值化、组织、价值体系的特征化都表示一种相对稳定的状态。

情感维的三个水平经常用以下动词或名词等关键词来描述表现，分别代表不同的水平，具体如表 3-5 所示。

表3-5　描述情感维表现的关键词及其样例

水平		关键词	样例
不稳定↓稳定	接受	关注、体会、愿意	关注……的现象；提出……的问题；体会……在生活中的应用
	反应	喜爱、好奇、主动	主动……；对……具有好奇心
	价值化	态度、个性、意识、价值观、自觉	具有使用……的意识；能自觉……；形成……价值观

认知维的写法。关于认知的理论有很多，除了我们所熟知的布卢姆的教育目标分类理论，还有马扎诺的学习五维度理论、威金斯的理解的六个维度、韦伯的知识深度分类法、海克（Heick）的海克教学目标分类法、芬克（Fink）的有意义的学习分类法等。当然有一些已经超越了认知维，因为要与技能维相区分，所以我们这里谈到的认知维主要还是指思维。

这些理论达成的共识是：认知水平有高低之分，总体来说可以划分为两大类，即低阶思维和高阶思维，并且当前的理论越来越关注元认知，即对认知的认知。表 3-6 给出了描述认知维表现的关键词及其样例供大家参考。这里要注意两点。

一是不要对关键词进行误读，最常见的是会将高阶思维降为低阶思维。比如"评析市场机制的优点与局限性"，如果学生只是按教材或按讲解写出市场机制的优缺点，那这只能算是"记住"，是一种低阶的记忆思维。而真正的评析则是"清楚论述市场机制的优缺点，并详细阐述推理是否有效和证据是否相关与充分。确定相关的虚假陈述和谬误推理（逻辑谬误），并考虑能够改进论点的解释逻辑、替代主张或证据"[1]，对评析目标的认识会影响教师的评价设计和过程设计。

二是这些关键词所代表的认知水平不是绝对的，需要在具体的目标撰写中加以分析。比如"列出……"既可以是低阶思维（如"列出元素周期表中的前

---

[1] 引自探月学院张阳2021年于浙江大学作的"探月学院与UbD：不能不说的秘密"主题报告。

20 个元素"），也可以是高阶思维（如"列出在生活中体现能量转换的现象"）。除了这些可以适用于各学科认知维的关键词外，各学科也可以从课程标准中寻找一些和学科相关的认知词语，比如"综合分析资源和环境问题对国家安全的影响""辨识音乐的时代风格和民族风格"。

表3-6 描述认知维表现的关键词及其样例

认知类型		认知		元认知
		低阶思维	高阶思维	
关键词及其样例	关键词	记住、再认、认识、列出	理解、解释、比较、分类、归纳、梳理、综合、应用	总结、自省、评价、自我认知
	样例	认识……生字；背出……表；能模仿样例……	能理解……原理；对……作出解释；能梳理……的历史	能用思维导图等方式对……进行整理；能对自己的单元学习情况进行总结

技能维的写法。一提起"技能"，我们常常想到的就是书写、说话、画画这些动作。但事实上技能是个很宽泛的概念，既包括一些比较简单的技能，我们称之为单一技能，比如"观察""写字"等；也包括一些比较复杂的技能，它们由多项技能构成，并指向于真实性问题的解决，我们称之为复合技能，比如"设计""决策"等。格朗伦德与布鲁克哈特（2017）认为技能结果有两个因素，即程序和产品，这相当于具体单元目标写作公式中的"表现"和"内容"，只不过它们是在技能维中的变式。技能维可以有以下两种编写方式。

第一种是单独写程序性结果，不写产品性结果。这就相当于只写表现，不写内容，主要适用于"行为或步骤本身是结果"和"结果重点在于行为或步骤"的情况，比如"能根据场合和对象的不同，灵活调整复述的方法"。

第二种是程序性结果＋产品性结果。也就是说既写表现也写内容，主要适用于"程序和产品都是重要的学习结果"和"程序和产品都具有可描述和可识别的特征"的情况，比如"制作一个一分钟计时器""绘制条形统计图"等。

表 3-7 给出了描述技能维表现的关键词及其样例，从中可以看到我们把技能分成了单一技能和复合技能——复合技能是现实世界中比较常见的任务类型，即决策、设计（创作）、赏析和探究。除了可以通用的技能维写法外，和认知维

一样，各学科也可以从课程标准中寻找一些和学科相关的技能词语，比如"利用定义推导出诱导公式""观察阴极射线在磁场中的偏转""尝试续写或改写文学作品"。

表3-7　描述技能维表现的关键词及其样例

技能类型	单一技能	复合技能			
		决策	设计（创作）	赏析	探究
关键词及样例 — 关键词	使用、操作、观察、会写	选择、决定、预测、政策分析	设计、创作、建构、计划	欣赏、辨别、比较	调查、发现、实验、解决问题
关键词及样例 — 样例	观察……事物；会写……生字	选择……方案；预测……发展	设计一个生态瓶；运用……理论进行职业规划	欣赏……作品；比较各类作品中涉及的文化现象和观念	学会排除……故障；解决……问题；通过实验探究，发现……

这里需要指出的是，虽然我们区分了情感维、认知维和技能维，但这种分类不是绝对的，很多时候它们是相互融合的。一方面，情感维如果单列会显得空洞，因此情感维一般和另外两个维度合而为一，比如"具有科学精神，质疑证据的关联性，力求用充分的证据进行论证""能主动收集、整理、探究生活中常见的谚语"；另一方面，认知维和技能维也很难分开，因为往往是在识记或理解的基础上才有可能解决复杂问题，比如"能够针对不同的问题，综合或创造性地运用概率统计知识，构造相应的概率或统计模型，解决问题"。

（3）素养目标的写法

素养目标在写法上类同于技能维，因为素养也表现为能做什么，所以它同样也有两种写法，即"程序性结果"或"程序性结果＋产品性结果"。但与具体单元目标中的技能写法相比较，素养目标的写法更具有统合性。这里的素养体现为一种高通路迁移的能力，既指向于在学校学习中的迁移，比如迁移到学科的后续学习中去，或者是迁移至跨学科的学习中去；又意指迁移到现实世界中去，比如迁移到解决真实生活的问题中去。

在写素养目标时，老师们要思考这个单元和学生的真实生活有什么联系。学科不同，联系的方式可能会有所区别。比如在制定写景单元的素养目标时，教师要想想学生在什么样的场景中会写景，或者真实生活中学生接触到的写景文章是什么样的。老师们会发现现实世界中写景的文章常常是会配图的，无论是国家地理杂志中的写景文章、介绍各地民宿的软文，还是微信朋友圈里发的旅行见闻。因此，素养目标可以是"能够理解写景文章的选材和构思，并学会鉴赏。同时可以根据特定的对象和目的选取合适的写景素材，初步学会以图文并茂的方式展现景物的独特之处"。素养目标和单元大概念也常常相互对照调整，比如我们在撰写素养目标时意识到现实世界中大部分写景文章都是图文并茂的，因此会在单元大概念中增加一条："图和文作为表现方式，各有所长，尤其是景观的美体现在布局、明暗、人文等多个维度，因此用图文结合的方式更加有效。"

（4）其他具体单元目标的写法

"其他具体单元目标"不一定所有单元都有，如果这个单元有很难归入大概念的低阶思维或单一技能等，可以列在具体单元目标里，比如常见的识字、计算、工具操作等。但需要指出的是，即使是识字也有大概念——"文字是在人类长期的社会生活中形成的，它具有一定的规则和规律"，从而让学生去理解象形字、形声字和会意字的分类，以及不同字的构成特点，在此基础上让学生再去练习写字会起到事半功倍的作用。但像识字的大概念基本贯穿在所有的语言文字学习中，不一定每次都要写这一大概念，因此就可以在"其他具体单元目标"中列出。

3. 单元目标设计的样例

从第二章提及的单元类型来看，我们知道常见的分类有宏观单元、中观单元和微观单元，隐性单元和显性单元，知识单元和过程单元，以及学科单元和跨学科单元。当然，根据实际教学的需要，最常见的是微观的学科单元目标，当前跨学科学习也受到关注，因此我们这里按学科单元和跨学科单元分别给出了示例，如表3-8和表3-9所示。值得一提的是，在"时间的测量"这个单元的目标中也包括了"实验"大概念，和教材中其他涉及实验的内容组成了实验的隐性单元。

表3-8　学科单元目标撰写示例

素养目标
能够理解工具对人类的意义，具有自觉运用工具的意识。培养设计思维，能站在用户的角度，从多个维度来考虑工具的合理设计。理解工具是一种物化的技术，要依据特定的科学原理来考虑工具的选材和构造。

单元大概念	具体单元目标
1. 计时工具能够拓展人类时间管理的能力，满足时间管理的需求。	1.1 理解人类对时间管理的需求，找出具体的场景。 1.2 对比有无计时工具的人类生活。 1.3 体会工具对人类生活产生的重大影响，具有自觉使用工具的意识。
2. 人类的计时工具经历了一个发展的过程。	2.1 了解计时工具出现的前后次序，并阐释原因。 2.2 梳理现代社会哪些计时工具已经被淘汰，哪些计时工具仍在使用，并阐释原因。 2.3 体会人类不断创新的精神和科技进步对人类生活的影响，树立创新意识。
3. 计时工具的设计要具有用户思维，符合特定情境中人的需求。	3.1 了解具体情境下不同用途的计时工具的设计要求不同。 3.2 归纳计时工具设计的要求，首先要看性能，包括精确、稳定，但同时也要考虑外形、成本等。
4. 计时工具的设计和制作符合特定的科学原理。	4.1 分别阐述太阳钟、水钟（沙钟）、机械钟的设计和制作的原理。 4.2 理解不同的科学原理对每一种计时工具在材料和结构上的要求。 4.3 制作一个一分钟计时器。
5. 实验是根据研究问题提出假设，利用一定的设备和方法，尽可能排除无关因素，探讨因变量和自变量的关系。	5.1 通过观察等方式发现问题，并有根据地提出研究假设。 5.2 理解实验是一种分析因果关系的研究，要确定自变量和因变量，分析"摆的研究"的变量。 5.3 考虑如何在实验研究的设计和实施中尽可能排除无关变量，从而使实验结果更加准确。 5.4 学习用表格等方式记录实验数据，并进行汇报。

其他具体单元目标
知道时间间隔和时刻的不同内涵；了解在阳光下物体影子的方向和长度会慢慢变化；学会操作控制滴漏的速度……

表3-9 跨学科单元目标撰写示例

素养目标
能够在不同的情境下，根据不同的目的、对象和需求来形成解决问题的思路。能够理解分类，具有灵活分类的意识。初步了解配色的原理，培养对色彩以及搭配的敏感度。了解审美的差别，达成国际理解。学会分析物品的构成，并能动手制作，体会完成作品的成就感。

层面	单元大概念		具体单元目标
跨学科层面	大概念1：问题解决层面的大概念。	任务的明确常常要综合考虑外部因素和内部因素。外部因素包括客户的需求、社会发展的趋势等，而内部因素则是指团队或个人的自身条件、兴趣特长等。	1.1 认识到风筝的设计和制作具有不同的用途和风格，能明确区分不同类型的客户需求。 1.2 能根据具体要求设计一个反映中国特色的时尚风筝。
	大概念2：思维方法层面的大概念。	分类是按照一定的标准，将事物划分成不相交叉和重叠的若干类别的思维方式。同样的事物可以按不同的分类标准划分为不同的类别。	2.1 领悟到按照色彩、形状、功能等不同标准可以将风筝分为不同的类别。 2.2 能通过不同的分类方式拓宽对风筝的理解，激活风筝设计的思路。
学科层面	大概念1：美术的大概念。	实用物品的配色与用途相关。	3.1 理解色彩对人的心理影响。 3.2 掌握色彩的搭配原理。
		地域审美喜好具有差别。	3.3 比较各国的风筝配色和图案的不同。 3.4 理解和尊重不同文化下人们的审美差异。
	大概念2：科学的大概念。	外界环境影响人造物品的设计和制作。	4.1 明确风筝的构成要素及各部分功能。 4.2 理解风筝这一类物品对外界环境的依赖性。 4.3 能使用科学、有效的方法进行风筝制作。

其他具体单元目标
学会操作钳子、剪刀、美工刀等简单工具；学会扎制、糊面、绘制等操作技能……

　　虽然微观单元的目标写作最为常见，但也建议老师们尝试撰写宏观或中观单元的目标，这样有助于我们把握更上位的目标。如表3-10就是从小学到高中实用文写作的宏观单元目标。

表3-10　宏观单元目标撰写示例

素养目标	
能够根据不同的目的和对象，在各种不同媒体上撰写正式或非正式的实用文，在高效传递信息的同时与他人建立良好的关系。	
单元大概念	**具体单元目标**
大概念1：实用文是为了解决生活中不同类型的问题，在长期的社会实践活动中形成的一种文体。	1.1 认识到实用文具有不同功能，能区分不同类型的实用文，如留言条、通知、寻物启事、倡议书、信件、策划书、演讲稿等。 1.2 能根据具体的问题情境选择和使用合适的实用文类型。 1.3 能根据不同的媒体和场合调整实用文的格式。
大概念2：实用文要服务特定的对象，在不同媒介中考虑内容传达的清晰正确性，以及情感上的可接受度。	2.1 领悟到对象不同，实用文的具体写法会有区别。 2.2 能根据对象的不同，灵活调整实用文的具体写法。
大概念3：实用文一般要求快速、准确、完整地传递关键信息。	3.1 理解统一同类型的实用文格式是为了方便读者快速获取所需信息。 3.2 能使用精练、正确的语言进行实用文的写作。

4．目标设计的详略调节

在撰写单元目标时，目标的详略程度可以根据需要进行控制和调节。这里既包括目标设计与单元整体设计的另外两个步骤，即过程设计和评价设计之间的互相调节，也包括目标设计内部的互相调节。

目标设计与过程设计的详略调节。比如在撰写技能目标时，可以详尽地把步骤写出来，从而使目标更加明确，比如"能分析具体的任务要求，选定主题并确定合适的说明文类型，搜寻和筛选资料并加以整合，并根据类型采用不同的说明方法正确地加以表达"。当然，这些详尽的步骤也可以体现在过程设计中。

目标设计与评价设计的详略调节。比如上面这条说明文的大概念在目标中就已经对作品进行了详细描述，也可以将对具体作品的要求放到设计评价中。如"完成一篇关于水资源消耗量的公众号推文，要求运用多个统计图呈现最新的研究成果，分别呈现原始数据两个维度以上的结构特征，同时通过图、表、文字的呈现，做到图文并茂，使研究成果通俗易懂"，而这里对具体作品的要求也可以放到评价设计中。

单元大概念与具体单元目标的详略调节。根据不同的详略写法有以下几种情形。

情形一：详写单元大概念，略写具体单元目标。比如"1. 说明文往往要科学地帮助人们了解一定的事或物，因此要运用一些说明方法。不同说明方法的用途有所区别，如列数字等方法是为了更精准地表达，而举例子、作比较和打比方则是通过将陌生的事物熟悉化，从而更具体生动地表达"和"1.1 理解说明文与散文等文体的不同，说明文具有科学性；1.2 学会根据不同的说明目的选择合适的方法"。

情形二：略写单元大概念，详写具体单元目标。比如"1. 说明文具有科学性，可以根据不同的目的划分为不同的类型，要选择合适的说明方法进行正确地表达"和"1.1 理解说明文与散文等文体的不同，说明文具有科学性；1.2 学会根据不同的说明目的选择合适的方法；1.3 理解列数字等方法是为了更为精准地表达，并学会正确运用列数字方法；1.4 理解举例子、作比较和打比方是为了更为具体生动地表达，学会区分这三种方法，并能正确运用"。

情形三：可以将单元大概念进行拆分。比如上述单元大概念可以拆分为"说明文往往要科学地帮助人们了解一定的事或物，具有科学性"，"说明文根据不同的目的可以划分成不同的类型"，"不同的说明方法的目的有所区别"。

从目标设计的详略调节也可以看出目标撰写是多样的，并不是只有一种标准答案，可以根据个人偏好和具体情况进行灵活调整。

大概念教学的评价设计

第四章

如果我们拿铺屋顶来作比喻，以往的评价就像随机选取一些瓦片样本进行检测，从而推测所有的瓦片都是完好的，殊不知零碎的瓦片本身用处不大；而大概念教学的评价设置的一个个真实性问题情境就像一大块一大块的石板瓦，有机整合了一块块小瓦片。

一 | 整合性评价逻辑与大概念

评价设计紧接目标设计，成为单元设计的第二部分，也就是我们所说的"评价设计"前置，这和我们以往习惯的目标→过程→评价的序列不太一样。有人质疑还没有教，怎么就要评了，这其实是混淆了"评价"和"评价设计"。评价设计不是具体的评价行为，而是要思考如何设计与目标相配套的评价，只有这样才能保证目标的落实。因为评价对于教学是非常重要的，倘若评价和目标不一致，那么师生很有可能还是跟着评价走，比如将目标定位于素养，但实际的评价是考查对知识点的掌握，这就难免导致教学的重点集中在知识点上。

（一）两种评价的逻辑：终结性和整合性

无论是哪种教学，都少不了评价，但因为所对应的目标不同，评价的做法就会大相径庭。罗日叶（2011）提出评价的两种逻辑，即终结性逻辑和整合性逻辑，并以铺屋顶来类比这两种逻辑。

1. 终结性逻辑：用瓦片铺屋顶

所谓终结性逻辑是指知识与技能就是学习的终结性目的，而评价的方法就是抽测知识与技能，看学生是否掌握。罗日叶（2011）[127] 作了一个很形象的比喻，就是铺屋顶，知识与技能就像一块块瓦片，评价就是随机选取一些瓦片进行检测，如果没问题，就说明屋顶铺好了，如图 4-1 所示。

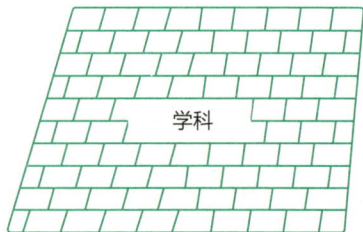

学科

图4-1 终结性逻辑下的评价比喻

以往我们使用的"双向细目表"（如表 4-1 所示），即以知识点和认知水平（一般分为识记、理解和应用）为两维来构建评价框架，就反映了这种终结性逻辑。而这里最大的问题是这样的评价只能反映学生是否掌握了零碎的知识与技能，但不能有效反映他们是否能利用这些知识与技能去解决问题，因此不能反映素养。"它过于关注学生在知识点上的认知，缺乏对事物或现象的整体认知和思考，缺少知识整合和综合运用。这种评价框架不适用于学科核心素养的测评。"（杨向东，2018）终结性逻辑下的评价也无法联结学校教育与现实世界，零碎的知识与技能很难迁移到真实生活中去，"所有这些都使一些教育行动者（学生、教师、家长）产生了这样一种认知，即学校的作用就是带来一整套知识，这些知识大部分只在学校背景中有用处；或者针对这些知识，我们明确或隐晦地向学生传递这样的信息：'你以后会看到这个知识有什么用处'"（罗日叶，2011）[21]。

表4-1 双向细目表形式的评价框架

	知识点 1	知识点 2	知识点 3	知识点 4	知识点 5
识记					
理解					
应用					

2. 整合性逻辑：用石板瓦铺屋顶

针对终结性逻辑的弊病，罗日叶提出了整合性逻辑。它和终结性逻辑最大的区别就是引入了复杂情境，考量学生能否在情境中应用知识与技能。同样是铺屋顶的比喻，整合性逻辑用一大块一大块的石板瓦来铺，如图 4-2 所示。（罗日叶，2011）[132] 罗日叶认为，比起象征着知识与技能的一块块小瓦片，石板瓦喻示着用情境整合知识、技能以及情感等所形成的

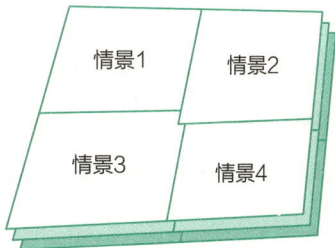

图4-2 整合性逻辑下的评价比喻

素养，这对于学生未来解决问题来说是更重要的意义单位，"联结地调动若干知识、知做技能和知存态度"（罗日叶，2011）[129]。

而且整合性逻辑认为素养的形成不是单一情境就可以完成的。斯皮罗的认知弹性理论以"纵横交叉形"的隐喻来描述这一现象，他认为该隐喻暗示"来自不同方向的复杂主题通过非线性、多维度的穿越，在不同的场合又返回到概念图形的同一地方……这将培养一种适应结构不良领域的认识论信念的结构，提供一套弹性知识呈现的技能，这些技能可随时随地用于知识集合的建构，以适应未来在该领域中知识应用的多样化案例的需要"（斯特弗 等，2002）[75]。因此，整合性逻辑下的评价常常由情境族构成——所谓的情境族是指围绕一个或几个大概念的一组情境，情境既要全覆盖，同时也不能太过重复。从屋顶隐喻来看，就是既要避免屋顶存在太大的窟窿，同时也要避免石板瓦之间有过多的搭叠。（罗日叶，2011）

（二）真实性问题情境的引入

整合性逻辑下的评价往往依托于一个个情境，这里的情境往往是真实性问题情境。从 20 世纪 80 年代末开始，学习概念发生了从"获得"到"参与"的隐喻转换（Sfard，1998），也就是说学习是在人与情境的互动中建构的。如前所述，教育教学的最终目的是使学生在未来可以成功地解决真实情境中的复杂问题，既然目的指向的是"为了真实情境"，那么学习就应该"根植于真实情境"。因此，有必要在学校教育中引入真实性问题情境。真实性问题情境不仅应该渗透于教学过程，同时也应该进入评价，从而引导教学和学习。

如前所述，素养的核心是真实性，而真实性的最根本属性就是"情境性"（Greeno，1998）。然而当前的学习是去境脉化[①]的，去境脉化的学习往往让学生获得一种只适用于学校情境的"惰性知识"。那么，为什么去境脉化的学习会形成惰性知识呢？具体有以下两方面的原因。

---

① 指脱离具体情境的抽象学习。

1．未能让学生体会到解决问题的价值

动机，特别是内在动机，对人的持续性学习来说很重要，这已经成为学者们的共识。然而，动机是如何维持的？布鲁纳（1989）指出，单靠好奇心是远远不够的，因为好奇心往往是"短暂、表面和易变的"。因此，他提出了胜任力（competence）的概念。胜任力常常是在与环境互动的过程中产生的，特别是当学生面对充满不确定性的情境，完成了一个具有挑战性的真实性任务时，就会感到由衷的满足和自信，这会促使他们去挑战下一个任务。

而焦尔当则直接提出了动机公式，即"动机＝需求 × 价值"。动机这两个组成部分和布鲁纳所提的好奇心和胜任力是相关的，可以说好奇心是需求的重要组成部分，价值则对应于胜任力。焦尔当（2015）对需求和价值作出了详细阐释，需求是指人的自然需求（包括生理需求、安全需求、归属需求、尊重需求、自我实现的需求）。如果说需求一直为人们所重视，那么我们对价值的认识还不够。价值既包括自我价值（对自我的价值认识），也包括学习价值（对学习的价值认识），且这两种价值相互关联。需要指出的是，这里的价值是境脉化的，也就是要与环境关联思考价值，某个学习行为对环境的影响越大，学生感受到的学习价值就越大。而当学生切实感受到学习价值和意义时，他们会有更明确的行动意愿，努力克服困难，在完成任务时自我价值也会得到提升，从而持续性地开展探究。老师们也会发现，越是真实的任务，学生的兴趣越大。

而当前存在的问题是教师提供的问题常常缺乏"价值"，致使学生体会不到学习价值，这也会影响学生的自我价值。鲍尔斯费尔德（Bauersfeld）在谈论数学教育时提到"太多的学生形成了只能对付那些简化了复杂性的问题的途径和策略。……更糟的是，这对于学生自我概念、自信心和个性特征的形成产生了毁灭性的影响"（斯特弗 等，2002）[109]。而且，当课堂上传授的是"权威"的专家结论时，学生总体来说处于被动的状态，很难拥有真正的主动权，他们意识到自己是在接受"知识"，而不能创造"知识"，这对他们认识自我价值也是一种打击。

2. 没有让学生经历完整的问题解决过程

问题（problem）一词起源于希腊语"problema"，原意是障碍、阻力，给人造成困惑。杜威（2015）提出了经典的思维五步法，即发现（感受）问题→界定问题→提出假设→进行推理→验证假设，其中"发现（感受）问题"和"界定问题"是问题解决过程中的重要步骤。然而，在学校教育中，这两步常常被忽略。罗日叶则用隐喻更生动地阐释了这个现象，他将问题解决的过程简化为发现问题（需要）→界定问题（表述）→解决问题三步，并以番红花的双层球果为喻体，将日常生活中的问题解决过程比作盛开的番红花，如图 4-3 所示（罗日叶，2010a）[9]，即由真实的需要引发问题探究。因此，发现问题、界定问题和解决问题的过程与结果是多样的。而他将学校教育中的问题解决过程比作收拢的番红花，如图 4-4 所示（罗日叶，2010a）[10]，即由知识点教授的需要来

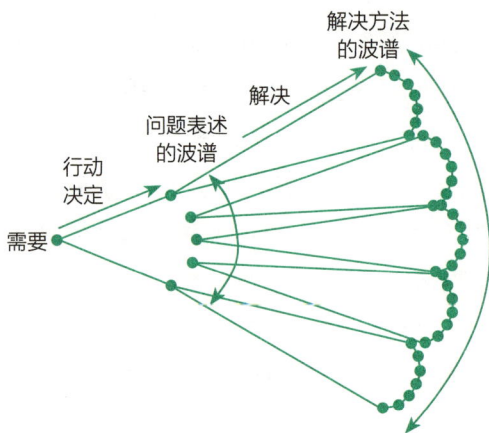

图4-3 日常生活中问题解决过程的番红花比喻

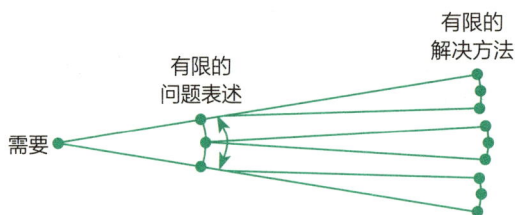

图4-4 学校教育中问题解决过程的番红花比喻

"制造"问题。因此，发现问题、界定问题和解决问题的过程与结果是有限甚至单一的。更严重的是，学校教育中"发现问题"和"界定问题"这两步往往是由教材和教师代为完成的，剩下的一步"解决问题"虽然表面上看起来是由学生完成的，但实际上也是按照教师的指示一步一步去做的。

然而，专家的知识是条件化的。所谓的"条件化"是指他们知道何时何地运用何种知识，这在很大程度上表明专家能在具体的情境中发现问题和界定问题。换言之，正确解决问题的前提是在现实世界的场景中发现和界定问题。比如，科布（Cobb）等曾经做过一个实验，让学生比较两种小轿车（厢式和双门厢式）的刹车性能。对照组学生不做任何提示，实验组学生则被提示他们要考虑将这个数学问题放置到现实世界的场景中加以思考。对照组的学生大多"很自然"地采用计算"平均数"的方法，得出双门厢式轿车的刹车性能较好。而实验组学生则从真实生活出发重新界定了问题，他们认为刹车性能主要是出于安全考虑，恒定性是更重要的，从这个角度来看，厢式轿车的滑行距离最小值和最大值的差距较小，因此得出的结论是厢式轿车的刹车性能较好。（索耶，2010）

这让我想起了几年前在一次小学数学骨干教师培训中发生的一件事。参训学员都是很优秀的小学数学老师，我请他们四人为一组一起做一下 PISA 测试[①] 的数学题。拿到题后，这些数学老师都惊呼"哇，这些题好难"，但我请他们再仔细看看这些题目，过了 5 分钟，这些老师再一次惊呼"哇，原来那么简单！"，他们很快就给出了正确答案。

反思他们的两次惊呼：第一次惊呼"难"，是因为所有的题目都有一个真实性问题情境，和书本上那些一目了然的应用题不一样，需要自己去发现问题和界定问题；而第二次惊呼"简单"，是因为涉及的数学知识与技能并不难，因此当发现问题和界定问题后，问题就迎刃而解了。

学校教育中，学生不仅很少有发现问题和界定问题的机会，而且面对的现成问题还常常是良构问题，即目标、条件和途径三个要素都很明确的问题。因此"发现问题→界定问题→解决问题"三步往往是清晰和顺畅的。而现实世界中却存在着大量的劣构问题，即三个要素中有一个及以上的要素是不明确的。

---

① PISA测试指国际学生评估项目（Programme for International Student Assessment，简称PISA）。

因此，需要引入真实性问题情境让学生自己学会从纷繁的现实世界中去发现问题和界定问题，在此基础上学会解决问题。这样，当他们未来步入真实生活时，就不会面对复杂的问题感到无从下手了。

（三）真实性问题情境的特征

真实性问题情境是指在学校教育中为培养学生未来解决现实世界中问题的素养而创设的、具有"真实性"的问题情境。

真实性问题情境在项目化学习中也被称为"驱动性问题"（driving question），而评价中表现性任务往往也蕴含真实性问题情境。但这里要指出的是，真实性问题情境的本质特征是真实性而不是真实，它具有开放性、复杂性、多元性和限制性的表现特征。

1. 真实性问题情境的本质特征是"真实性"而不是"真实"

希尔（Shiel）认为问题情境表现为一个连续体，"在连续体的一端是完全真实的学习任务"，"连续体的中间是现实世界表现性任务"，"连续体的另一端是需要应用知识和技能的基本任务"（希尔，2019）[12]。在她看来，问题情境可以从"不真实"过渡到"真实"。但实际上，真实性问题情境和非真实性问题情境是有本质区别的，因此不能说是一个连续体。两者的本质区别在于问题情境设计的目的是否是"为了真实"，也就是我们所说的"真实性"。真实性问题情境的目的是使学生形成未来解决现实世界中问题的专家素养，而非真实性问题情境常常是为了传授专家结论而人为制造出来的。

值得一提的是，真实性和真实是不能画等号的，尽管一般而言，真实的都具有真实性。真实性问题情境是"为了真实"，也就是说它必须包含真实的特征，但是不代表它必须是真实的，甚至从教学的角度来看，有学者认为不是越真实越好。范梅里恩伯尔和基尔希纳给出了运用模拟问题情境而非真实（现实）问题情境的理由：①能控制提供给学习者任务的先后序列；②有给各项任务提供更多支持与指导的更好的机会；③在完成任务时避免出现不安全和危险情况；④加快或放缓完成任务的进度，降低完成任务的成本；⑤创建在现实世界中很

少出现的任务；⑥创建那些由于物质或资源有限而不太可能实际发生的任务。（范梅里恩伯尔 等，2015）

可以说，模拟问题情境一方面从客观条件上看，具有成本低、风险小和可能性大的优点。另一方面，从学习的角度来看，它还能更好地激发学生学习的兴趣，遵循学习的规律，控制学习的进度，以便为学生提供必要的帮助和支架，更利于学生在解决问题过程中发展素养。

比如下面这个案例是用灰姑娘的故事改编的真实性问题情境，它不是"真实"的，但却具有"真实性"，因为它是围绕"材料的选择、组合和改造要根据具体的需求来定，要考虑软硬度、性价比、耐用性、密封性等各项指标"这一大概念来设计的。

> 王子用水晶鞋找到了灰姑娘，然而其中一只水晶鞋却被因嫉恨而发狂的后母摔碎了，同时后母还恶毒地诅咒灰姑娘和王子的婚姻也会破碎。王子想给灰姑娘办一场盛大的婚礼，而这场完美的婚礼要有一双完美的公主鞋，但宫里的能工巧匠却对修复那只水晶鞋束手无策。于是王子找到了民间的一个智慧鞋匠，鞋匠劝说王子自己做一双鞋。因为水晶不是做鞋的好材料，鞋匠的屋子里有十种材料，请同学帮王子一起来找到这些材料并为灰姑娘设计一双鞋。（Talaue et al.，2015）

同时，范梅里恩伯尔还提出了三种逼真度，即心理逼真度、功能逼真度和物理逼真度。"心理逼真度"是指模拟问题情境复制真实问题情境中所经历的心理上的相似度，比如通过电脑模拟场景学习开车等。"功能逼真度"是指模拟问题情境以类似于真实问题情境中的方式发挥作用的相似度，比如师生扮演客户对设计方案进行评论。而"物理逼真度"是指模拟问题情境在"看""听""摸"，甚至"闻"方面，与真实问题情境的相似度，比如亲身进入现实场景中完成真实的任务。（范梅里恩伯尔 等，2015）从逼真度由低到高的序列来看，一般都是先有心理逼真度，再增加功能逼真度，最后有了物理逼真度，就和真实或现实的情境非常接近了。或者可以说如果有物理逼真度，一般都有功能逼真度和心理逼真度，但有心理逼真度不一定有功能逼真度和物理逼真度。

2. 真实性问题情境的表现性特征

如果说真实性问题情境的内核是"真实性"，那么它的外壳，也就是表现性特征有哪些呢？真实性问题的表现性特征和现实世界的问题表现出来的特征相类似，因此我们也不妨从学校教育与现实世界中的问题存在的差异入手。《人是如何学习的：大脑、心理、经验及学校（扩展版）》一书中描述了日常情景与学校情景的三个反差：反差一，学校情景重视个人努力，而日常情景重视团队合作；反差二，学校情景强调"纯脑力劳动"，而日常情景重视"运用工具的劳动"；反差三，学校情景强调抽象推理，而日常情景强调"情境化推理"。（布兰思福特 等，2013）

再结合威金斯和麦克泰格提出的真实性问题情境的三个特点[1]（威金斯 等，2017），以及李维斯提出的真实性任务的十个特点[2]（Reeves et al., 2002），我们认为真实性问题情境应该具备以下四个表现特征。

（1）开放性

真实性问题情境常常是根植于现实世界的，而不是隔离于现实世界的，因此，它必然是开放的。表现为：

条件开放。学校教育中影响问题解决的条件常常是显性的、静态的、现成的、清晰的，现实世界中影响问题解决的条件、信息则是多种多样的，并且形态各异。表现为有些是显性的，有些是隐性的；有些是静态的，有些是动态的；有些是现成的，有些是待获取的；有些是清晰的，有些是模糊的；等等。比如以情境"疫情期间小莉安排室友的每日食谱"为例，不仅要考虑"冰箱中呈现的食材种类和数量"这类清晰的、显性的、静态的条件，而且还要考虑"每样食材的腐坏速度不同""吃零食等影响食量"等这类模糊的、隐性的、动态的条件。[3]

资源开放。现实世界中解决问题的资源是开放的，这里的资源主要包括物的

---

① 具有现实的意义；具有复杂的情境脉络；有开放的学习环境。
② 与真实生活相关联；包括复杂的不明确问题；促使学生调动多学科领域的知识和技能；目标的达成需要持续性的探索；学生有机会调用多种资源和观点来界定问题；通常需要和他人合作完成；提供自我表达的机会；允许出现不同的问题解决过程和结果；包括过程性和结果性的评价；允许对结果进行多元解释。
③ 该情境由浙江大学蔡小瑛设计。

资源和人的资源。物的资源主要是指工具的资源，在学校教育中学生的工具使用常常被限制，而真实性问题解决往往需要使用工具。除了传统的工具，如图书、报刊等，还有现代工具，如电脑等，方便学生查阅各种资料。人的资源主要是指与他人合作。在现实世界中，解决问题常常不是个人行为，而是团队行为。因此，真实性问题常常需要和他人合作来共同解决。

反馈开放。现实世界的问题解决常常是有"客户"或"对象"的，因此在真实性问题情境中也常常会得到各方的反馈意见，反馈是常见和必需的。反馈不仅来自客户，也可能来自同伴和自我。值得一提的是，真实性问题情境中的对象既可以是真实的，也可以是模拟的。比如，在给杭州亚运会写宣传词这一情境中，小学生写的宣传词很难得到这一情境的"真实的对象"亚委会的反馈，但是可以放到朋友圈里由同学、家长和老师这些"模拟的对象"进行点赞和反馈。

（2）复杂性

也正因为真实性问题情境是开放的，与外界环境始终保持交流，这也决定了它必然是复杂的。乔纳森（2015）等描述了影响复杂性的五种外部因素，即从问题的产生到解决过程的复杂性，领域知识概念间的关系复杂性，问题空间中隐含着的不透明和不清楚的因素，问题解释的异质性，解决问题方案中体现的学科交叉性和动态性。这些因素可以归结为两种复杂性，即解决问题背景知识的复杂性和解决问题过程本身的复杂性。伍德也从行为和信息的角度描述了三种问题复杂性，他的描述更为清晰，即组成复杂性（解决问题所需要的多种行为以及做出这些行为需要的多样化信息）、协调复杂性（各种解决问题行为以及信息之间关系的协调）、动态复杂性（随着时间的变化，各种解决问题行为和信息发生的各种变化）。（Wood，1985）因此，问题解决的复杂性在很大程度上就是要从纷繁变化的信息中辨别、梳理出主要信息，从中发现问题和界定问题，同时利用各种条件和资源解决问题，并在过程中根据信息的变化和行为的推进不断调整已有方案。复杂性在前面的情境"疫情期间小莉安排室友的每日食谱"中就有很好的体现，不同的食材既构成了"组成复杂性"，同时也有"协调复杂性"和"动态复杂性"。

（3）多元性

现实世界的问题解决往往具有多元性，这一方面是因为现实世界的劣构性所致，也就是说目标、条件和途径往往需要人们自己去界定和寻找，并且资源、条件等都是开放的，所以有无限的可能。而学校教育的良构问题解决常常已经规定好了目标、条件、途径，因此问题解决是有限的或者唯一的。而且，现实世界的问题也常常有不同的类型，比如设计问题在一定程度上就是要追求与众不同，和前人不一样。另一方面，现实世界的问题解决给人很大的空间，每一个人以及团队的兴趣专长、过往经历、能力水平、拥有资源等都会影响问题的解决，因此问题解决必然呈现出多元性。以情境"设计一个高校招生的宣传视频"为例，不同团队对宣传视频的理解、对高校的认知、兴趣偏好、特长、拥有的资源等决定了他们做出来的视频的内容、形式和风格可能都是不一样的。

（4）限制性

现实世界的问题情境常常是有限制的，包括时间、空间以及资源等方面的限制。比如处理案件时，警方需要迅速行动，进行现场取证。不仅如此，限制性还表现在条件与条件之间的矛盾和冲突。比如招聘工作中，很难存在一个在"背景、经历、能力"等方面都最佳的"完美应聘者"，这时就需要比较和权衡。因此，真实性问题情境的解决方案常常是相对"最优的、可行的"，而不是"完美的、唯一的"。

二 | 真实性问题情境的设计

真实性问题情境如何设计？完整的真实性问题情境设计包括以下六个步骤（如图4-5所示）。

（一）确定问题情境的目标

真实性问题情境的设计指向素养，以及迁移能力的培养，而素养要建立在

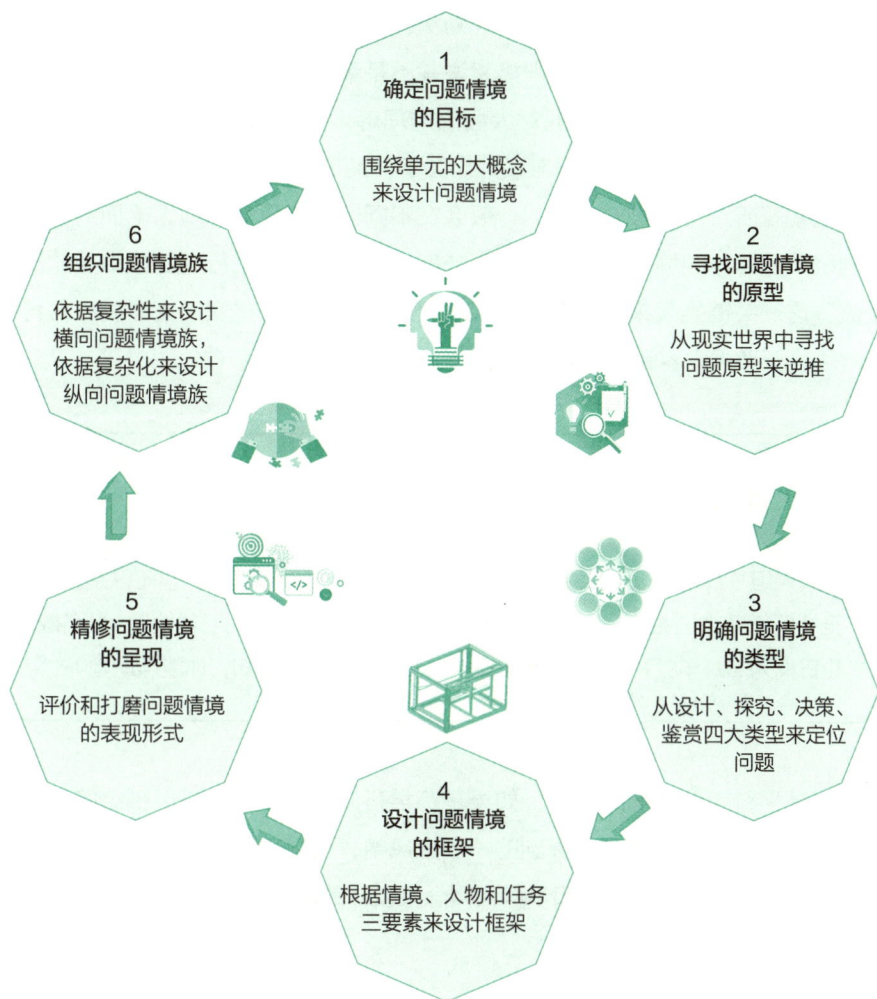

图4-5 真实性问题情境的设计步骤

大概念的基础上，因为真实性问题情境如前所述，具有开放性、复杂性、多元性和限制性，很难机械重复地使用现成的专家结论，所以只有理解了大概念，学生才能像专家一样思维，并创造性地解决真实性问题，在具体情境中激活并灵活运用知识、方法和技能。因此真实性问题情境围绕的目标是"大概念"，而不是"知识与技能"。但是真实生活中的情境有时也会涉及一些基本的知识与技能，因此需要加以辨别。以情境"为了培养更好的理财习惯和饮食习惯，婷婷最近在坚持记录自己的收支情况，并附上她上周的收支情况记录。请问上周她分别在奶茶和水果上花了多少钱？"为例，尽管这个问题情境是真实的，但它却指向简单的计算能力，所以严格来说并不是真实性问题情境。问题情境要紧密围绕素养目标来设计，体现对大概念的理解，这样才能逐步达成素养目标，也可以直接围绕"关键挑战"来设计。关于"关键挑战"在第二章已有所论述，它是指素养所对应的核心任务，一般会在不同情境中反复出现。下面的情境就是围绕"在具体的情境中与某个个人或群体就某一目的进行书面或口头的沟通交流"这一关键挑战来展开的，体现学生对学科大概念"实用文需要服务特定的对象，要考虑内容和情感的合理表达"的理解。[1]

> 蕾蕾是新入职的锦都花苑社区的宣传工作人员。社区为增强居民的锻炼意识，计划在2021年9月12日举办羽毛球大赛，分为青少年组（12—20周岁）和成人组（21周岁以上），报名方式既可以是线上填报申请表，也可以是线下至社区管理中心报名。比赛场地为社区附近的"爱运动羽毛球馆"，报名截止日期为2021年8月30日。蕾蕾要根据以上内容写一则通知，你能帮助她吗？

这是学科问题情境的设计。如果是跨学科问题情境，就可以围绕跨学科大概念进行设计，比如第三章提到的"创意风筝，放飞我的中国梦"跨学科学习项目就是围绕跨学科大概念和学科大概念来设计的。

（二）寻找问题情境的原型

1. 预定创设和原型改编

教学中很多的问题情境往往是为了知识点而"制造"出来的，我们称之为"预定创设"，这样创设出来的情境被罗日叶（2010a）称为"伪情境"。情境只是一种包装，学生一眼看到的只是某个知识点，比如"小明买了四箱矿泉水，一箱有12瓶，请问小明一共买了多少瓶矿泉水？"预先设计的情境缺

---

[1] 该情境由浙江大学蔡小瑛设计。

乏真实性，从而失去情境的意义，"情境理论家声称当想法从真实情境中抽离出来，那么它们就失去了意义"（乔纳森，2015）[8]，而且常常会扭曲真实情境，使学生形成错误的认识。因此，设计真实性情境更好的办法是"逆推"，我们称之为"原型改编"，也就是说在现实世界中寻找应用的真实场景或情境，再对真实情境做进一步的修改和打磨。

下面两组情境的创设路径就不同。第一组情境是预定创设，教师在上课时已经教过了"留言条""通知""日记"，于是创设了这组情境让学生来练习。尽管构思巧妙，但一方面，学生会忽略情境，一看就知道要写"留言条""通知""日记"，直奔知识点；另一方面，预先创设的情境会出现很多漏洞，比如田老师外出开会为什么没有事先通知学生并调好课？田老师如何能神机妙算地知道晶晶会来？等等。

情境一：2019年10月23日周三下午第一节是语文课，离上课铃响已经过去了十分钟，田老师却还没到教室。作为班长的你决定去办公室看看。这时，你看到了老师给你的留言条：

聪明能干的晶晶：

老师今天下午1:30—3:30外出开会，今天的语文课请大家自习，并由你管好纪律。另外，学校组织参加秋游的同学明天上午9:00去学校附近的世纪华联购物，需要大家自行准备好一个零钱包（学校会给每个同学准备25块钱）和购物袋，请你帮忙通知大家，统计好参加秋游的人数，并留言告诉我。

田老师

2019年10月23日

请你根据以上信息写一封通知。

情境二：秋游回来后，小雪发现自己的书包被人拿错了。这时，如果你想要尽快帮小雪找回被拿错的书包，你应该帮小雪写一则什么类型的应用文？需要先向小雪了解什么信息？请将你构思的应用文写下来。

情境三：在老师的小助手晶晶的帮助以及家长的配合下，我们进行了一次愉快的秋游，请大家以日记的形式记下秋游的所见所感。

而第二组情境的创设路径则是原型改编，涉及"告居民书""招聘海报""微博公开表扬信""婚礼邀请函"，这些都是在课堂上教师没有讲过的实用文，来自现实世界。[①]教师在上课时以书本上的"留言条""通知""日记"以及补充的其他扩展性材料为案例，让学生充分理解实用文的大概念，并检验他们能否在新的情境中应用大概念。

2020年新年前后，中国经历了非常严重的新型冠状病毒肺炎的肆虐传播，全国人民都参与到抗击疫情当中。现在疫情已经慢慢过去，人们的生活逐渐恢复正常。请你选择其中一个角色，用自己新学的本领来帮助他或她更好地开启新生活：

情境一：A是小区的物业人员，在后疫情时代，小区的住户都非常讲究公共空间的消毒。请你在电梯间设计一份告居民书，既可以每日告知居民电梯及公共区域的消毒情况，又不用每天全部重写。

情境二：B是一家小饭店的老板，在后疫情时代，他的小饭馆要重新开张了。除了他自己当主厨、他的妻子当收银员以外，店里还需要一些人来帮忙。请你帮他设计一份招聘海报，招聘一些店员，让他新开张的饭店红火起来。

情境三：C是一家医院的工作人员，他们医院目前仍在陆续收到一些抗疫物资。现在请你帮他在微博上发布一封公开表扬信，感谢王某给医院捐赠的2000套防护服和10000只医用口罩。

情境四：D马上要结婚了，因为疫情延期的婚礼现在终于可以举办了。请你帮他设计一份婚礼邀请函，请宾客们于2021年5月10日18:00到某酒店来参加他的婚礼，一起分享他的喜悦。

---

① 该情境由宁波市广济中心小学蔡依依设计。

2．寻找原型的维度和渠道

如何寻找问题的原型？从时间的维度来看可以是现在、过去与未来，从空间的维度来看可以是个人与社会（公共、职业）。这里要再次强调的是，真实性问题情境不一定是真实的，尽管大部分真实性问题情境的素材来自过去或现在真实发生过的事件，但也可以是符合现实逻辑的虚构未来。比如"未来之城"（Future City）的全球赛就会结合人类面临的真实挑战（如人口老龄化、能源危机、交通困难等），每年发布不同主题，并请学生设计一个100年后的城市。①

寻找原型的具体渠道可以是日常生活、新闻报道、政策报告、研究成果、历史文献、影视文学等。下面分别进行介绍。

（1）日常生活

日常生活中发生的事件或者场景都可以作为寻找原型的重要渠道，这就需要我们做日常生活的有心人，注意观察和收集。比如下面这个情境的原型就是非洲人生活中使用的一款"蒸汽冷却锅"。②

蒸汽冷却锅能在没有电力的情况下保持食物新鲜，现主要用于非洲国家。将一个小泥罐放置在一个较大的有黏土或织物盖子的罐子里，两个锅之间用沙子填满，这样在内锅周围就产生了绝缘层。定期加入水保持沙子的潮湿。当水蒸发时，内锅中的温度降低。

根据经验，食物如果能够保持在4℃，那就能最大限度保证食物的新鲜，并减少细菌的滋生。请你使用电脑屏幕上的模拟器来改变沙层的厚度和湿度条件，记录相关的数据，研究得出在4℃可以保鲜的最大食物量是多少千克。

---

① 该情境来自"未来之城"项目手册，详见https://futurecity.org/sites/default/files/u7/2020_FCC_EdHandbook_FINAL.pdf。

② 该情境引自PISA 2015年科学测试题。

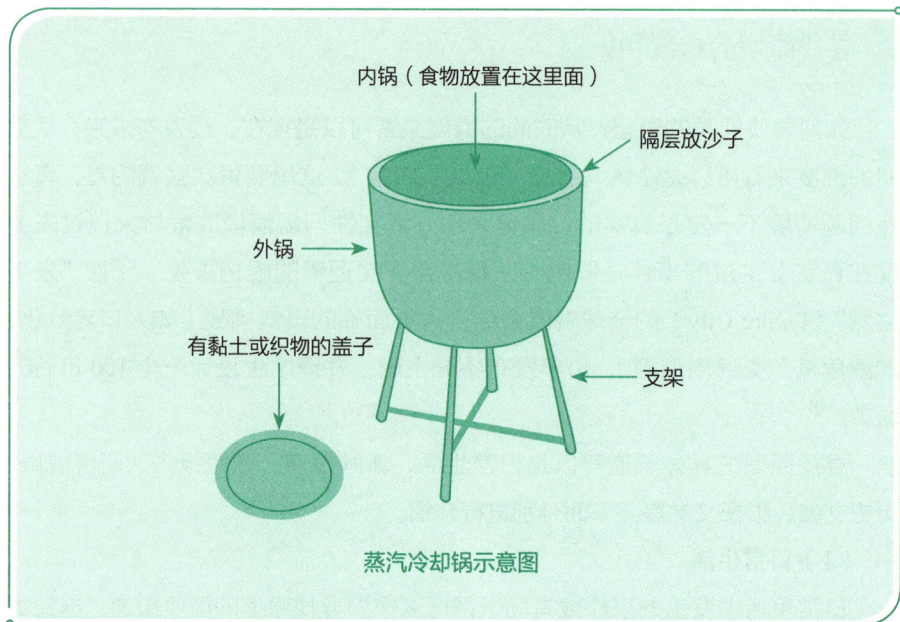

蒸汽冷却锅示意图

内锅（食物放置在这里面）

隔层放沙子

外锅

有黏土或织物的盖子

支架

（2）新闻报道

新闻报道是一种特殊的日常生活，一般来说是现实世界中发生的影响比较大的事件，并通过电视广播、报纸杂志和网络媒体等进行传播。比如下面这个情境的原型就是 2014 年发生的轰动一时的马航飞机失事新闻。[①]

失事之前，马来西亚航空公司的航班370（简称"MH370"）与雷达的最后一次接触点出现在如下页图所示的吉隆坡东北附近。两个小时之后，飞机最后一次与卫星传送信号的地点出现在图中所示的斜线右侧顶端区域。之后飞机就消失了。三个星期之后，MH370飞机的残骸在留尼汪岛附近海域被发现。专家当时建议按照图中所示的绿色阴影区域对飞机进行搜救。你觉得当时专家的建议是否合理？请解释并论证为什么。

[①] 该情境引自：杨向东.指向学科核心素养的考试命题[J].全球教育展望，2018，47（10）：39-51.

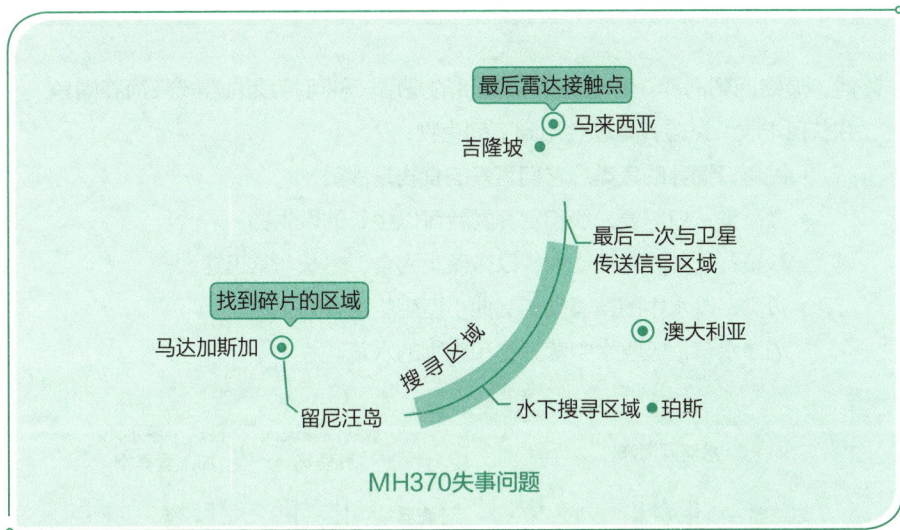

（3）政策报告

政策报告的范围很大。政策一般是指政府机关发布的权威文件，包括一定历史时期内要达到的预期目标、任务要求等，而报告则一般是通过调查研究等方式得出的结论，并向一定人群汇报。政策和报告都有很强的时效性，且对下一阶段的社会发展具有引领性，因此也是寻找原型的重要渠道。比如下面这个情境的原型和世界工程组织联合会、联合国教科文组织和 DiscoverE 发布的《2020 全球工程师调查报告》有关。[①]

> 对海产品需求的不断增加给海洋带来越来越重的负担。《2020年全球工程师调查报告》的结果发现，"陆地和海洋的可持续"已经成为人类社会未来面临的第三大挑战。
>
> 研究者发现要建立可持续的养鱼场主要面临两大挑战，即"养殖鱼类的喂养"和"水质的维持"。如下页图所示，这是由3个蓄水池组成的试验养鱼场设计图。用水泵从海洋抽水进行过滤，过滤后的咸水依此流过蓄水

[①] 该情境引自PISA2015科学测试题。

池，最终回到海洋。养鱼场的主要目的是用一种可持续的方式来饲养鳗鱼并获得丰收。试验养鱼场会用到下列生物：

- 鳗鱼：饲养的鱼类。它们喜爱的食物是沙蚕。
- 微藻类：只需要光线和营养物就可以生长的微生物。
- 沙蚕：一种无脊椎动物，以微藻类为食，生长非常迅速。
- 贝类：以水中的微藻类和其他小型生物为食的生物。
- 沼泽水草：吸收水中营养物和废物的水草。

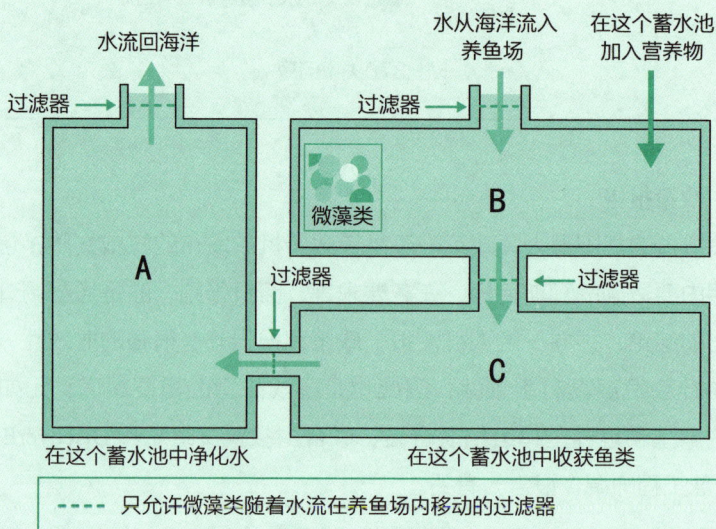

蓄水池示意图

你需要确定以上五种生物应该分别放入哪个蓄水池。要保证鳗鱼能得到食物，咸水流回海洋，并且水质没有发生改变。

（4）研究成果

研究成果一般是指借助一定的研究方法通过研究取得的具有学术意义的创造性成果，主要包括图书和论文两种形式。无论是自然科学研究成果还是社会科学研究成果，都反映了对自然现象和社会现象的深度剖析，往往也体现了专家思维，包含大概念，因此成为寻找原型的渠道。下面这个情境的原型就是艾弗里等人在 1944 年发表的研究论文《诱导肺炎球菌类型转化物质的化学性质研究》。这篇论文和人教版生物学教材高中必修 2 中"基因的本质"的知识相关，其不仅有助于学生理解"DNA 是主要的遗传物质"，同时也有助于他们了解生物学家设计实验的大概念。①

1928年，格里菲斯以小鼠为实验对象所做的肺炎双球菌转化实验表明，已经加热致死的S型细菌，含有某种促使R型细菌转化为S型细菌的活性物质——转化因子。在此基础上，20世纪40年代，艾弗里和他的同事将加热致死的S型细菌破碎后，设法去除绝大部分糖类、蛋白质和脂质，制成细胞提取物。他们将细胞提取物加入有R型细菌的培养基中，结果出现了S型细菌（如下图中第一组所示）。然后，他们对细胞提取物分别进行不同的处理后再进行转化实验，结果表面分别用蛋白酶、RNA酶或活脂酶处理后，细胞提取物仍然具有转化活性（如下图中第二至第四组所示）。而用DNA酶处理后，细胞提取物就失去了转化活性（如下图中第五组所示）。

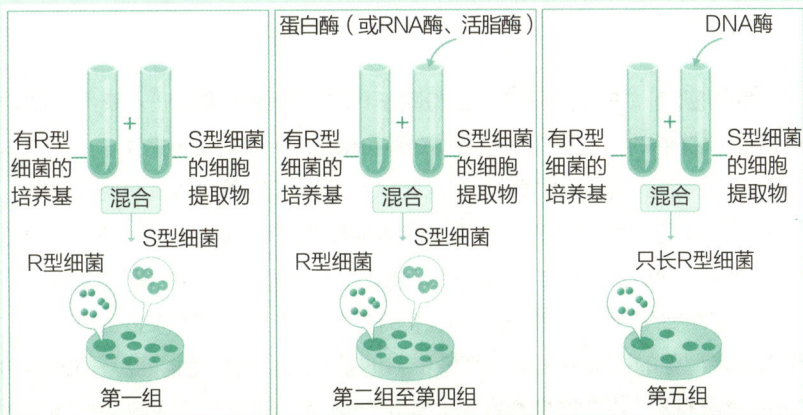

实验示意图

---

① 该情境由浙江大学邵卓越设计，内容原型来自浙江大学附属中学谢世筠的大概念教学实验课，该课由杭州市基础教育研究室徐建忠指导。

实验表明，细胞提取物中含有前文所述的转化因子，而转化因子很可能就是DNA。艾弗里等人进一步分析了细胞提取物的理化特性，发现这些特性都与DNA的极为相似。于是艾弗里提出了不同于当时大多数科学家观点的结论：DNA才是使R型细菌产生稳定遗传变化的物质。

请你梳理肺炎双球菌的转化实验中，能够证明DNA是遗传物质的最关键的实验设计思路是什么。要实现这一设计思路，需要具备怎样的技术手段？这对于你认识科学与技术之间的相互关系有什么启示？

（5）历史文献

历史文献是一个比较宽泛的概念，过去发生的事件记录或评论等都可以说是历史文献。这里从时间的维度提示大家，可以从过去寻找原型，这是一个巨大的资源库，因为已经发生过的往往具有真实性。比如下面这个情境的原型就是美国于 1991—1993 年和 1994—1995 年开展的生物圈 2 号实验。[①]

生物圈2号（Biosphere 2）是美国于1987—1989年建于亚利桑那州图森市以北沙漠中的一座微型人工生态循环系统，为了与生物圈1号（地球本身）区分而得此名。生物圈2号在密闭状态下进行生态与环境研究，帮助人类了解地球是如何运作的，并研究仿真地球生态环境的条件。1991—1993年和1994—1995年先后有两批科研人员进驻生物圈2号，但均以失败告终。

假如需要重建生物圈2号，为人类开辟一种未来生存的人工生态系统，作为未来世界的探索者，请在搜索资料的基础上，论述生物圈2号内的某种能量的循环圈，并尝试推测在这条能量循环圈上导致实验失败的原因，并在此基础上，尝试设计一份应对失败的解决方案。

---

① 该情境由杭州市绿城育华亲亲学校陈燕燕设计，由杭州市基础教育研究室徐春建指导。

（6）影视文学

影视文学是指电影电视或文学作品等。因为影视文学作品的情境往往更具有吸引力，而且影视文学作品的创造也往往是基于现实原型的，所以它也可以作为寻找原型的渠道。下面这个情境的原型就选用了电影《复仇者联盟3》中的灭霸形象。[①]

> 灭霸一个响指后，世界发生了毁灭性的变化，很多人、动物都消失了。目前是灾难重建期，网络暂不能使用，于是很多小区门口都开始出现了灾难信息留言板，并且广播站也重新开放。
>
> A. 你是一个白领，发现和自己多年来相依为命的宠物猫不见了，生死不明，你内心非常焦急，于是决定在留言板上贴上寻物启事。
>
> B. 你是一个学生，灾难发生后找不到你的好朋友了，你们在灾难前刚刚吵了一架，彼此正处于冷战中，但你很担心好朋友的安危，于是向广播站投递了一份广播稿。
>
> C. 你是政府的工作人员，对于这次的灾难你们通过调查已经有了一定的了解，现需要对公众发布一则理性又充满关怀的公告。
>
> D. 经历了灾难的世界处于一片混乱之中，各个部门都在召集志愿者，有人员登记、心理辅导、消息整理等工作。你是一名想要贡献自己力量的热心人士，准备给相关部门写一份申请书或者请愿书。

（三）明确问题情境的类型

从真实性角度来看，问题情境是多种多样的，因为现实世界存在着不同类型的问题，所以需要人们发展出各种不同的素养。

乔纳森（2015）认为，我们要解决问题，首先就要明确不同的问题类型。因此他界定了11种问题类型，即逻辑问题、运算问题、故事问题、规则应用或规则归纳问题、决策问题、故障排除问题、诊断问题、策略绩效问题、政策分

[①] 该情境由宁波市广济中心小学蔡依依设计。

析问题、设计问题、两难问题，并且建构了相对应的问题解决模型。马扎诺和皮克林（Pickering）在其学习五维度中的"有意义地运用知识"里阐述了决策、解决问题、创见、实验探究、调研、系统分析这六种活动类型。（马扎诺 等，2015）波斯纳和鲁德尼茨基提出了探究导向、鉴赏性导向、问题导向、决策力导向、技能导向、个人成长导向这六种问题导向。（波斯纳 等，2010）[53-55]

在以上问题分类的基础上，综合"发现问题→界定问题→解决问题"的问题解决过程的差异和学习难点的不同，我们将问题情境分为四大类型——从真实性问题情境的构成要素来看，问题类型是根据任务的类型来定的。

1. 设计类

设计类的问题情境一般是有目标、有计划进行的创作活动，往往是用户导向的。比如下面这个情境就是要设计一个微景观生态瓶。[①]

生活在钢筋混凝土森林中的人们向往着大自然，办公桌上一个小小的迷你生态瓶可能会为工作的人们带来心灵慰藉。生态瓶或生态缸如同一年四季变化着的舞台，上演着不同的景象：水草的生长与败落、虾的蜕壳与繁衍、气泡的生成与消失、动物尸体的分解等，微空间内反映出不可预知的无限可能变化。同时，这种变化的每一个瞬间都能引发人瓶互动，如观察、补水、修剪、打捞、调整、清理、喂食等。在这种互动中，都市工作者们的压力得到疏解，同时在无形之间塑造了他们热爱生命、尊重生命系统发展规律、爱护环境的情感与品格。

现在你是一个生态微景观设计师，需要为城市白领设计并制作一款可以摆放在格子间办公桌上的生态瓶。这个生态瓶要有优美的微景观与一定的文化寓意，同时具有持久的生命力与稳定性。此外，你还需要为生态瓶设计一份产品说明书，告诉消费者产品工作原理与护理方法。

---

① 该情境由北京十一学校龙樾实验中学林亚设计。

2．探究类

探究类的问题情境一般需要根据研究的目的提出假设，搜集资料并加以分析，在此基础上对假设进行检验，得出研究结论，包括实验、调研、诊断等。比如下面这个情境就是通过设计实验，探究酸雨对不同材料的腐蚀影响。

> 目前酸雨已经成为康涅狄格州日益突出的环境问题。你所在的市政委员会打算在城区竖立一座雕像。你和同伴需要在实验室探究酸雨对石灰岩、大理石、红砂岩和豆砾岩等不同建筑材料的腐蚀影响，并将实验报告提交给市政委员会，以帮助他们为雕像选择合适的建筑材料。请你使用提供的材料完成实验，实验过程中请使用醋模拟酸雨。（宋歌，2017）

3．决策类

决策类的问题情境一般要求对影响目标实现的诸多因素进行综合比较和分析，在对方案进行判断选优的基础上对未来行动作出决定。比如下面这个情境就是要对咖啡店的选址进行决策。[①]

> 林樱在咖啡店做了3年的店员，不仅对咖啡的热爱与日俱增，还积累了很多经营咖啡店的经验。因此，她想辞职开一家自己的咖啡店。然而，创业比自己想象的艰难很多。她首先遇到的难题就是咖啡店选址。她构思了以下三个方案。方案一，在A学校门口开咖啡店；方案二，在市中心的B商圈开咖啡店；方案三，在C住宅区附近开咖啡店。
>
> 请你结合市场实际调研和数据分析，帮助林樱选择一个合适的开店位置。

---

① 该情境由浙江大学邵卓越设计。

4. 鉴赏类

鉴赏类的问题情境是指根据一定标准对文学艺术等作品进行鉴定和欣赏。比如下面这个情境就是让学生给客厅选一幅装饰画，这就需要学生具备一定的美术鉴赏能力。当然，这同时也是一个决策类问题。这也告诉我们，事实上，问题类型常常也是相互交叉的。[①]

> 现在你家的客厅需要换一幅装饰画，爸爸妈妈把这个光荣的任务交给了你，请你选择一幅画，并写一份这幅画的鉴赏报告，同时拍下你们家客厅的格局，说说你选择的理由。

（四）设计问题情境的框架

问题原型常常是杂乱的，如果要将它用于学校场景中，我们还需要对问题原型加以整理，也就是设计问题情境的框架，关键是要用元素来勾勒出问题情境的框架。那么，问题情境应该包含哪些元素呢？威金斯和麦克泰格给出了GRASPS 模型来构架真实性问题，即 G——目标（具体的目标或任务以及可能的困难）、R——角色（担任的角色以及职责）、A——对象（你的委托方、客户或服务对象）、S——场景（面对的具体情境）、P——产品（需要交付的产品）、S——标准（检测产品是否有效的指标）。（威金斯 等，2017）上述 GRASPS 模型中的六个元素实际上就是在现实世界中一个情境所包含的基本元素，因此借助这六个元素也可以还原现实世界的情境。而罗日叶（2010a）则更多地从问题情境写作的角度提出了功能、背景、条件、任务、命令五个构成部分。

综合学者们的观点，我们提出真实性问题情境的三要素，即情境、人物、任务，如图 4-6 所示。

[①] 该情境由东莞市厚街中学李笑兰设计。

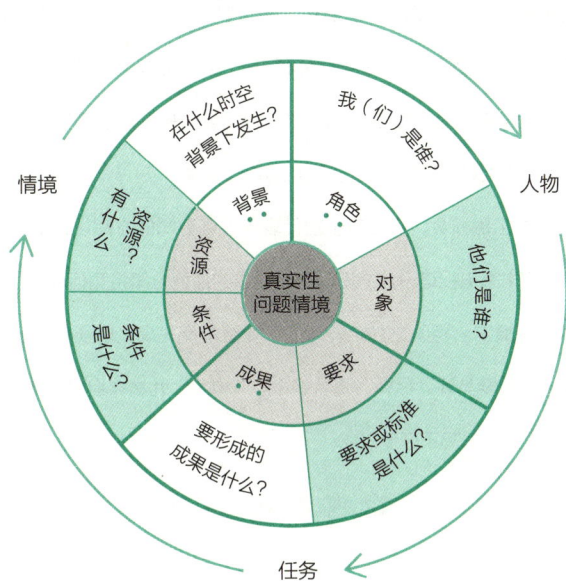

图4-6　真实性问题情境的三要素①

1. 情境

　　揭示问题情境发生的时空场景，连接学生的经验，引发学生的兴趣和困惑，主要包括背景（在什么时空背景下发生？）、资源（有什么资源？）和条件（条件是什么？）。其中，背景是必选项，因为所有的情境都是在特定的时空背景下发生的，有时背景也会揭示出意义。

　　在很大程度上，学生能否挖掘出条件和资源成为是否能很好地解决问题的关键所在。不过如前所述，真实性问题情境的条件类型是多种多样的。罗日叶（2010a）指出了四种需要学生处理的特别条件，即要学生自己去寻找的已知条件、不明显的已知条件、干扰性的已知条件、有待改变的已知条件。只不过条件和资源常常隐藏在背景中，因此条件和资源是可选项。比如图4-7在杭州建电视塔这一情境中，良渚等文化元素都是设计方案时可以挖掘的条件和资源。

———————

① 图中"背景""角色""成果"加点表示其为必选项，"资源""条件""要求""对象"为可选项。

> 为了建设美丽杭州，提升北高峰景点品位，腾出寺院前后空地，修复景点设施，恢复历史上"双峰插云"的景观，原本位于北高峰的杭州电视塔拟将拆除。
>
> 北高峰电视塔新址的四个备选地块分别是钱江世纪城、皋亭山、南庄兜和湘湖。根据民意调查，杭州市民相对更倾向于在钱江世纪城修建新塔。
>
> 为此，市政府举办了招标会，假如各小组代表各建筑公司的方案设计师，请你们为钱江世纪城的未来电视塔设计方案，符合要求的最优方案将竞标成功。
>
> 作为电视塔，在保障安全稳固之外，设计的首要要求便是高，以便更好地接收信号，扩大播送范围，其次要美观。另外，资金有限。（参考：北高峰自身海拔317米，电视塔高10余米，加上天线总高不低于30米）

情境

人物

任务

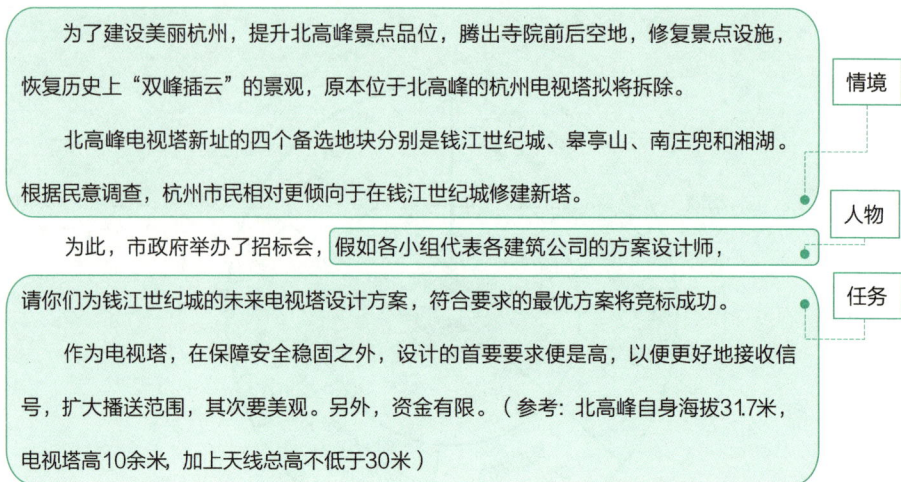

图4-7　真实性问题情境要素分析示例[1]

2. 人物

现实世界是由人构成的，因此几乎所有的问题解决都涉及人，而不同的立场会决定不同的做法。人物具体包括角色［我（们）是谁？］和对象（他们是谁？）。其中，角色是必选项，因为角色往往会产生代入感，吸引学生投入到情境中去。对象则是可选项，也就是说明委托方、客户或服务对象是谁。比如针对学生复述故事抓取不到亮点的问题，可以模拟绿灯会[2]，教师选取一些故事（或请学生自己选取喜欢的故事），请学生以导演的身份（角色）在5分钟内复述故事，其他同学作为绿灯委员会成员（对象）进行投票。[3]

3. 任务

任务是我们对学生的预期成果要求，一般体现为具体的作品。任务包括成

---

① 该情境由浙江大学马子瀣、吕秋艳、毕圣雪、谢丹怡设计。

② 绿灯会一般是指电影开拍前的一个审核和评估环节，导演或制片人可以在绿灯会上向委员会争取资金。

③ 该情境由萧山信息港小学陈森燕设计。

果（要形成的成果是什么？）和要求（要求或标准是什么？）。其中，成果是必选项，不同的问题情境类型产出的成果会有所不同，比如设计类的成果常常是"设计方案""制作成品"等，鉴赏类的成果常常是"文学评论""鉴赏报告"等，探究类的成果常常是"实验报告""调查报告"等，决策类的成果常常为"上交一个决议案，同时阐明理由"。要求是可选项，因为在现实世界里，标准和要求只有少数时间是明晰的，大多数时间都需要自己去琢磨。

（五）精修问题情境的呈现

当问题情境的框架设计完成后，可以进一步打磨问题情境，使之更加完善，可以用评价的方式对问题情境进行审视。索克利加姆（Sockalingam）和施密特（Schmidt）通过对学生进行有关"好的问题情境的属性"调查，得出了好的问题情境应具备 11 个特征，包括问题情境的 5 个性状特征（即熟悉度、清晰度、难度、样式、相关度）和 6 个功能特征（即在多大程度上导向学习目标、在多大程度上触发学习兴趣、在多大程度上刺激批判性推理、在多大程度上促进自主学习、在多大程度上引发阐述欲望和在多大程度上鼓励团队合作）。（Sockalingam et al.，2011）

罗日叶（2010a）则提出好情境可以通过四个不同的轴组织起来，这四个轴分别为：一个真正的靶向情境、一个对学习有用的情境、一个激发学生动机的情境、一个可以实现的情境。

综合以上观点得出，好的问题情境主要出于三个维度的考量。首先，检查问题情境是否符合目标。其次，考虑问题情境是否符合学情。最后，估量问题情境是否可以实现。

根据这三个维度可以制定相应的指标，具体如表 4-2 所示，然后通过这些指标使情境精致化。这样既能防止问题情境偏离"真实性"的目标，并保证切实可行，同时也可以以此为依据进一步修正问题情境的内容和形式，从而能够吸引学生积极投入学习。

表4-2 真实性问题情境设计质量的衡量指标

维度	指标
是否符合目标	是否体现了真实性，反映了目标
是否符合学情	是否能引发学生的兴趣
	是否联结了学生的既有经验
	是否符合学生的水平
是否可以实现	是否具有可行性

比如在浙教版劳动与技术教材六年级下册的"庭院模型的设计与制作"主题中，教师原先设计的情境是"为自家的院子设计一个庭院，其中要有菜园、凉亭、花园等，可以调查家里爷爷奶奶的意见"。这一情境设计不能联结学生的既有经验，因为几乎没有人家里会有这样一个奢华的庭院，因此也很难引发学生的兴趣，调查也变得不可行。可以把情境改为"设计一个农家乐或民宿"。

（六）组织问题情境族

素养的形成往往不是靠单一的问题情境就能实现，情境越多样越丰富，形成的素养的可迁移性就越强。认知弹性理论的核心观点是，如果要达成复杂理解并为迁移做好准备，就必须在不同的时间内、在不同方式安排的情境脉络中，为了不同的意图，从不同的角度去访问，因此斯皮罗等（2002）也将"纵横交叉形"（crisscrossed landscape）作为认知弹性理论的隐喻。这是因为，复合情境中更有可能抽象出概念的特征，形成弹性的知识表征（Gick et al., 1983）。所以，可以进一步考虑设计问题情境族，以大概念为轴，根据复杂性，可以设计横向问题情境族；根据复杂化，可以设计纵向问题情境族。

罗日叶（2010a）区分了复杂性（complexity）和复杂化（complicate）——它们的区别在于有没有增加新的目标。所谓的复杂性是指没有增加新的大概念，只是情境变得更加复杂，如条件增多等，而复杂化则是指在原有素养基础上增加了新的大概念。因为在教学中需要通过多个情境引导学生不断巩固同一大概念，虽然总体来说我们会逐步增加难度，但有的时候也需要在同一难度上停留，因此等价情境的设计也很有必要。等价情境没有增加新的大概念，因此它是在复杂性维度上的一种特殊形态。

如图4-8所示，情境A、情境B和情境C都围绕同一个大概念"数学建模"，即"现实世界中的问题是错综复杂的，要围绕问题解决找到关键的特征、变量或指标等，同时梳理不同特征、变量或指标之间的关系，建立相应的数学模型"，只不过在难度上不断增加，即考虑的关键特征越来越多维，特征之间的关系也越来越复杂，因此情境A→情境B→情境C是复杂性递增。

情境A、情境D、情境E围绕的大概念有变化，情境D增加了"直观想象"的大概念，而情境E则增加了"统筹"和"估算"的大概念，因此，情境A→情境D→情境E是复杂化递增。

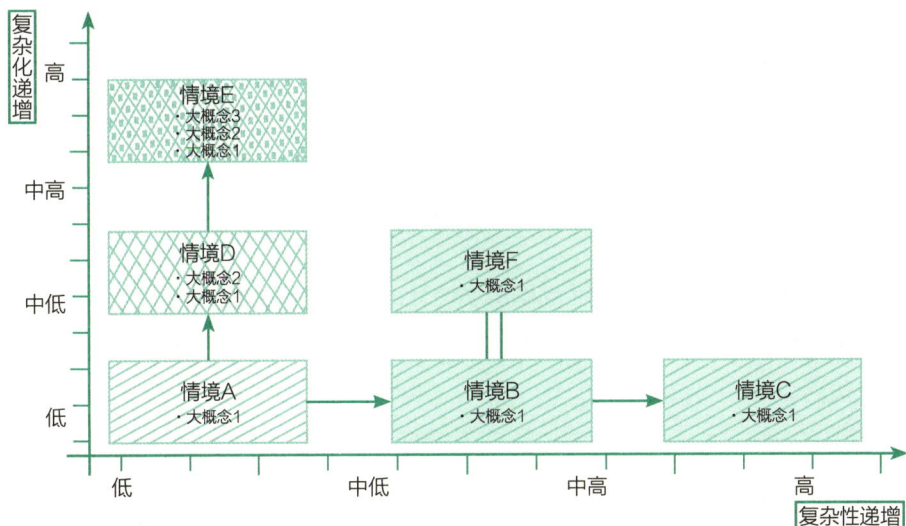

图4-8 复杂性/复杂化递增的情境族[1]

情境F和情境B的难度相同，因此是"等价情境"。

---

[1] 该情境族由浙江大学徐玲玲和蔡小瑛设计。

情境A：宇杰最近正在装修新房子，买了一个一体式的洗手台和洗衣机组柜，那么他应该如何选择大小合适的洗衣机？

情境B：你是一个产品包装设计师。厂家生产了一批矿泉水，水瓶形状近似圆锥，高15 cm，底面直径8 cm。请你设计一个装矿泉水的纸箱。

情境C：乐乐是奶牛场场主，负责批发液体鲜牛奶。目前市场上一般有瓶装、盒装和袋装三种牛奶包装方式。请帮乐乐选择一种实惠安全的牛奶包装方案，并阐述理由。

情境D：一处下水道维修需用到三棱柱钢材，已知该三棱柱钢材的横截面为一个直角三角形，直角边分别为75 cm和100 cm，柱体长度为20 cm，而窨井盖直径为70 cm，请问工人师傅能顺利将这个钢材搬进去吗？

情境E：韵韵今年大学毕业，暑期赴海南进行了为期一周的毕业旅行。返程收拾行李时发现，因为买了太多纪念品和护肤品，自己原本的22寸行李箱已装不下所有的行李，必须匀一部分物品到自己的双肩背包中，如果你是韵韵，会如何安排行李的摆放？

情境F：厂家生产了一批75 cm×75 cm×1 cm的大理石，在准备装箱运输时，怎样的装箱方案才能尽量避免搬运和运输过程中的损坏？

以上描述了完整的真实性问题情境设计的六个步骤，但事实上，日常教学时教师在保证"真实性"的前提下也可以根据不同的需求和用途选择其中的几步，灵活组合。

三 | 评价设计的步骤

大概念教学的目标指向是素养，遵循整合性的评价逻辑，即在真实性问题情境中考量学生的素养，培养独立的问题解决者。"在真实性问题情境中进行评价"，从评价术语的角度来讲就是"表现性评价（performance assessment）"，前面我们提到的真实性问题情境的三要素中的"任务"，其实就是表现性评价中的"表现性任务（performance task）"。需要指出的是，尽管整合性评价逻辑下表现性评价是最为常见的评价方法，但却不是唯一的评价方法，因为大概念教学的素养目标构成是复杂的，所以评价方法和形式也是多样的，表现为达令－哈蒙德（2018）[15] 所说的"评价连续体"（evaluation continuum，也译为"评价连续统"）。除此以外，评价连续体还表现为学习性评价、学习的评价和学习式评价三种不同类型评价的整合。

（一）确定最终评价任务

1．评价的三种类型：学习性评价、学习的评价和学习式评价

罗日叶（2011）根据意义轴和实施轴两个维度将评价分为四个象限，意义轴是指"为什么要评价？"，也就是评价的意义；而实施轴是指"怎样评价？"，也就是评价的方法和路径。以往我们更多的是把评价分为形成性评价和终结性评价（达令－哈蒙德，2018），这种分类方式容易混淆意义轴和实施轴，认为两者的区别在于实施轴，形成性评价是在过程中收集数据，终结性评价是到结束后收集数据，其目的都在于评定学生。但实际上，两者的区别主要在于意义轴，形成性评价的目的在于改进，而终结性评价的目的在于评定。如果在过程中收集证据也是用于评定，而不是反馈，那么会使学生长期处于一种焦虑状态，不敢犯错。特别是对于一些具有高难度的任务而言，学习需要有一个过程，而改进恰恰需要给予学生犯错的空间，从而鼓励他们去完成挑战性任务。如果在过程中就要评定他们，往往会使学生趋向于完成较为简单的任务，这不利于他们长期的发展。

事实上，不仅过程中的改进可以有容错机制，完成后的评定也可以有容错机制，因为现实世界中，再强的人也不能保证每一次都能成功解决问题。罗日叶认为考量素养的关键是评价的情境化、情境的非重复性以及情境的可选择性，这里他强调了情境的可选择性，"一个学生只要做一次或两次证明其能力的事

情，就足以让我们宣布他是有能力的"（罗日叶，2011）[144]。

可见，根据意义轴划分评价类型更有利于明晰每一种评价的意义、价值，从而使每一种评价能更好地发挥作用来促进学习。厄尔（Earl，2013）就提出了评价的三种类型，即学习性评价（assessment for learning），为了推进学习而进行的评价；学习的评价（assessment of learning），为了评定学习水平而进行的评价；学习式评价（assessment as learning），为了让学生在学习中学会评价而进行的评价。后来斯特恩等将这三种类型引入概念为本的教学中。显然，这三种类型评价的区别在于意义轴，即每一种评价对于学习的意义不同。"学习性评价"和"学习的评价"的关系类似于"形成性评价"和"终结性评价"的关系，但可以有效地避开后者在评价意义轴和实施轴上的混淆。除了"学习性评价"和"学习的评价"，还增加了"学习式评价"，这是以往形成性评价和终结性评价这种分类方式所忽略的。现实世界中每一个人都需要学会评价，不仅是评价他人，更重要的是评价自我，因为真实生活中可能会有来自他人的评价，但待到他人进行差评时，往往为时已晚，所以人需要不断进行自我评价。值得一提的是，在学校教育中除了少部分选拔性考试，如中考和高考外，大部分学习的评价从更长的时间线来看都可以说是学习性评价。

需要指出的是，三种不同的评价类型，它们的评价标准是有所不同的。"学习性评价"最为重要的标准是"具体"，因为这种评价的目的是为学习的推进提供依据。越是具体的学习性评价越能促进学习。教师应在学习前、学习中和学习后收集学习的各种证据，同时提供反馈，从而帮助学生更好地改进学习。"学习的评价"最为重要的标准是"公平"，因为这种评价的目的是根据阶段性的学习成果对学生进行评定、分类和筛选。根据收集到的信息和证据对学生在一段特定时间内的学习情况进行总结，公平、公正地作出评定，并向学生、家长、教师和社会等传达结果。"学习式评价"最为重要的标准是"自省"，因为这种评价的目的是让学生在学习中学会评价。它重点关注学生评价能力的培养，在教师的支持、示范及指导下，学生学会搜集相应的证据，不仅为教师和同伴提供评价的信息，更重要的是在这个过程中学生能够进行自我评价，从而调整学习方法，反思学习过程，并设立更为合理的学习目标。（见表4-3）

表4-3 三种类型的评价

评价类型	内涵	样例 [①]	评价标准
学习性评价	为了推进学习而进行的评价	一个朋友告诉你,他见过2米高的苔藓植物,他说的是真的吗?请解释原因。 教师请学生回答并给予反馈。	具体
学习的评价	为了评定学习水平而进行的评价	小课题:分别建立鱼类、两栖动物、爬行动物的三维模型和相应的栖息地。 Ⅰ.选择一种重要的适应性结构作为实例进行说明; Ⅱ.写一份模型说明书,说明每种动物的适应性结构如何与环境相适应。 教师进行打分。	公平
学习式评价	为了让学生在学习中学会评价而进行的评价	全班讨论设计海洋生物分布小课题的评价标准;每名学生作为评委为他人的汇报和自己的汇报打分并进行简单的评价;修改自己的预测结果。	自省

在实际操作时,教师很容易混淆这三种评价的标准。比如,在制作一分钟计时器时,科学老师提供了四种材料让每一个小组的学生选择,要求学生制作不同材质的计时工具——分别是火钟、水钟、沙钟、机械钟,同时告知学生,等制作完成后要对成果进行检验,看哪个小组的计时工具更精准,然后推选最优小组。虽然只是一次小小的评选,但它属于"学习的评价"。每个小组都想赢,于是大家都想选机械钟,这样机械钟的制作材料就不够了。在老师的劝说下,几个小组改选了其他材料。

大家可以料想到最后的结果——果然是做机械钟的小组胜出了。作为"学习的评价",它的评价标准是"公正",但四种材料先天就有优劣之分,更何况这四种材料并不是学生自愿选择的。针对这个案例,可以有两种改进方式。一种是将之转为学习性评价或学习式评价,不进行评比,而是通过教师点评和同伴点评得到反馈,促进反思。另一种是提供充足的材料,让学生自选,那么最后的结果就是公平的。

2. 设计有效的最终评价任务

在大概念教学中,评价的效度最为核心的就是评价学生有没有真正理解大

---

① 该组样例由温州市实验中学全微雷设计。

概念，因此设计单元的最终评价任务非常重要。威金斯和麦克泰让教师问自己一个问题："当学生还未真正掌握或理解问题涉及的内容时，是否有可能在评估方面仍然表现良好？"（威金斯 等，2018）这是因为真的存在"学生并不理解但却可以答对题"的情况，很多时候我们的评价任务考量的是"识记"而非"理解"。比如，如果学生能画出"$y = 3x$"的函数图，那么是不是就代表他们已经理解了线性关系呢？事实上，学生完全可能照葫芦画瓢答对这道题。因此，更好的评价是给学生一组或几组实际的数据，让他们去发现其中是否有线性的函数关系，并作图。

最终评价任务的设计甚至会影响目标的设计，换言之，目标设计和评价设计是互相修正的。比如，在"写景"这个单元中，一位老师思考在真实生活中如何评价"写景"的素养时发现，写景时，我们通常不会只单独写文字，而是会配图或视频，因此设计的最终评价任务是"配图写景"，同时她将素养目标调整为"能根据具体的写作要求，选取合适的写景素材，并加以组织和构思，配以吸睛的图片，以图文并茂的方式充分展现景观的典型特色"。

①最终评价任务应该包含真实性问题情境。

在整合性逻辑下，评价学生是否真正理解就是要看他们能否将大概念应用于解决真实性问题。因此，威金斯和麦克泰格主张将评价设计前置，就是要让评价设计与目标设计一致。（威金斯 等，2017）一般来说，最终的评价任务是包含真实性问题情境的表现性任务。真实性问题情境可以防止低通路迁移。比如，如果语文的作文题目只是宽泛地要求学生写"介绍一处身边的美景"，就很容易出现被套题的情况，学生会倾向于背诵一些范文或模板来对付考试。而如果有一个真实性问题情境，比如给一组照片，让学生根据情境写一段微信朋友圈的文字，这就要求学生必须在分析具体题目的基础上进行构思和写作。

②表现性任务要精准指向素养目标和大概念。

在评价设计中，表现性任务对应的是本单元的素养目标，并体现对大概念的理解。老师们在设计表现性任务时常常会出现偏差，表现为内容设计的偏差和形式设计的偏差。

首先来看内容设计的偏差。以部编版语文教材八年级上册的"传记"单元为例，这个单元的大概念是"传记往往记录那些在历史进程上产生重大影响的人物的生平，反映人与时代的复杂互动，在遵循真实性的基础上生动地展现人物的一生"，素养目标是"能理解传记这种文体的价值和意义，并学会鉴赏传记"。教师原先设计的表现性任务如下：

《美丽的颜色》中居里夫人的历史性时刻是发现镭，《伟大的悲剧》中斯科特一行的历史性时刻是即使弹尽粮绝依然记录下最后的荣耀，那么同学们，你们的历史性时刻是什么？请写一篇自己的传记，你的传记将有可能被择选收录到学校校刊《星耀人生》的"人物传记"合集中，请你结合所读、所学、所知完成任务。

这看起来很贴近学生的生活，但实际上通过"写自传"这一评价内容并不能体现学生对传记的理解，因为传记不同于普通的叙事，但让一个初中生写自传，就很有可能会变成一篇记叙文。因此，这个单元的表现性任务可以修改为如下：

2022年，杭州将举办第19届亚运会。随着亚运会的脚步慢慢临近，亚运会的氛围越来越浓厚，城市的街头巷尾也出现许多亚运会元素，会徽、口号、吉祥物、运动图标等，古韵杭州焕发出独特的新魅力。而备战亚运会的运动员们也在自己的领域内默默坚持着刻苦的训练，希望在即将到来的盛会上为国争光。亚运会运动员，或许没有像奥运会运动员那样备受关注，但一样有着自己的故事，有着星耀的时刻，或是亚运会首金，或是蝉联多届，或是刷新纪录。

为了让大家更多地了解亚运会运动员，杭州亚运会组委会决定出版《星耀亚运》人物传记集。你作为《星耀亚运》（浙江版）的采编小记者，请选择一名浙江的亚运会冠军，查阅搜集相关资料（基本简介、运动经历、参加亚运会情况、赛场之外的生活等），若能采访则更好，为其撰写一篇传记。[①]

---

① 该情境由浙江大学教育学院附属学校孙卓佳设计，杭州高新技术产业开发区（滨江）教育研究院郑萍指导。

其次来看形式设计的偏差。以统编版语文教材三年级下册"整合信息"单元为例，这个单元的大概念是"将多种形态的信息进行分类、比较、补充和衔接，在此基础上梳理出线索"，素养目标是"初步学习整合信息，介绍一种事物"。教师原先设计的表现性任务如下："请你搜索网络材料，介绍国宝大熊猫"，看起来似乎没有问题，但实际上有些学生会倾向于选择一篇比较权威和全面的网络材料进行参考，但这样他们就不需要"整合信息"了，这就偏离了本单元的目标。这个表现性任务指向的是"能有效评价信息，并对材料进行缩写"的素养目标，聚焦的大概念也不同。

因此，这一单元的表现性任务主要需要修改的是形式设计——教师给学生提供资料，这样就可以控制资料的多样化，留给学生整合的空间。具体修改如下：

> 2022年的冬季奥运会在北京举办。憨态可掬的吉祥物"冰墩墩"一亮相，就受到了各国人们的喜爱。该吉祥物以大熊猫为原型进行设计创作，将大熊猫形象与富有超能量的冰晶外壳相结合，体现了冬季冰雪运动和现代科技的特点。你作为冬奥会的志愿者，需要制作一张大熊猫文化名片，向世界各国的小朋友来详细介绍一下国宝大熊猫，让他们知道为何我们喜欢把大熊猫作为吉祥物。
>
> 张老师给大家准备了一些资料，你可以从以下几个方面（国宝地位、可爱外形、日常生活、美好寓意、过去的大熊猫吉祥物形象）来整合信息，当然也可以增加自己的补充信息，让这个可爱的动物形象作为文化符号，讲述中国故事。①

（二）设计评价连续体

在整合性逻辑下，大概念教学的评价最终指向考量学生能否在一个真实性情境中解决问题。同时由于素养目标的复杂性导致评价呈现连续体的形态，威

---

① 该情境由杭州市临平第一小学张倩雯设计。

金斯和麦克泰格（2017）[171] 形象地提出了评价要从"快照"隐喻转为"剪贴簿"，"有效的评估不是一张快照，更像是收集了纪念品和图片的剪贴簿"。连续体不仅是指评价类型的一体化，即学习性评价、学习的评价和学习式评价要相互配合，同时也指评价方法的一体化，既要有记忆的测试，也要有对表现性任务完成的质量进行考评，"评价策略可以看作是伴随着一个连续体而存在。一端是传统考试中的选择题和封闭式题目。这些题目测试记忆和识别，但不能测量高阶思维技能或者应用能力。另一端是要求大量的学生设计、观点和表现的评价，尤其是发掘大学和职业所需的规划和管理技能。"（达令－哈蒙德，2018）[15]

1. 评价的不同方法

第三章中，我们已经论述了大概念教学的素养目标构成包括素养、大概念、情感维目标、认知维目标（高阶认知、低阶认知、元认知）和技能维目标（复合技能、单一技能）。这些目标有时会被整合评价，但有时也需要分别加以评价。

评价的方法是多种多样的，包括课堂问答、知识测验和技能测试、表现性任务、结构化思维工具（如 KWL 图表、思维导图、概念地图、个人意涵图）、自我反思等。这些评价方法和评价目标有一定的对应关系，如图 4-9 所示，当然这种对应关系也不是绝对的。

图4-9　评价目标和评价方法

下面我们将对主要的评价方法进行介绍。

①课堂问答。课堂问答是一种最为常见的评价方法，因为问答是课堂中占比很大的一种活动，通过师生的口头交流，教师能及时和全面地了解学生的理

解和掌握程度。课堂问答对应的目标跨度很大，既可以是素养、大概念，比如"为什么会有传记这种文体？""计时工具是越精准越好吗？"，也可以是单一技能和低阶思维，比如"'deal'的过去式怎么写？"。课堂问答一般用于学习性评价。

②知识测验和技能测试。知识测验一般是针对低阶思维的评价方法，形式多样，但以封闭型试题为主，如填空题、选择题、连线题等，对学生掌握知识的情况进行评价，如将不同的说明方法与对应的例子连线。技能测试则一般是针对单一技能的评价方法，如对学生计算能力的测试、会不会读单词等。知识测验和技能测试一般用于学习的评价。

③表现性任务。表现性任务是大概念教学的评价设计里最常出现的，一般都有真实性问题情境。如前所述，表现性任务的类型是多样的，主要包括设计、探究、决策、鉴赏四种类型，因此表现性任务涵盖的类型很多，如课题研究就属于探究类的表现性任务。表现性任务的综合性程度高，既可以作为学习性评价、学习的评价，又可以作为学习式评价。

④结构化思维工具。结构化思维工具（也称"可视化思维工具"）一般通过图表的方式使思维结构化，主要包括图和表两种形式。此类评价方法非常适用于大概念教学，因为这类工具有利于梳理概念与案例、概念与概念之间的关系，从而能够让思维结构化。结构化思维工具一般用于学习性评价和学习式评价，但现在也越来越多地用于学习的评价。常见的结构化思维工具有以下几种：

- KWL 图表。KWL 图表由奥格尔（Ogle）于 1986 年创建，其中 K 是指 Know，即"（关于主题）我已经知道什么？"（What I know）；W 是指 Want，即"（关于主题）我想知道什么？"（What I want to know）；L 是指 Learned，即"（关于主题）我已经学到了什么？"（What I learned）。在单元学习前，了解学生关于这个内容已经知道了什么，同时了解学生想学习什么。而在单元学习后，则可以了解学生通过单元学习知道了什么，以及未来他们想学习什么。

- 思维导图。思维导图（Mind Map）最早由博赞（Buzan）提出，但这里我们将流程图等也归入思维导图，它主要体现主题与主题、概念与概念之间的关系，以从属关系为主。比如图 4-10 是"细胞的生命历程"这一单元的思维导图。

- 概念地图。在第二章已经论述过，它与思维导图不同，难度较大，比较适合高年级的学生来画。

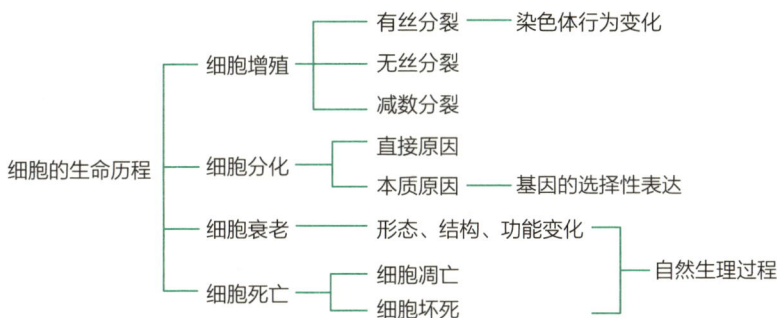

图4-10 思维导图示例[1]

● 个人意涵图（Personal Meaning Mapping，简称 PMM）。个人意涵图是由福尔克（Falk）开发的一种概念地图的变体，学习者可以自由地使用单词、短语、句子甚至图片描述自己的想法，形式非常灵活自由，不像概念地图和思维导图那样对结构性要求比较高。个人意涵图更能体现个体差异。和概念地图一样，个人意涵图也要激活个体经验，反映具体与抽象的关系，但不像思维导图一般只呈现概念，只体现抽象与抽象的关系。图 4-11 就是个人意涵图的一个示例（李坤玲 等，2018）。

⑤自我反思。大概念教学强调"学习式评价"，因此自我反思是一种重要的评价方法。自我反思以多种形态存在，前面所说的结构化思维工具就可以被看作正式的自我反思。比如让学生对比单元学习前和单元学习后画的个人意涵图，他们就可以清晰地看到自己的进步，同时也可以和其他同学进行对比。还可以让学生写单元反思报告，如表 4-4 所示。而更多的自我反思是渗透在整个教学过程之中的，以引导学生形成反思习惯。

自我反思当然是典型的学习式评价，但同时它也可以被看作学习性评价。近年来，自我反思也逐渐被开发为一种学习的评价，通过评价学生的反思质量来评定学习水平。特别是在项目化学习这类学习中，作品和成果往往是团队合作完成的，如何评价个体学生的学习水平成了问题，如果仅是让学生自评和互评就很难保证学习评价的"公平性"，因此以自我反思为评价方法能够公正地反映每一个学生的学习水平和进步情况。

---

[1] 该思维导图由安徽省铜陵市第三中学刘洁设计，铜陵市教育科学研究所何立松指导。

大空、恒星与行星

其他星系

星系可以有三种不同的形状，银河系是螺旋形的。

我们的星系被称为银河系。

木星是最大的行星。

太阳系只有一颗恒星。

水星、金星、地球、火星、木星、土星、天王星、海王星

黑洞是一颗强大的恒星，能吸收所有的光和能量，甚至一颗恒星的光也逃不掉黑洞的拉力。

红巨星是一颗巨大的老恒星。

在恒星中发现的大多数气体是氢气。

书上看到的。

太阳在中部更凉爽，但仍然比最热的厨房烤箱热25倍。有6000℃。

水星直径4878km

离太阳最近，但表面温度并不是最高。

如果太阳的光芒像汽车的前灯一样亮，那么红巨星的光芒就像灯塔一样闪耀。

有些行星是由气体组成的。

一些行星周围有环。

银河系中有1000亿颗恒星，一个进入太空的生物是一只狗。

恒星像圆球一样圆。

太阳系只有一颗恒星。

木星有16颗卫星，海王星有8颗，天王星有15颗，火星有2颗，冥王星没有。

木星、土星、天王星、海王星

1996年天文学家在火星上发现了化石。但最近他们在其他行星上发现了更多的卫星，比如冥王星有61颗卫星。

尽管我们有时把月亮看作不同的形状，但它仍然是同样的圆月。

只是把照射在它上面的太阳光的一部分反射出来。

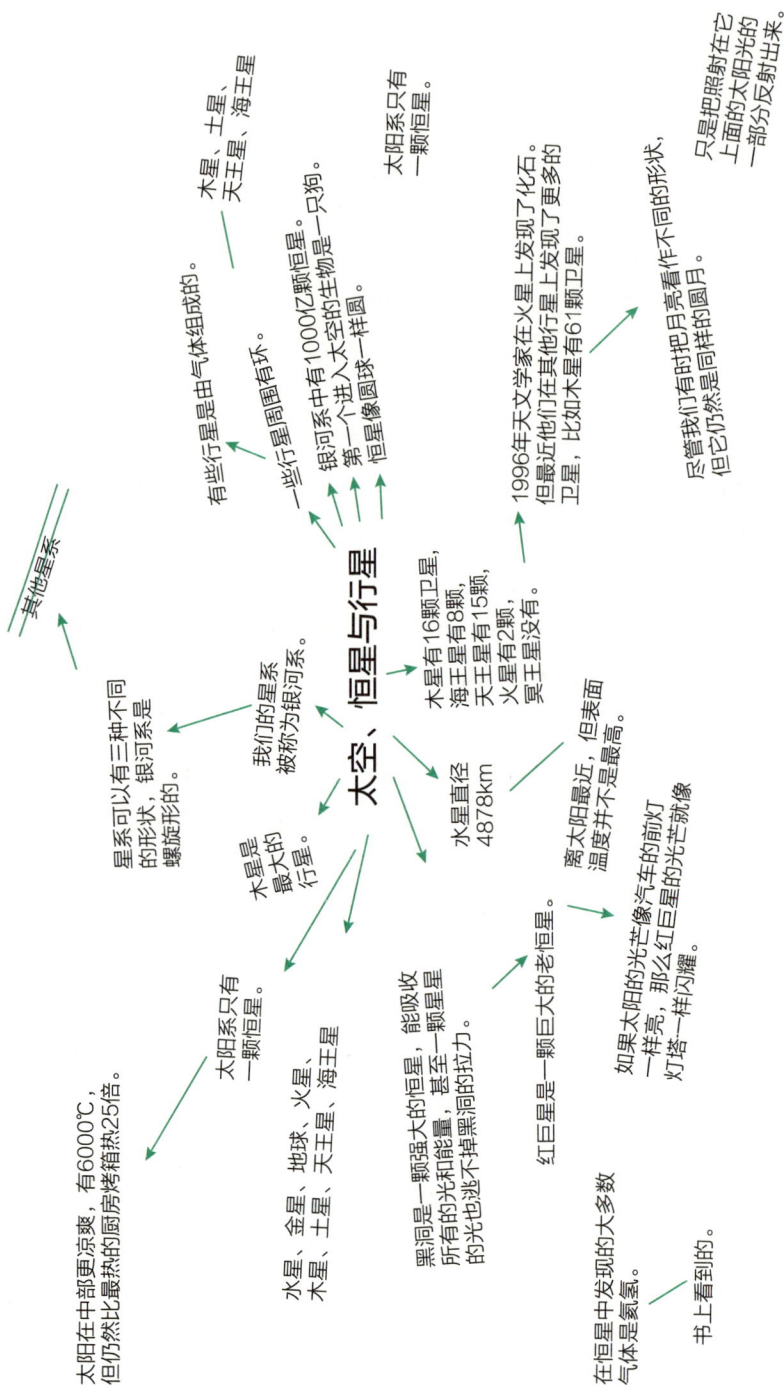

图4-11 个人意涵图示例

表4-4　单元反思报告

> **反思能力报告**
>
> 姓　名:＿＿＿＿＿＿　班　级:＿＿＿＿＿＿　学　号:＿＿＿＿＿＿
>
> （团队）反思
> 　1. 这个单元我（们）学到了什么大概念?
> 　2. 我（们）觉得这些大概念还可以运用到解决什么问题中?
> 　3. 对于这个单元，我（们）还有哪些困惑之处?

2. 评价连续体的设计

评价是一个连续体，这主要是由目标的高阶性以及目标构成的多样化决定的。如前所述，目标由素养目标、单元大概念、单元具体目标、其他具体单元目标四部分构成。一方面，最重要的素养目标（包含大概念）除了用最终的表现性任务进行评价外，还需要设计一系列过程性的评价。另一方面，要对单元具体目标作梳理和分析，有些已经体现在表现性评价中，特别是情感维目标、复合技能、高阶思维等，有些则需要在过程中单独进行评价。

因此，评价连续体表现为:

①评价方法的连续体。不同的评价目标有不同的评价方法、策略和手段，呈现"连续体"的形态。

②评价类型的连续体。从三种类型的评价来看也是一个连续体，最终的评价往往是"学习的评价"，而过程中学习性评价、学习的评价、学习式评价则穿插于整个学习过程中。一般来说，学习开始时主要是以学习性评价和学习式评价为主，因为需要不断提供反馈。无论是素养、大概念还是高阶思维、元认知，都需要一个发展的过程，过早地通过学习的评价去评定学生不利于他们接受挑战性任务。学习的评价一般在后期出现，但也可能会在中期出现，主要是对单一技能和低阶思维进行评价。这里有两个原因: 一是这类目标不需要经历一个比较长的学习过程; 二是单一技能和低阶思维是学习更高一级目标的基础，而学生对待学习的评价的态度显然是更认真的，在学习的评价的督促下学生对基础知识和技能的掌握会更为牢固。

下面我们以"营养"单元为例（威金斯 等，2017）来展现评价连续体。（见图 4-12）

- 以一个导入性问题（如你吃的食物会导致青春痘吗？）吸引学生思考营养对生活的影响。

学习式评价

- 介绍本质问题并讨论单元的终极表现任务（制订个人饮食行动计划）。
- 介绍关键术语，以满足多种学习活动和表现任务的需要。学生阅读并讨论健康教材中的相关部分来支持学习活动和任务。作为一项持续推进的活动，学生将自己的日常饮食以图表的形式记录下来，以供后期的检查和评价。
- 在课上学习食物群概念，然后让学生用食物图片练习分类。

- 介绍食物结构金字塔并区分每一组别中的食物。学生以小组形式完成食物结构金字塔的海报，要求海报中食物结构金字塔的每一层都有相应食物的图片。将海报在课堂里或走廊上展示。

学习性评价

- 测验：食物群和食物结构金字塔（连线题）。

学习性评价
学习的评价

- 回顾和讨论美国农业部发布的营养手册。讨论：为了健康，每个人都必须遵循同样的饮食习惯吗？

- 学生以小组合作的形式分析一个虚拟家庭的饮食（故意失去均衡的），并提出改善的建议。在此过程中，教师观察并指导学生。

学习性评价

- 让各组分享其饮食分析的结果并进行全班讨论（注意：教师收集和检查各组的饮食分析结果，以寻找教学中需要关注的误区）。

学习性评价

- 每个学生设计一本有插图的手册，以告诉更小的儿童营养均衡对健康生活的重要性以及不健康的饮食引起的问题。这个活动在课外完成。

- 学生与组内成员交换手册并根据量规进行组内互评。允许学生基于反馈作出修改。

学习性评价
学习式评价

- 观看并讨论视频《营养与你》。讨论不健康的饮食引起的健康问题。
- 学生聆听并提问特邀发言人（当地医院的营养专家）关于营养不良引起的健康问题。

- 学生根据写作提示作出回答：描述两个由营养不良引起的健康问题，并说明为避免这些问题应如何改变饮食。（教师收集这些回答并打分。）

学习的评价

- 教师示范如何阅读和解释食品标签包含的营养价值信息。然后让学生用食品盒子、罐子和瓶子进行练习。

- 学生独立制作一份三天的野营菜单。评价野营菜单项目并给予反馈。学生运用量规进行自评和同伴互评。

学习性评价
学习式评价

- 在单元结束时，学生回顾他们完成的日常饮食图表并对饮食的健康性进行自我评估。他们是否已经注意到了改变或者进步？他们是否注意到了自己在感受和表现上的变化？

学习式评价

- 学生制订一份健康的个人饮食行动计划。保存这些计划并在接下来的家长会（学生也参与上）呈现。

- 单元总结：学生结合其个人饮食习惯进行自我评价。让每个学生为其健康饮食的目标制订一份个人行动计划，由教师进行打分。

学习式评价
学习的评价

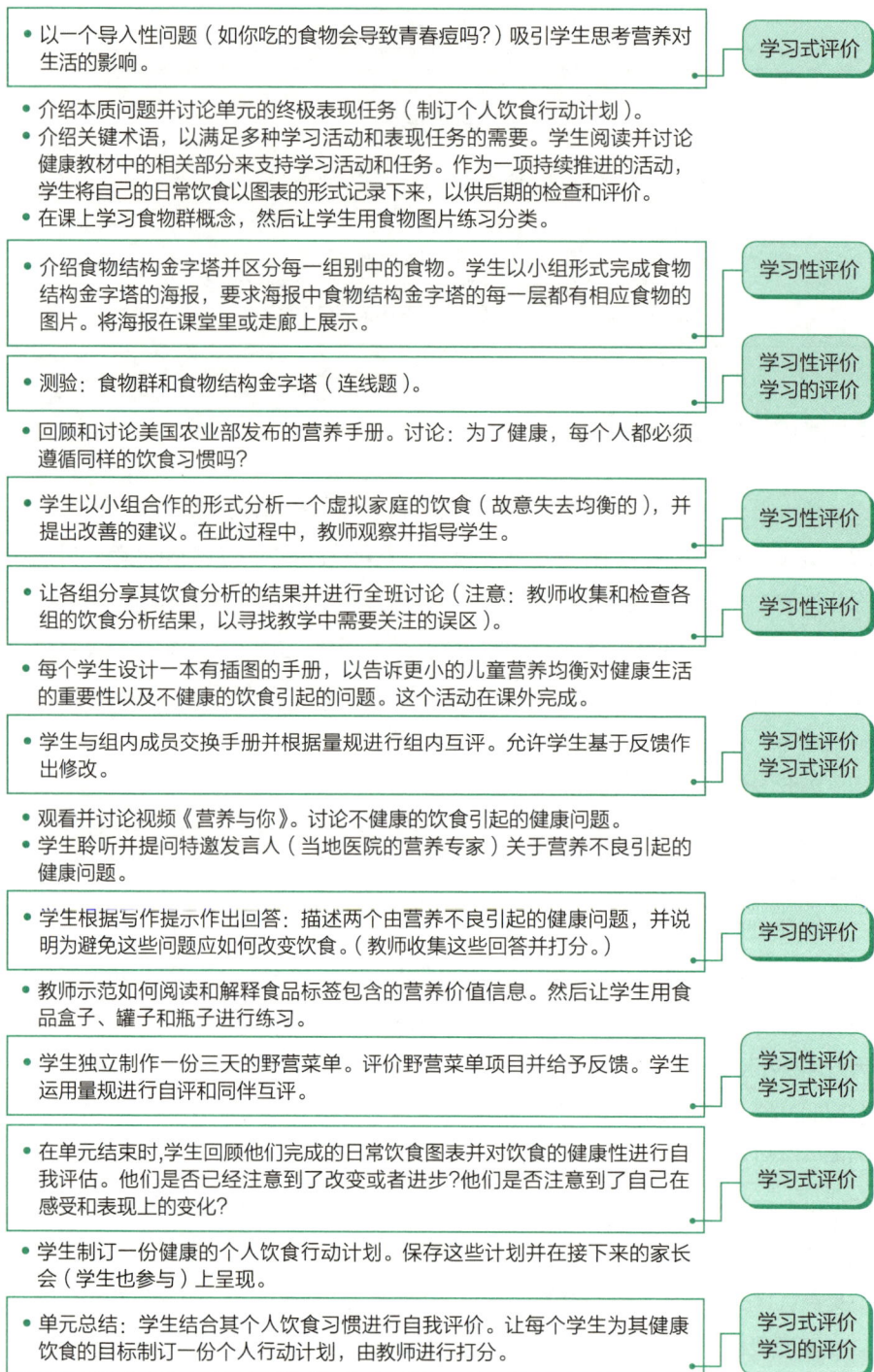

图4-12　评价连续体示例

从评价的角度来看，在单元开始时引入"营养"问题，让学生对日常饮食习惯进行反思，是一种学习式评价。单元中期，让学生持续性地记录自己的日常饮食，这是一种贯穿于始终的学习性评价和学习式评价。而"以小组形式完成食物结构金字塔的海报→以小组合作形式分析一个虚拟家庭的饮食→个人完成有插图的手册，并进行互评→个人独立制作一份三天的野营菜单"都是过程中有梯度的学习性评价，这其中不时安排一些互评或自评，就是学习式评价。单元结束时，每一个学生制订一份个人饮食行动计划，教师给予评价的同时也请学生进行自评，这既是学习的评价，也是学习式评价。

如前所述，对于素养目标和大概念一般是到最后再进行学习的评价，但中间也会对知识与技能进行学习的评价，比如食物群和食物结构金字塔的连线题测试。

（三）编制评价量规

1. 评价量规的内涵和类型

不同于封闭题有明确的答案，开放题一般需要通过评价量规（rubric）来评价，评价量规就是对学习水平的详细描述。特别是对于表现性评价来说，评价量规是必不可少的，因为当面对一个复杂结果时，每个人的衡量标准都会有所不同。希尔（2019）举了个例子，在一档美食类比赛节目里，一个评委非常不喜欢红洋葱，于是就不难想象如果有选手在食材里用了红洋葱，这个评委给的分数一定不会高。因此就需要统一评价标准。量规就像一把尺子，能比较公平、公正地测量学生的发展水平。量规一般包括维度、指标、等级（水平）、权重（赋分）、描述和案例等元素。

表现性评价一般都有"作品"。在现实世界中，作品一般会由真实的受众来评价，比如产品是不是受欢迎，方案能否得到委托方的认可，说明书是否让人们能看得明白等。但是，学校教育和现实世界还是有差别的，主要表现在以下三方面：①学校教育中的表现性评价所依托的问题情境具有真实性，而不一定是真实的，因此不见得所有的表现性评价都有真实的受众。②现实世界中的评价标准不一定是正确的。有时作品或成果是否受欢迎可能会受到偶然因素的影响，比如一部电影虽然本身拍得不错，但因为疫情反复使得票房欠佳。另外，受欢迎和质量高不能完全画等号，比如一部电影可能不卖座，但却获了大奖，这可能是因为其中蕴含的艺术理念比较超前，还未能被大众接受。③真实受众的具体意见往往很难收集，也无从知道他们是从哪些方面来评价的，即使是问真实受众，因为不是专业人士，他们给的意见也通常比较粗糙和笼统。

因此，在学校教育中无论是为了公平地进行学习的评价，还是为了提供具体的学习性评价的反馈，或是为学习式评价提供改进的方向，都需要提供详细的评价量规，而且最好在单元一开始就将评价量规提供给学生，这样才能让学习有方向可循。甚至量规可以由教师和学生共同制定，戴维斯就提到，研究表明，当学生通过收集学习证据等方式参与到量规的制定中时，他们的学习动力会更强，效率会更高。（Davies，2007）

具体来说，根据评价对象的不同，评价量规可以分为成果评价量规（对成果或作品的质量进行评价）和认知评价量规（对成果或作品所反映的认知水平进行评价）。前者对看得到的外在学习成果进行评价，后者对看不到的内在认知结构进行评价。

无论是成果评价量规还是认知评价量规，都有两种表现形式，即整体型量规和分析型量规。整体型量规（holistic rubrics）就整体情况进行等级描述，而分析型量规（analytic rubrics）则是从多个维度分别进行等级描述。

分析型量规的维度划分要注意三点：①尽量"不交叉"。划分维度时非常重要的一点是维度之间不能交叉重叠，否则就会重复评价，比如把"写景推文"的评价维度定为标题、选材、结构、表达、读者意识、创意、书写规范七个维度就会存在问题，因为它们显然不是按同一标准来分类的。同时也建议不要划分过多的维度，以免给实际的操作造成困难。②对维度可以赋予权重。一般来说，每一个维度的重要性是不同的，因此可以用权重加以表示，或者直接给每个维度赋分。③维度有多层次和多方面。有时维度会涉及不同的方面和层次，必要时要进行分述。比如评价时不仅考虑作品本身，还可以考虑作品的呈现以及作品完成的过程，如"产品外观与性能""产品说明书设计""产品展示与交流"，这三者有很大的不同，可以分列评价量规。

一般来说，分析型量规比较精确，而整体型量规比较简洁，不过两者之间也常常相互转化，将分析型量规维度写在一起就成了整体型量规。反过来也告诉我们，思考整体型量规时一般也要从几个不同的维度来考虑，只不过整体型量规比较灵活，因为有一些维度不是一以贯之的，到了较高等级才出现。

2．成果评价量规的制定

成果评价量规是老师们比较熟悉的，即对成果或作品本身的质量进行评价的量规。一般有两种表示法，即递进法和基准法。

（1）递进法

递进法是目前最为常用的，主要是用表示程度的等级词作为划分水平的依据，既可以用于整体型量规，也可以用于分析型量规。比较常见的有以"经常""有时""偶尔""没有"等表示时间频率的等级词；或以"不熟练→比较熟练→熟练→非常熟练""差→一般→好""不够→一般→非常"等表示成效的等级词；也可以简单地用"1""2""3"为等级词；或者为了增加趣味性，也会以"新手级""专家级""大师级"为等级词。

具体要结合每个评价任务进行分析。比如为作品（讲解）来划分等级，它的评判标准是"清晰完整"，那么以"学生"为主语，就可以划分为"讲解得不够清晰完整""讲解得一般""讲解得非常清晰完整"三档。表4-5和表4-6分别是用递进法设计的成果评价的整体型量规和分析型量规。

表4-5　成果评价整体型量规的递进法示例（关于房屋交易合同拟定）[①]

水平	描述
3	能够设置非常明确、周密且恰当的合同条款，力求保障房屋交易活动的顺利进行；能够体现合同对交易活动中双方各种行为的约束和规范；能够有针对性地符合B公司L楼盘房屋交易情境中各种情况的需要。
2	能够设置基本完整清晰的条款，但在一些细节要素上有缺失；大致能够体现合同对交易活动中双方各种行为的约束和规范；合同条款对B公司L楼盘销售的各方面情况针对性不足。
1	设置的条款不完整、不明确，不能有效保障房屋交易活动的运行；基本没有体现合同对交易主体行为的约束力；条款泛泛而谈，没有考虑到B公司L楼盘销售的实际情境需要。

---

① 该量规由浙江大学黄捷杨设计。

表4-6　成果评价分析型量规的递进法示例（关于《农作物防寒指南》设计）[1]

水平	维度及权重		
	科学性（40%）	可行性（40%）	美观性（20%）
3	《农作物防寒指南》中科学原理解释非常准确，没有知识性错误；采取有效的科学实验进行验证。	《农作物防寒指南》的设计充分考虑到成本、环境、条件限制等因素，具有可行性和可推广性。	《农作物防寒指南》的文字排版、图文搭配非常美观，具有很强的可看性。
2	《农作物防寒指南》中科学原理解释基本准确，存在一些小的错误；采取科学实验进行检验。	《农作物防寒指南》的设计中部分措施考虑到了成本、环境、条件限制等因素，具有可行性，部分措施不具备可行性。	《农作物防寒指南》的文字排版、图文搭配的美观度一般，具有一定的可看性。
1	《农作物防寒指南》中科学原理解释不正确，没有采取科学实验进行检验。	《农作物防寒指南》的设计中提出的措施不具备可行性，没有考虑到具体的条件和成本等限制因素。	《农作物防寒指南》的文字排版、图文搭配不美观，没有可看性。

分析型评价量规也有一种变式，因为如果量规中不同水平的"描述"区别只在于等级词的话，那么它的意义就主要在于提供评价的维度，这样的话就可以设计一个简化版。如表4-7就是表4-6的简化版，只列出维度或指标，不给出描述。

表4-7　成果评价分析型量规的递进法（简化版）示例

维度	权重	指标	评分（1—5）
科学性	40%	《农作物防寒指南》中科学原理解释是否准确且没有知识性错误，是否采取有效的科学实验进行验证。	
可行性	40%	《农作物防寒指南》的设计是否充分考虑到成本、环境、条件限制等因素，以及是否具有可行性和可推广性。	
美观性	20%	《农作物防寒指南》的文字排版、图文搭配是否美观，是否具有可看性。	

---

[1] 该量规由浙江大学李欣宇设计。

（2）基准法

希尔（2019）认为递进法的缺点是可能会比较主观，因为有时很难客观去判断"经常""熟练"和"比较熟练"的区别是什么。因此，希尔向我们展示了另一种制定量规的方法——基准法。基准法，顾名思义，就是确定一个基准。希尔将之界定为"满足成功标准"，把"满足成功标准"作为制定其他标准的基准。基准法一般分为四档，从低次到高次分别为：远未达到成功标准→接近成功标准→满足成功标准→超出成功标准，并将重心放在代表"满足成功标准"这一表现层级的制定上。

基准法一般要有指标，指标是对维度的具体描述。"满足成功标准"中的指标，我们称之为"基本指标"，以字母"B"来表示；而"超出成功标准"中的指标，我们称之为"卓越指标"，以字母"E"来表示。罗日叶（2010b）[199-200]也对指标作过类似的区分，他称之为最低指标和完善指标。比如要评估学厨艺的学生，指标可以如下：

> C1：饭是否好吃？（5分）
>
> C2：是否注意讲求经济实惠？（2分）
>
> C3：使用的食物是否有利于健康？（5分）
>
> C4：是否遵守了基本的安全规范？（3分）
>
> C5：动作是否干净利落？（3分）
>
> C6：是否考虑对菜肴加以装饰？（2分）

罗日叶认为最低指标和完善指标的比例应该符合四分之一规则，也就是说总共 20 分里，最低指标（如 C1、C3、C4 和 C5）占四分之三以上，完善指标（如 C2、C6）不能超过四分之一。按基准法来讲，最低指标就类似于"满足成功标准"的指标，而完善指标则是"超出成功标准"的指标。

这种方法既可以用于设计整体型量规，也可以用于设计分析型量规。表4-8 是一个整体型量规，"满足成功标准"有五条指标，那么"超出成功标准"可以有额外的附加指标，而"接近成功标准"则可以适当减掉一些指标，而"远未达到成功标准"一般就是指没有达到最低的指标要求。

表4-8 成果评价整体型量规的基准法示例（关于校园防疫宣传片设计）

超出成功标准	满足成功标准	接近成功标准	远未达到成功标准
除了成功标准中所列出的基本要求外，还包括： E1：校园防疫宣传片的内容编排具有创意，有趣生动，引人入胜。 E2：校园防疫宣传片的背景音乐能恰当烘托校园疫情防控的氛围。 E3：校园防疫宣传片的色调、画面设计等能够恰当体现校园文化和校园防疫的主题。	B1：校园防疫宣传片中的内容具有科学性，不存在虚假捏造的现象。 B2：校园防疫宣传片中的防疫建议具有全面性，对校园内各个场所、各类人群、各种活动都提出了建议。 B3：校园防疫宣传片中的防疫建议具有可操作性，师生可以在日常校园生活中实施。 B4：校园防疫宣传片中的内容详略得当、逻辑连贯，方便师生理解与记忆。 B5：校园防疫宣传片的画面清晰，且图像与文本内容匹配。	至少达到成功标准中的B1、B3、B4、B5。	仅达到成功标准B5中的或一条成功标准也没有达到。

3．认知评价量规的制定

　　成果评价量规的对象主要是成果或作品本身的质量，而认知评价量规则更关心学生的认知结构和发展水平。

　　如前所述，成果评价量规的制定有递进法和基准法两种。认知评价量规也有类似的方法，但认知评价量规的递进法依据的是认知发展的规律，即一种认知水平的分类，尽管日常我们接触到的更多的是成果评价量规，但事实上学术界对认知评价量规也已经有很长一段时间的研究和探索，最为大家所熟悉的依然是布卢姆的认知水平分类。如前所述，布卢姆把认知分成六个层次，安德森等（2008）则在此基础上作了修订（分为记忆、理解、运用、分析、评价、创造六个层次）。然而，彼格斯和科利斯（2010）[14]则认为，"布卢姆的真实意图在于指导测验试题的选择，而不是要评价学生对某一问题回答的质量"。这里彼格斯的意思是布卢姆的认知分类理论关注的是学生外在行为的变化，而没有深究学生内在认知的变化，因此很可能导致认知水平划分的表面化，尽管这种分类对于出题者是有利的，因为比较容易区分，比如以往考纲中用的"双向细目表"就应用了布卢姆的三种认知水平，并加以简化，使之更易于操作。其中，

"识记"一般是指对书本既有知识的回忆和再现;"理解"一般是指书本中没有直接提及,但可以通过归纳等方式加以提炼的内容;而"应用"则是指给予一个新的问题情境让学生去尝试迁移已经学过的知识。

然而,这些外在行为并不能完全体现认知的发展,或者说同一个层次实际上却显示了完全不同的认知水平。以"应用"为例,安德森等(2008)提到有两种应用:一种是执行,其对应的任务是练习性的(熟悉的),即学生已发展形成相当习惯化的解决方法;另一种是实施,其对应的任务是问题性的(不熟悉的),学生最初并不知道解决方法,所以必须找到相应的解决问题的方法或程序。

这两种应用在认知水平上存在着极大的不同,执行水平上的应用其实和识记的水平类同。比如老师举了具体的案例帮助学生掌握了行程问题的公式,再换几个数字让学生做一遍——尽管这也是一种应用,但学生即使不理解也可以照葫芦画瓢。因此我们说,外在行为并不能完全反映学生实际的认知水平,即使是应用水平,也可能落在一个比较低的认知水平上。从这个意义上来看,布卢姆并没有梳理清楚学生内在认知发展的线索。

虽然韦伯(Webb,2002)的理论和学习进阶理论都反映了大概念迁移的过程,但总体来说彼格斯的 SOLO 分类理论的线索更为清晰。希尔(2019)就提到为什么她推崇在表现性任务中使用 SOLO 分类理论,因为布卢姆和韦伯都强调用与学习结果相关的动词来精确描述学生的认知水平,但认知水平之间的关系不是很明确。为了与大概念的形成保持一致,我们在使用 SOLO 分类理论的基础上,根据其他理论对 SOLO 分类理论进行了一定的调整和修正,以归纳和演绎的思维为核心考量认知的广度和深度,得出了认知评价的通用量规,如表 4-9 所示。

表4-9　认知评价的通用量规

结构水平	对应的学习表现
前结构	学习者往往没有进行归纳和演绎的活动,因此也没有在具体和抽象之间建立关联。
单点结构	学习者尝试进行归纳或演绎,但往往想到的维度和方面比较单一。
多点结构	学习者进行归纳和演绎,想到多个维度和方面,但各点之间可能有冲突。
关联结构	学习者能协调和梳理多个维度和方面的关系,达成一致性。
抽象拓展结构	学习者能跳出既有框架,归纳出更高位的大概念(概念),并在此基础上形成概念网络。

在制定具体的整体型量规时，我们可以直接运用通用量规，比如《科学发现者》中有一道试题，即"生活在温带森林的许多脊椎动物会在冬天冬眠。你认为这一适应性特征如何帮助它们在该生物群系中生存？"，这道题的评价量规如表4-10所示。（周初霞，2020）

表4-10　认知评价的整体型量规递进法示例（关于脊椎动物冬眠）

水平	典型回答	描述	综合等级评分
前结构	在冬天，脊椎动物会冬眠；或冬眠能帮助它度过寒冷环境。	不理解问题，回答时重复题意，没有逻辑推理。	1级（0分）
单点结构	冬眠时动物不食不动，以减少能量消耗。	回答问题时，结论来源于单一事件（动物行为）。	2级（1分）
多点结构	冬眠时动物不食不动；体温可降低到接近环境的温度，呼吸和心跳也变得非常慢，使体内能量消耗降低到最小值。	回答问题时，能联系多个孤立事件（动物行为、生理），但未形成相关问题的知识网络。	3级（2分）
关联结构	温带森林季节性变化明显，植物种类冬季明显比其他季节少；冬眠时动物不食不动；体温可降低到接近环境的温度，呼吸和心跳也变得非常慢，使体内能量消耗降低到最小值，此时能量的消耗来自其皮下脂肪，不需要从外界中摄取食物。	回答问题时，能够联想多个事件（动物行为、生理、能量来源、外界环境），并能将多个事件联系起来形成整体知识。	4级（3分）
拓展抽象结构	温带森林季节性变化明显，植物种类冬季明显比其他季节少；冬眠时动物不食不动；体温可降低到接近环境的温度，呼吸和心跳也变得非常慢，使体内能量消耗降低到最小值，此时能量的消耗来自其皮下脂肪，不需要从外界中摄取食物。因此冬眠时，动物依靠自身体内物质消耗以维持能量所需，这是对冬季缺少食物等不良环境的一种适应，从而使得它们能在该生物群系中生存。	回答问题时，在将多个事件联系起来形成整体知识的基础上，能进行抽象概括（形成"物质与能量观""生物与环境相适应"等生命观念），使得问题本身的意义得到拓展。	5级（4分）

表4-10为比较标准的认知评价通用量规的运用，但学科不同、任务不同，也会产生评价量规制定的变式。或者可以说认知评价的通用量规提供了一个总体性的评价思路，但是在具体开展评价时往往需要结合实际的情况，比如可以

像日本田中耕治等人建议的那样，结合自下而上归纳的方式来进行。（田中耕治等，2015）这通常有三步：收集学生的作品；归类学生的作品；总结同一水平等级作品的特征。其中第二步是关键，最后要有3位以上的教师参与归类打分，然后汇总，讨论那些有差异的作品。不难发现，评价量规的研讨过程就是教师校本研修的过程。

　　这里需要指出的是，我们常常需要抽取一部分样卷来制定评价量规，制定好后再对其他作品进行评价，而在评价过程中也可以对评价量规作进一步的补充。比如教师们经过讨论，最终得出了表现性任务"在国际研讨会上提出维持和平的方案"的评价量规，如表4-11所示（田中耕治等，2015）[137]。

表4-11　认知评价的整体型量规递进法（归纳）示例（关于维持和平的方案）

水平	描述
5 优秀	有关"为什么会发生战争"的原因，抓住当时的历史潮流和时代背景，从中筛选出最适宜支持自己观点的内容进行详细阐述。 从战争的原因推论出"怎样才能保持和平"的办法。将经济、民族与宗教、条约和同盟、政治等各种复杂的因素综合起来考虑，并提出自己的见解。能有效运用恰当的文字或数据资料来支持自己的主张。整篇文章结构合理，内容简单明了；对历史事实的解说方式细致周到，主张从头到尾贯串一致，十分具有说服力。
4 良好	有关"为什么会发生战争"的原因，抓住当时的历史潮流和时代背景进行详细的阐述。 从战争的原因推论出"怎样才能保持和平"的办法。将经济、民族与宗教、条约和同盟、政治等各种复杂的因素综合起来考虑，并提出自己的见解。能有效运用文字或数据资料来支持自己的主张。对历史事实的解说方式较为细致，内容完整。
3 合格	有关"为什么会发生战争"的原因，能举例说明当时的历史潮流和时代背景，并从经济、民族与宗教、条约和同盟、政治等因素当中的一个角度着手，以史实为依据，明确提出有关战争发生的见解。 有关"怎样才能保持和平"的办法，提出了自己的主张，但没有恰当地引用支持自己主张的具体资料，或引用的文字和数据资料不足。
2 还差一步	虽然提出了自己的见解，但是作为依据的史实不足；或对相关史实的解说有误；或引用史实进行解说时，自己的见解只停留在描述感想的程度。
1 还需相当努力	只是罗列历史事实，没有提出自己的见解；或报告文章没有写完。

认知评价量规不仅可以有整体型的，也可以有分析型的，比如下面这道改编自 PISA 测试的题。

雯雯在学校附近新开了一家奶茶店。为了准备开业，她购买了一批桌椅用来布置店铺。桌子有两种款式，桌子A长1米、宽0.5米，桌子B是边长1米的正方形，椅子是直径0.5米的圆形，桌椅可自由组合。下图是雯雯的店铺平面图。假如你是雯雯，请在图中画出一种合理的桌椅摆放方案，同时用文字详细说明你的设计思路。

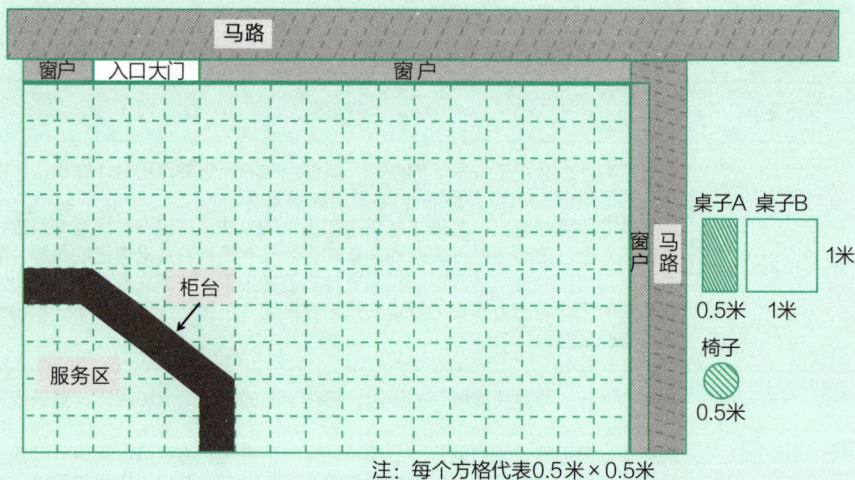

注：每个方格代表0.5米×0.5米

奶茶店平面示意图

如前所述，分析型量规的维度划分最好不要交叉，因此我们以桌椅摆放的地理区域（入口、窗边、大厅）为划分标准，在遵循认知评价的通用量规基础上，采用自下而上的归纳法，在制定量规时考虑不同认知水平的差异。（见表 4-12）

表4-12　认知评价的分析型量规递进法（归纳）示例（关于奶茶店桌椅摆放）

水平	描述
4	根据这一区域的特点考虑多个维度的要素，并协调要素之间的关系，比如根据窗边区域的特点，安排靠窗单人排桌，既方便看风景，又起到广告宣传作用，同时能排下更多的座位。
3	考虑多个维度的要素，并协调要素之间的关系，比如不仅考虑实用维度的要素，还考虑美观维度、经济维度的要素。
2	考虑多种基本要素，并协调要素之间的关系，比如不仅考虑到桌椅的尺寸，而且考虑到人行走通过的情况。
1	考虑单一的要素，比如桌椅的尺寸。
0	完全空白或图文书写的内容与题目完全无关。

认知评价的量规同样也可以使用基准法来制定。以"娜娜的行李"这一表现性任务为例，用基准法制定的整体型评价量规如表 4-13 所示。

表4-13　认知评价的整体型量规基准法示例（关于行李放置）

超出成功标准	满足成功标准	接近成功标准	远未达到成功标准
除了成功标准中所列出的基本要求外，还包括： E1：考虑到是否在乘坐飞机时需要使用该物品，安排行李放置。 E2：考虑到不同物品的货币价值，将贵重物品随身携带。	B1：考虑到机场免费托运行李和随身行李的重量规定，安排行李放置。 B2：考虑到机场逾重行李费率的相关规定，秉持尽量花费少的原则，安排行李放置。 B3：考虑到各个物品的体积以及行李箱和随身书包的容积，安排行李放置。 B4：考虑到各个物品的质地，是否经受得住一定的挤压和撞击，安排行李放置。	至少达到成功标准B1、B3、B4。	仅达到成功标准B1或 一 条成功标准也没有达到。

以上谈到的基本上是适用于表现性评价的量规设计。除此以外，认知评价还可以通过结构化的思维工具来达成，如我们前面提到的思维导图、个人意涵图和概念地图。因为这些图更为直接地反映了学生的认知结构，未来将会越来越多地运用于认知评价，诺瓦克（2016）[254] 甚至认为，"概念图是教育者所能采用的最有力的评价工具"。

结构化的思维工具虽然彼此之间略有不同，但一般会考虑元素以及元素之间的关系，这里的元素包括概念、案例、原理等。比如福尔克等提出了评价的四个维度，即数量（extent，元素的数量）、广度（breadth，元素的类别）、深度（depth，元素的理解）、全局（mastery，元素与元素关系的梳理）。（Falk et al.，1998）

诺瓦克（2016）提出了用拓扑分类学标准和语义评分标准分别来评价概念地图的框架和质量。其中，拓扑分类学标准有 5 条，分别为概念识别、连接短语的使用、分支程度、深度和交叉连接的使用；语义评分标准有 6 条，分别为概念相关性和完整性、正确的命题结构、使用错误命题、使用动态命题、交叉连接的数量和质量、出现循环。我们对诺瓦克提出的评价标准进行了简化，将概念地图的评价标准总结为以下几条：

①概念的质量。概念焦点大小是否适合本单元的要求？是否提取了恰当的大概念？是否围绕大概念进行了概念构架？概念的分支是否准确细致？

②概念与概念间关系的质量。概念与概念之间的排列是否具有线索？概念与概念之间的重要关系是否描述准确？

③概念与案例。概念是否联结了案例？案例的广度如何？案例能否通过概念加以解释？

大概念教学的过程设计

第五章

大概念的教学过程就像是编织锦缎的过程，准备、建构、应用、反思四股丝线不断交替，由本质问题引导思维在具体与抽象之间来回穿梭，每一次穿梭都会让这幅锦缎的色彩更加绮丽，喻示着学生头脑中的认知结构越来越精密。

一 | 大概念教学过程的四个元素

单元设计的最后一部分是过程设计，过程设计要与目标设计和评价设计一致，才能保证素养目标在课堂上得以落实。过程设计有四个元素，即准备、建构、应用和反思。之所以说它们是四个元素，是因为它们在大概念教学的过程中会反复出现。

（一）大概念教学过程元素的构成

关于大概念教学的过程，学者们都有所探讨，在比较和总结已有研究的基础上，我们明确了四元素并界定了它们的内涵。

1. WHERETO元素

威金斯和麦克泰格（2017）提出了大概念教学过程的 WHERETO 七元素，即 W（方向与原因）、H（吸引与保持）、E（探索与体验、准备与使能）、R（反思、重新考虑与修改）、E（评价）、T（定制）和 O（组织）。

① W——方向（Where）与原因（Why），是指要让学生明白"去哪里"以及"为什么"。在单元学习开始前不仅教师要清楚目标，同时也要让学生明确目标和任务。其实 W 不仅包括"去哪里"的问题，也包括"从哪里来"的问题，也就是说，教师需要在单元学习开始前了解学生"已知的"和"感兴趣"的内容，从而更好地进行教学设计。

② H——吸引（Hook）与保持（Hold），是指要引发学生的学习兴趣，并使其在学习过程中保持兴趣。高挑战的学习一定具有复杂的脑力劳动，所以需要付出卓绝的努力，但我们希望这种努力是学生心甘情愿、乐此不疲的。

③ E—— 探索（Explore）与体验（Experience）、准备（Equip）与使能

（Enable）。这四个词语可以变成两句话，即通过体验来探索，为了提高能力而准备。我们常常认为学生学不好的原因是缺乏基础知识，但事实是，他们学不好常常是因为缺乏丰富的体验，或者说他们的日常体验没有得到充分激活。大概念如果不能浸润在鲜活的体验中，那就只是无用的抽象概念。因此，要有效地设计体验性的活动促使学生探索，为达到最终的目标作好准备。

④ R——反思（Reflect）、重新考虑（Rethink）与修改（Revise），是指学习是螺旋上升的迭代过程。学习像不断挠痒的过程，只有时不时地挠挠才能加深理解。教师的任务就是不断带领学生突破简单、单一的理解，不断讨论本质问题，促进学生深入思考。

⑤ E——评价（Evaluate）工作及进展，是指学生的自我监控、自我评估和自我调整。

⑥ T——定制（Tailor），是指根据学生的发展需求、学习风格、先前知识和学习兴趣来调整设计。

⑦ O——为最佳效果而组织（Organize），是指安排学习体验序列。如果说前面六个元素都是最佳设计的分解元素，那么 O 要求我们组织这些元素，以发挥它们的最大功效。麦克泰和威金斯（2020）[56] 还将 WHERETO 元素体现在每周的课程列表中，如表 5-1 所示，右下角的字母就是这一天所涉及的元素。

表5-1 "营养"主题单元的WHERETO

周一	周二	周三	周四	周五
1. 以饮食习惯和青春痘的讨论吸引学生。 2. 介绍本质问题和关键词语。 3. 让学生开始用食物日记来记录他们的日常饮食模式。 HW	4. 在课上学习食物群概念，然后将给定事物进行分类。 5. 让学生阅读并讨论美国农业部发布的营养手册。 E	6. 介绍食物金字塔并区分每一层中的食物。 7. 阅读并讨论健康教材的相关部分。为更低层次的读者提供有插图的手册。 ET	8. 播放并讨论视频《营养与你》。 9. 让学生设计一本营养手册并绘制插图，以告诉更小的儿童营养均衡对健康生活的重要性。 ET	10. 对手册进行评估并给予反馈。允许学生基于评估标准进行自评和同伴互评。 ET
11. 学生以小组合作的形式分析一个虚拟家庭的饮食，并提出改善营养的建议。 E	12. 检查各小组的饮食分析并给予反馈。允许修改。 R	13. 学生聆听并提问特邀发言人（当地医院的营养专家）关于营养不良引起的健康问题。 E	14. 让学生研究不合理的饮食引发的健康问题。给学生提供几种分享发现的方式。 ET	15. 示范如何解释食品标签包含的营养价值信息。让学生练习解读食品标签。 E

续表

周一	周二	周三	周四	周五
16. 让学生回顾野营菜单量规，从而理解评估标准。让学生独立制作一份三天的野营菜单。	17. 在学生制定菜单时观察并指导学生。	18. 评价野营菜单设计并给予反馈。让学生运用量规进行自评和同伴互评。	19. 让学生回顾自己的日常饮食图表，找出自己在饮食上的变化。让每个学生制定改善营养的个人目标。	20. 单元总结：学生结合其个人饮食习惯进行自我评价。让每个学生为其健康饮食的目标制订一份个人行动计划。
E	E	E	ET	ET

2. 概念探究过程的七阶段

马歇尔和弗伦奇提出了概念探究过程的七个阶段，如图5-1所示。①参与（engage）是指让孩子在情感和智力上都融入单元学习；②聚焦（focus）是指通过归纳发展对单元重要概念（或称驱动概念）的理解；③调查（investigate）是指通过各种方式引入更多的具体案例来帮助学生理解大概念；④组织（organize）是指利用各种思维工具来整理大概念；⑤概

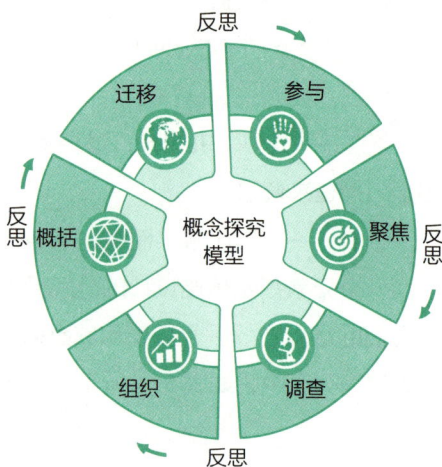

图5-1 概念探究过程的七阶段模型

括（generalize）是指阐述概念之间的关系；⑥迁移（transfer）是将大概念应用于新的问题情境之中；⑦反思（reflect）是指在整个学习过程中的自我评价等。但马歇尔和弗伦奇也认为，这七个阶段并不严格按照时间上的先后顺序一一呈现，这是因为大概念教学是反复在具体和抽象之间穿梭的。因此，她们认为概念探究模型应该被看作递归的而不是线性的。（Marschall et al.，2018）

3. 学习深坑模型的四个阶段

诺丁汉（Nottingham）提出了学习深坑理论（The Learning Pit），他解释之所以叫"坑"，是因为"学习挑战的目的是让学生走出舒适区，需要一些不那

么轻松和不那么舒缓的感觉，这就是坑的想法如此有效的原因"。（Nottingham，2017）坑让人不舒服但却不让人恐惧，有挑衅但不是攻击，有挣扎但却不会让人感到绝望。学习深坑理论和德韦克（Dweck，2006）所说的成长型心态相关联，德韦克描述了两种截然不同的思维模式，即固定型思维（fixed mindset）和成长型思维（growth mindset）。前者认为人是被决定的，而后者认为人是不断发展的，因此二者对待失败和挑战的态度也不同。学习深坑理论就是要让学生在成长型思维的指引下不断经历"困惑→清晰"的学习过程。具体来说，学习深坑理论由四个阶段组成，如图 5-2 所示。

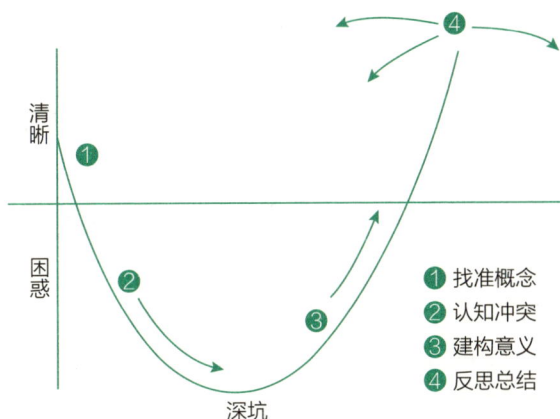

图5-2　学习深坑理论的四个阶段

　　阶段1是找坑，即找准概念（concept），这一阶段需要先定位一个或几个要探究的关键（大）概念，比如幸福、真实、食物等。

　　阶段2是挖坑，即认知冲突（conflict），这一阶段要在人的头脑中制造认知冲突。

　　阶段3是入坑，即建构意义（construct），这一阶段学生通过思考解决认知冲突。

　　阶段4是出坑，即反思总结（consider），这一阶段学生通过反思整个学习旅程来构建元认知。

4. 准备、建构、应用、反思：四个过程元素

无论是"元素"还是"阶段"，尽管它们看起来像是具有先后的顺序，但却不是线性的，因此威金斯和麦克泰格、马歇尔和弗伦奇以及诺丁汉都更强调它们是在过程中反复出现的。换言之，大概念教学是一个持续的探究过程，就像佐藤学提到的"反刍"，很有可能到了后面的阶段有新的发现，就会倒回到前面的阶段去。综合上述学者们关于大概念教学过程设计的观点，我们将这个过程简化为"准备、建构、应

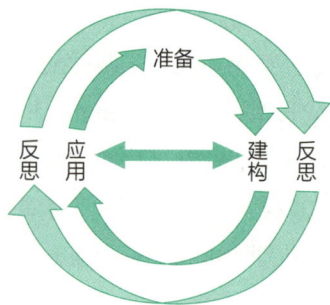

图5-3 大概念教学的过程模型

用、反思"这四个元素，如图 5-3 所示，这就是大概念形成的过程。准备就是认识到学习的价值和方向，建构就是通过具体案例理解大概念，应用就是将大概念应用于新的具体案例之中，而反思则贯穿在整个学习过程中，不断地进行自我评价和整合。

也许有人会质疑，认为教学原本就是这样一个过程，任何一个概念的建立，即使是小概念和方法的教学，也要经历"准备→建构→应用"这三个阶段。比如，今天教三角形，那么老师会呈现题目，并且告诉学生学习三角形的重要性（准备），然后通过正例或反例帮助学生理解三角形的概念和特点（建构），再让学生做一些和三角形有关的题目来检验他们的理解程度（应用）。这里的区别依然是目标的不同：大概念教学的目标核心是大概念，以三角形为例，可能要在更大的范围内，将三角形和其他多边形一起考虑，教有关多边形的大概念，让学生具有图形建构的专家思维；而小概念教学的目标则只着眼于"三角形"这一专家结论。

杜威（2015）曾经比较过赫巴尔特和自己提出的教学过程，从阶段上来看两者非常相似，大致都有准备、概括和应用三个阶段，这三个阶段就类似于我们这里所说的"准备、建构、应用"三个元素。然而同样是这三个阶段或元素，它们却有完全不同的内涵。杜威认为，他和赫尔巴特最大的不同在于赫尔巴特没有将学生的困惑贯穿于整个学习过程之中，"赫尔巴特方法没有提到困难、差异，例如整个过程中的起因和促进因素。结果导致赫尔巴特方法在处理思考的

时候变成了获取知识的行为，而不是拓宽思考的行为"（杜威，2015）[231]。在杜威看来，困惑是思维的开始，教学的首要条件就是引起学生的困惑，"当真正困惑的感觉控制了思想（不论这一感觉是怎样出现的）的时候，思想就处于机警和探究的状态，因为刺激是内发的。问题的冲击和刺激，使心智尽其所能地思索探寻，如果没有这种理智的热情，即使是最巧妙的教学方法也不能奏效"（杜威，2015）[234-235]。而所谓的真正困惑是与学生的具体经验密切相关的，学生会感受到学习的生活价值，通过本质问题引发深入的思考，解决这一困惑也会影响他们的具体经验。这实际上就是库伯（Kolb，1984）所描述的"学习圈"的概念，学习就是一个从激活具体经验开始，经历反思观察，达到抽象概念化，再通过主动实验回到具体经验的循环往复的学习圈。因此，我们所说的真实性是指引发了学生对现实世界的思考，而不仅仅是用现实世界的案例进行简单的联想和验证。比如"高"，小概念教学中老师会问生活中有哪些"高"，而大概念教学中老师则会启发学生思考为什么会有"高"这个概念。因为相对于我们看得到的有形的"边"来说，"高"是无形和抽象的，如果学生能理解引力作用使地球上所有的人或物都垂直于地面，能感受到"高"的概念在人们生活中随处可见，那么他们真正开始像数学家一样思考，这体现了真实性。

　　此外，从学习圈中我们也看到了"反思"的重要性。实际上，威金斯和麦克泰格所提的 WHERETO 里面的"R"就是指反思，马歇尔和弗伦奇与诺丁汉也明确提到了"反思"，和其他几个元素不同，反思是渗透性的，嵌入学习的所有部分。综上所述，我们认为大概念教学是由"准备、建构、应用、反思"这四个元素构成的。接下来我们将分别论述在大概念教学中如何设计这四个元素。

（二）设计准备元素

　　准备阶段作为第一个阶段，也就是起始阶段，主要任务是激发参与动机和明确学习方向，为后续的学习作好准备。

1. 激发参与动机

　　学习动机非常重要，且学习动机有多种。大概念教学特别提倡学生因为感受到学习与真实生活的关联而激发学习动机，这会带来一种主动的学习，而不是被动的学习。吉尔福特（Guilford，1967）提出聚合型学习（从既定输入到既定输出）和分散型学习（从多种输入到多种输出）的概念。仅学习书本上有限的专家结论就是一种聚合型学习，而专家思维则是拓展性的，因此大概念教学在很大程度上要求一种分散型学习。两个学生可能在聚合型学习中表现差不多，但在分散型学习中的表现却有天壤之别，因为分散型学习是无边界的，需要学生主动地去探索。在第四章中我们也对学习的动机进行过讨论，认为激发动机既要做到让学生感受到学习的意义和价值，同时也要唤起学生学习的兴趣，这样他们才能做到乐此不疲。

（1）要让学生感受到学习的意义

这里所说的学习的意义，显然不是"升学"，而是真正感受到学习的生活价值。

《窗边的小豆豆》的作者黑柳彻子（小豆豆）曾谈道，她几何可以考100分，代数却总是0分，这是因为她能感受到几何的学习意义，却感受不到代数的学习意义。她曾经问过老师为什么要学数学，老师想了一天回答她"学习了几何，可以不必爬到树上就能够计算出树的高度来，也不需要过桥就能够知道桥到底有几米长"，但老师回答不上来学习代数的意义是什么。（黑柳彻子，2010）

不仅是数学，其他学科也一样，比如老师们常常发现学生不喜欢写作，这也是因为他们感受不到写作的意义。这就告诉我们，如果让学生体会到学习的意义，那么就会激发他们巨大的学习潜力。比如，一位老师问学生"如何才能证明浦东开放30年来发生了巨变？"，接着展示了几种不同的数据描述方式，即语言、图和表，学生会感觉到看图更加直观，能引起他们学习统计图的兴趣。[1]还有一位老师回顾了"某次国际大会，一位总监因为PPT设计水平太差而丢掉了工作"事件，引导学生学习版面配色和布局。[2]

（2）要唤起学生学习的兴趣

学习不能靠外在的"胡萝卜"和"大棒"来维系，因为这恰恰就说明学习本身的"枯燥乏味"，学生根本体会不到学习的乐趣和成就感。当然，关于学习

---

① 该案例改编自上海福山外国语小学邵立科设计的情境。

② 该案例由广东省东莞市厚街中学李笑兰设计。

的另一个极端是学习的娱乐化——只追求蹦蹦跳跳的简单快乐。因此，大概念教学希望学生既能投入高挑战学习，同时这种投入是自愿和令人愉悦的，这就需要激发学生对学习本身的兴趣。唤起学习的兴趣在很大程度上就是要创造一定程度的"惊异"，惊异可以作为学习的导线，因为惊异可以引发人的好奇心，麦克福尔（McFall，2013）甚至创造了惊异学习（Learning through Wonder）的模式。他们认为，当一个孩子全身心、多感官地被一个东西所吸引，心中产生巨大的疑问时，引发的强烈内在动机会贯穿于整个学习过程，从而促使他完成高质量的学习。威金斯和麦克泰格（2017）建议我们学习一下"电影"和"游戏"的设计，具体的导线元素有"神秘""悬念""冲突"等，比如在说明文单元将遥远星球、珍稀动物、神秘岛屿、奇特建筑等放入盲盒，让学生抽签设计拍卖词。

为了唤起学生的学习兴趣，在大概念教学初期可以有一个导入阶段，而这一阶段可能要在单元学习正式开始前持续一段时间，一般以一周为宜。这一周里，不需要学生花太多的时间来准备，可以通过一些非正式的讨论或活动让他们处于一种期盼的状态。比如博斯和克劳斯提到过以下两个案例。

一位初中科学老师准备启动名为"殖民星球"的单元学习，在单元学习开始前一周，她就向学生展示了一幅20世纪70年代的海报，海报描绘了人类在火星上定居的奇思妙想。她告诉学生："长久以来，人们都设想其他星球上有生命的存在，那么究竟有没有呢？下周我们会迎来一位神秘嘉宾和我们一起探讨这个问题。在这之前，请同学们收集相关的资源。"接下去的一周里，老师每天会花上几分钟和学生讨论他们收集的资源。比如，一些学生找到了相关主题的电影或科幻小说；还有一个学生找到了很多海报，并制作了一个PPT，让同学们一起来讨论哪些海报是合理的，哪里是荒谬的。在那一周快结束时，神秘人物"现身"网络研讨会。这位神秘人物是美国国家航空航天局天文生物学研究所的科学家，她讲述了自己在有关宇宙可居住性方面的研究工作，回答了学生的问题，鼓励学生像科学家一样去探究，并布置给学生一个任务，让他们起草一份有关外星球可居住性的评估报告。学生与这位天文学家的讨论拉开了"殖民星球"单元学习的帷幕。（博斯 等，2020）[154-155]

关于"金钱"的单元学习，老师先是在教室后面布置了一个小型的展览，展品是一堆看起来毫无关联的物品，包括琥珀、鸡蛋、锣、翡翠、水壶、皮革垫、钉子、玩具公牛、米、盐、顶针、贝壳和纱线。这个展览持续了整整一周的时间，在这个过程中，老师让学生思考一个问题，即这些展品有什么共同点。学生们整个星期都在不断提问，对此十分好奇。在讨论的过程中，也有一些孩子自发地上网寻找答案，最后他们发现，原来这些物品都被当成过货币来使用。于是，老师揭示了接下去要学习的单元主题就是"金钱"。这时的学生经过一周的酝酿，已经变得迫不及待地想投入学习了。（博斯 等，2020）[166-167]

也可以让学生自己收集相关物品，马歇尔和弗伦奇在霍金斯（Hawkins）的基础上创造了"混乱游戏"这个活动，在人为收集的"混乱材料"中激活学生的原有经验。（Marschall et al.，2018）[99-101] 混乱游戏的步骤如下。

步骤一：准备材料，比如让孩子们收集生活中的各种光源，如手电筒、灯箱、镜子、棱镜、火、手机等。

步骤二：设置问题，教师提出一些开放性的问题，引导学生去观察材料，比如："从这些材料中，你注意到了什么？""这些材料有没有什么共性？"

步骤三：组织讨论，学生就问题进行讨论，交流各自的看法。

步骤四：再次观察，讨论结束后，让学生再次观察材料，产生更深入的想法。

步骤五：记录想法，整理并记录观察的结果和交流的观点。

大概念教学不仅要在学习开始时就激发学生参与的动机，而且在整个学习过程中都要让学生维持比较高的动机水平。不过，这不用刻意为之，因为大概念教学天然就能激发学生持续性的参与动机。一方面，大概念教学在一定程度上是对现实世界无尽地探索，永远会有新的问题、困惑；另一方面，它也能让学生在学

图5-4 "潜得更深"的大概念学习

习过程中体会到学习对真实生活的意义和价值，并产生自我成就感。如图 5-4 所示（Stern et al., 2018）[82]，学习就像潜水，潜水员潜得越深，所看到的物种就越丰富，景象就越美丽，探索之旅就会更加多变和有趣，充满了各种惊喜。但如果只浮在表面，通常看到的景象和物种都比较单一，慢慢地学生就失去了兴趣。

2．明确学习方向

准备阶段除了激发学习动机外，还需要明确学习方向，但明确学习方向的前提是了解学情，这也就对应了威金斯和麦克泰格所说的 WHERETO 里的第一个"W"，包括 to where（去哪里）和 from where（从哪里来）。

（1）要了解学情

无论是哪种教学，教师都需要了解学情。以往我们关注的学情常常局限于已经学过的知识，或者学生现有的水平等，而大概念教学需要对学情做更为细致和深入的分析，并且要联系他们的日常生活，如前所述，大概念是建立在日常概念之上的。很多人都听说过鱼牛寓言①，相信那只鱼脑中构想出来的怪物"鱼牛"给大家都留下了深刻的印象。这个寓言生动地告诉我们，日常概念对于学习的影响是很大的，如安布罗斯等（2012）[5] 所说："学生进入我们的课程学习时，头脑中已拥有从其他课程和日常生活中所获得的知识、信念和态度。当

---

① 鱼牛寓言讲的是一只经常上岸见过世面的青蛙向一只从未上过岸、见过外面世界的鱼，讲它所看到的牛：身体很大，头上长着两只犄角，身上有黑白相间的斑块，肚子下长着四条粗壮的腿……。鱼一边听一边在脑中勾画形象——牛的所有特征都被它悉数安到了鱼的身上，变成了一头"鱼牛"。

学生带着这些知识进入我们的课堂时，这些知识会影响他对所学内容的过滤和解释。"因此，大概念教学提醒教师要以更开阔的眼界来看待学情，学生们在进入课堂前已经形成的价值观、态度、日常概念、大概念、小概念、经验、案例、事实等都会影响新的学习，而且这种影响既可能积极的，也可能是消极的。安布罗斯等（2012）区分了四种"已有知识"的类型，即正确有益的已有知识（正确的知识，且能支撑新学习，如知道"物态变化"的相关知识可以促进对"水循环"的理解和掌握）、正确但不充分的知识（知识正确，但还不足于支撑新学习，如仅知道"振动可以发声"，无法解释为什么我们听不到蝴蝶翅膀振动的声音，却可以听见蚊子声）、不当的已有知识（知识正确，但不适用于新学习，如"语言交流是有对象的目的性行为"就很难迁移到诗歌欣赏单元）和不正确的已有知识（知识不正确，不能支撑新学习，如日常概念"有能量就是有力气"会给能量单元的学习带来误解）。当然这里的知识非常宽泛，包括我们前面所说的日常概念、案例、大概念、小概念等。

这里我们重点谈谈怎样了解与大概念有关的学情，一般来说有以下几条渠道。

渠道一：和同事交流。可以和同事研讨这个单元的大概念是什么，学生已经学过了哪些与本单元有关的大概念，他们掌握得比较好的是什么，存在哪些学习的难点，等等。如果可以，甚至可以把往届学生的作业或作品找出来，对照评价量规等分析他们的学习情况。

渠道二：向学生了解。既可以通过课前问卷，也可以通过课堂提问或课后作业的方式来进行调研。这种调研的对象既可以是全班，也可以针对一些特定的群体，如优等生或后进生。其中，对全班的调查用问卷更好，而对个人或小群体的调查可以采用一对一的访谈。相对来说，问卷能更全面地了解学情，访谈则可以更深入地了解学情。

另外，因为大概念教学遵循的是迭代逻辑，也就是说，大概念，特别是高位的大概念（比如有关构思、建模的大概念）是反复出现的，因此可以直接对大概念的掌握情况进行检测。既可以简单地让学生自己作出判断，比如提供以下等级让学生选择："我知道这个大概念→我能举例解释这个大概念→我能用这个大概念解决问题（书本问题或现实世界的问题）。"也可以给学生一些问题，请他们运用大概念来解决，或者可以通过思维工具，比如前面所说的"KWL调查"就是一种很好的方法（KWL调查的结果也可以保存下来，有助于下一届学生的学习）。此外，个人意涵图等也可以用于考量学生现有的认知结构。

比如在"观察生物"这一单元教学结束后，教师通过提问"在生活中如何运用本章所学解决问题？""学完本章知识后你对生活中哪些现象比较好奇？"等问题，发现学生仅仅对生物的分类印象比较深刻，但对动植物为什么有这样的特征存在疑问，因此教师认为今后的教学中可能要通过更多的案例来让学生理解"生物的进化过程是生物与环境互动的结果"这一大概念。[1]

（2）要撰写单元概述

大概念教学往往需要撰写一个单元概述，帮助学生从整体上把握学习的方向。一般来说单元概述由以下几个部分组成：单元学习的意义、单元思考的问题、单元学习的安排、单元最终的任务、单元学习的评价等。

比如，图 5-5 是"能量"单元的概述。[2]

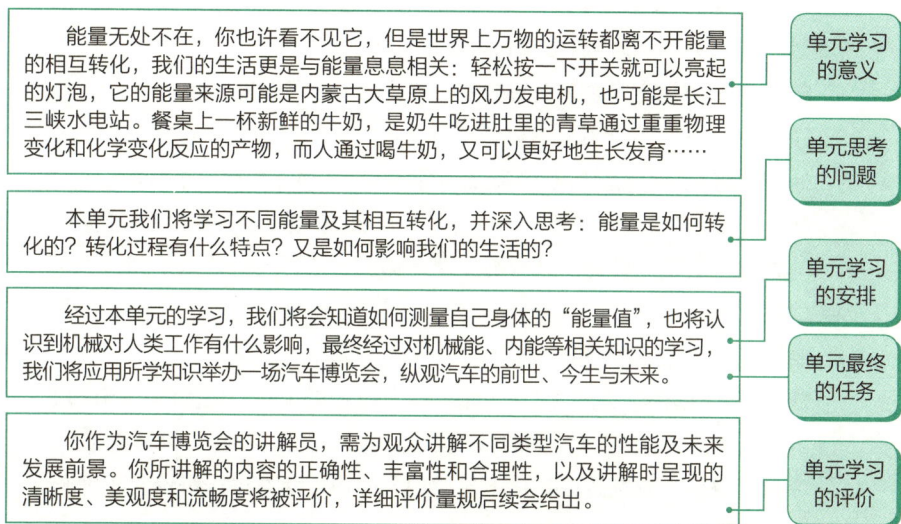

能量无处不在，你也许看不见它，但是世界上万物的运转都离不开能量的相互转化，我们的生活更是与能量息息相关：轻松按一下开关就可以亮起的灯泡，它的能量来源可能是内蒙古大草原上的风力发电机，也可能是长江三峡水电站。餐桌上一杯新鲜的牛奶，是奶牛吃进肚里的青草通过重重物理变化和化学变化反应的产物，而人通过喝牛奶，又可以更好地生长发育……　　**单元学习的意义**

本单元我们将学习不同能量及其相互转化，并深入思考：能量是如何转化的？转化过程有什么特点？又是如何影响我们的生活的？　　**单元思考的问题**

经过本单元的学习，我们将会知道如何测量自己身体的"能量值"，也将认识到机械对人类工作有什么影响，最终经过对机械能、内能等相关知识的学习，我们将应用所学知识举办一场汽车博览会，纵观汽车的前世、今生与未来。　　**单元学习的安排**／**单元最终的任务**

你作为汽车博览会的讲解员，需为观众讲解不同类型汽车的性能及未来发展前景。你所讲解的内容的正确性、丰富性和合理性，以及讲解时呈现的清晰度、美观度和流畅度将被评价，详细评价量规后续会给出。　　**单元学习的评价**

图5-5　单元概述示例

---

[1] 该情境由浙江省温州市实验中学全微雷设计。

[2] 该概述由北京十一学校龙樾实验中学胡志丹设计，蔡小瑛修改。

（3）要进行单元规划

比起传统教学，大概念教学的各组成部分之间的联系性更强，可以用"单元轴"来串联起各课，形成单元规划，在第二章详细论述过单元轴。单元轴的主轴线既可以是"教"，也可以是"学"。单元规划可以用一定的方式展现给学生，如单元任务单等，让学生了解单元的结构、课时的安排、学习的进度或作业的要求等。下面是"游记"单元的单元规划，以单元任务单形式呈现给学生。[①]

"游记"单元任务单

这个单元主要带大家学习游记。游记是人与景的一种互动，人常常会被不同的景致所触动，这也是我们经常在朋友圈里发游记的原因。那么，你知道游记是怎么来的吗？游记有什么特点？游记应该如何写呢？学完这个单元，大家将通过实地旅游或虚拟旅游的方式写一篇游记，我们将仿照《国家地理》出一本《四季青地理》，每个同学图文并茂的游记都会出现在这本集子上。以下是我们这个单元的学习安排。

单元链一："游记"是怎么来的？ ——"游记"写作史探究

任务1：探讨"为什么会有游记这种文体？你知道的最早的游记是谁写的，他（或她）为什么要写？"等游记起源问题。（课外查阅，课内完成）

任务2：比较阅读王充闾的《读三峡》和郦道元的《三峡》，并简要分析"同是关于山峡的游记，这两篇文章在构思、选材上有什么不同？"（课内完成）

单元链二："游记"是什么样的？ ——"游记"特征探究

任务1：阅读郁达夫的《西溪的晴雨》、徐迟的《黄山记》等，结合教材上的课文《在长江源头各拉丹冬》等，体悟游记的独特性。（课内完成）

任务2：对"《桃花源记》是不是游记"分正反两方进行辩论，明确游记的基本特征。（课内完成）

单元链三："游记"如何写好？ ——"游记"写作方法探究

任务1：请每一名同学课后收集一篇自己认为好的游记，在小组分享的

---

① 该任务单由浙江省杭州四季青中学黄玉芳设计，浙江大学刘徽修改。

基础上进行全班分享，同时讨论好的游记具有哪些特征。（课后作业，完成时间截至5月13日）

　　任务2：阅读《西湖游记》《游泰山》《游天台山日记》等，探究如何构思游记，并用思维导图的方式画出构思过程。（课内完成）

　　任务3：请每一名同学在世界范围内选择一个你去过或想去的地方，通过实地旅游或虚拟旅游的方式写一篇游记，所有作品都将收录在《四季青地理》集子里。（课后作业，完成时间截至5月16日。）

此外，还可以用"学历案"等方式为学生提供更为详细的单元规划，让学生了解自己的学习进度和学习方向。崔允漷（2017）提出"学历案是指教师在班级教学的背景下，为了便于儿童自主或社会建构经验，围绕某一相对独立的学习单位，对学生学习过程进行专业化预设的方案"。学历案的基本要素包括：①学习主题 / 课时；②学习目标；③评价任务；④学习过程（学法建议、课前预习、课中学习）；⑤检测与练习；⑥学后反思。

（三）设计建构元素

建构是大概念教学非常关键的一个阶段。马歇尔和弗伦奇认为概念思维并不存在于黑匣子中，它源于对现实世界现象的批判性接触。（Marschall et al., 2018）在准备阶段中，学生已经明确了学习的方向，同时唤起了已有的经验；在建构阶段，学生则要充分经历具体与抽象之间的协同思维，理解大概念。不过需要指出的是，严格来说，建构中也常常包含着应用，两者从一定意义上看是密不可分的，因为"具体→抽象→具体"是一个连续的过程。

1. 两种建构的路向：归纳式和演绎式

在第二章我们提到过大概念的建立需要两种思维，即归纳（具体→抽象）和演绎（抽象→具体），这两种思维方式贯彻于整个大概念教学的过程。

而根据"从总体框架上偏向于归纳还是演绎"这一标准，可以将建构分为归纳式教学和演绎式教学两种路向，归纳式属于上位学习，而演绎式属于下位学习（奥苏贝尔，2018），如图5-6所示。这也就回答了老师们常常提出的一个疑问"大概念到底要不要先告诉学生？"，实际上，既可以"先告诉"（演绎式教学），也可以"后告诉"（归纳式教学）。埃里克森和兰宁也提到过大概念教学的两种思路，即引导式教学与演绎式教学。

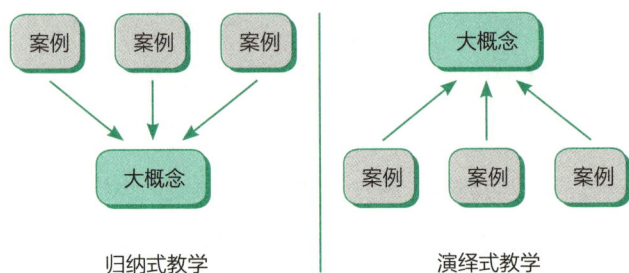

图5-6　归纳式教学和演绎式教学

埃里克森和兰宁（2018）以"人为灾难和自然平衡"单元为例，指出归纳（引导）式教学就是先不给大概念，而是为学生提供案例，鼓励他们自己归纳出大概念，具体如下：

　　在黑板上贴上问题"面对人为灾难，如何保护环境？"，然后请学生们一起看一组老照片，看看哪些环境今不如昔，哪些环境依然美好。再组织全班进行讨论，那些今不如昔的环境是什么因素造成的，同时选择最近的一次人为灾难来研究它对周围环境和生态系统的影响。用即时聊天软件与生活在灾难地区的学生沟通，了解灾难对环境造成的影响，最后一起总结大概念。

而演绎式教学就是先为学生提供大概念，然后引导学生结合具体案例来理解，具体如下：

> 在黑板上贴上"人为灾难会破坏大自然生态系统的平衡"这一大概念，老师进行示证讲解，用这个大概念来分析两次大型人为灾难（2010年墨西哥湾原油泄漏和2011年的日本核事故）。然后请学生以小组为单位，收集近年来所发生的此类案例，并准备好在明天上课时与全班分享。

　　尽管这两种路向在建构大概念上都是可行的，埃里克森和兰宁认为归纳式教学更为常用。不过在这一点上奥苏贝尔持有不同的意见。他首先指出我们常常混淆两对概念，即"接受学习与发现学习"和"机械学习与意义学习"，也就是说将"接受学习和机械学习"画上等号，将"发现学习和意义学习"画上等号。实际上，这是一种误解。在奥苏贝尔（2018）[7]看来，意义学习大部分是接受学习，"在任何文化中获得学科知识的方式主要体现为接受学习"。然而，接受学习却在当前遭到人们毫不留情的批评，无论是理论界还是实践界，"讲授"这种教学方式都被痛批为"灌输"，一些学校规定课堂教授时间不能超过15分钟等。接受学习被当作"稻草人"，大家看到接受学习就要一概推倒。实际上，接受学习也有意义接受学习和机械接受学习之分。

　　同时，发现学习也并不像人们臆想的那样完美无缺，奥苏贝尔（2018）就指出了它存在的几个问题：①学生通过发现学习获得的"理论"往往比较粗糙和低阶，纳入认知结构的意义不大；②发现学习耗时太多，不能作为课堂教学的主要手段；③发现学习也会变形，如果只是按照实验方案进行菜谱式操作，那么很有可能会"做"但"完全不理解"。因此，奥苏贝尔实际上是主张"意义接受学习"的，自上而下式的学习在他看来更加高效，即先提供更上位的理论去同化下位的理论或案例，这些更上位的理论也被称为"先行组织者"。除非是一些难度特别大的内容，或者学生原先有较大误解的内容，提供具体的案例会有利于改变原来的看法。他认为初中以下的学生应该以发现学习为主，而初中以上的学生则更多地可以采用接受学习。

　　奥苏贝尔所说的接受学习和发现学习就类似于我们所说的演绎式教学和归纳式教学，在他看来演绎式教学更为常用。尽管埃里克森和奥苏贝尔的观点不尽相同，但他们都同意演绎式教学和归纳式教学是建构的两种路向，具体采用哪种应该根据具体学段、学科和学生的情况来定。

2. 建构的四种方法序列

在观察了大量的课堂后，费希尔等（Fisher D.）提出了扶放有度的教学模式，即有目的地通过教师示证[①]、教师辅导、同伴协作和独立表现来实施教学。（Fisher et al.，2016）在这个过程中，认知负荷逐渐从教师身上转移到学生身上，最后学生能独立运用所学去解决问题，学习便真正发生了。费希尔和弗雷（2019）在《扶放有度实施优质教学》一书中特别提到了扶放有度的教学模式与理解为先模式（UbD）之间的关联。他们认为扶放有度的教学模式就是为了帮助学生理解大概念，只有大概念这种高阶的目标才需要学生充分经历从扶到放的过程。因此，大概念教学其实需要各种教学方法的相互配合，每一种教学方法都有它的意义。

无论是归纳式教学还是演绎式教学，都会用到不同的教学方法。范梅里恩伯尔和基尔希纳进一步将"方法"与"路向"相结合，构成了一个二维矩阵，出现了四种情况，即演绎—讲解（教师先给出大概念，再联系案例帮助学生理解）、演绎—探究（教师先给出大概念，再由学生通过探究来理解）、归纳—讲解（学生通过案例来归纳大概念，再由教师讲解）和归纳—探究（学生通过案例来归纳大概念，再通过探究加深理解）。（Van Merrienboer et al.，2018）以从扶到放的序列来看，从教师全扶（演绎—讲解）到教师全放（归纳—探究），中间经历了半扶半放（演绎—探究和归纳—讲解）。（范梅里恩伯尔 等，2015）

不过，范梅里恩伯尔和基尔希纳所说的"讲解"实质上是指以教师为主的方法群，包括教师讲解，还包括教师示证、教师辅导、师生研讨等，而"探究"则是指以学生为主的方法群，如小组合作、实验探究、参观访问、调查研究、实践应用等。（Van Merrienboer et al.，2018）值得注意的是，这里提到的很多教学方法是传统教学也会使用的，但是大概念教学因为和传统教学目标不同，所以在方法的具体操作上也会有所差异。

我们先来看以教师为主的方法群。在大概念教学中，教师示证不是"讲述"专家结论，而是"阐释"专家思维，这也是"示证"和"灌输"的最大区

[①] "教师示证"是费希尔和弗雷在《扶放有度实施优质教学》一书中提到的，包括教师讲授、示范和演示等在内的教学方式。

别。南森（Nathan）和彼得罗西诺（Petrosino）提出了"专家盲点"现象，就是指当一个人对某个领域的知识非常熟悉时，很难记起当初自己是如何学习的。（Nathan et al., 2003）在教学中，"专家盲点"现象表现为教师很习惯地按照学科的内在结构来展开教学，而不是从初学者的角度去考虑。正因为这样，学习者看到的是平滑的、确定的专家结论，看不到专家经历困境、作出抉择、解决问题的完整思维过程。

因此，大概念教学应该展现专家的思维过程，这也是为什么大概念教学中教师经常会介绍相关的"史"帮助学生理解。比如在讲不等关系时，教师介绍了不等号的设计过程，以及在设计过程中所经历的曲折，像">""<""≠"是英国数学家哈里奥特于1631年开始使用的，但当时并没有被数学界接受，直到100多年后，它们才逐渐成为标准的应用符号。[①]

另外，教师还可以通过暴露自己的思维过程帮助学生理解，费希尔和弗雷（2019）建议教师使用第一人称"我"来展现自己的思维过程。比如："当我第一次学习吞噬细胞时，真的觉得很难很抽象，因为我无法理解它们究竟在做什么。但是后来，我的生物学教授告诉我，吞噬细胞意味着'一个会吃东西的细胞'。这就帮助我理解了一些……。现在我可以把它联系到之前学过的一个概念——吞噬作用。"此外，隐喻或类比在大概念教学中也非常常见，梅里尔（2016）认为，隐喻激活了一种心智模式，可以作为后续学习中调整完善的基础。隐喻在很大程度上是一种日常概念，日常概念在生活中不断强化，因此会牢固地印刻在学生的头脑中。通过隐喻学生很容易勾连并理解新的知识和概念。焦尔当（2015）将隐喻类比为学习者思维的中转器，因为它可以将不熟悉转化为熟悉，将抽象转化为具体。比如，他提到了一个化学学习的经典案例——将原子世界与人类世界进行类比，将负离子比作男性、正离子比作女性、稀有气体比作单身人士，用夫妇关系比喻化学反应，用婚姻规则来说明化学反应。

再来看以学生为主的方法群。大概念教学会更强调实践应用，形式也更加多样化，比如在小组合作中会出现像"结合生活实例，追踪某种能量的来龙去脉，绘制能量流动图"这样的学习任务。

综上所述，我们将建构的四种方法序列命名为"演绎—教师为主型""演

---

① 该案例由江苏省宜兴中学张海强设计。

绎—学生为主型""归纳—教师为主型"和"归纳—学生为主型"，如图 5-7 所示。不过需要指出的是即使是"归纳—学生为主型"，学生归纳的大概念也需要经过教师的验证。这是因为归纳大概念既十分重要，又具有难度，学生很难自主完成，需要教师的参与和辅导。

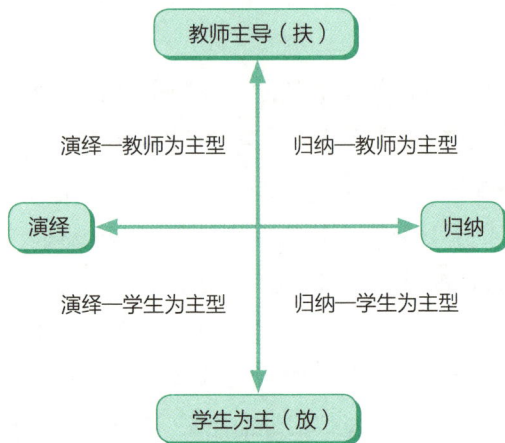

图5-7　四种方法的象限图

下面我们以"能量的转移与转化"单元[①]为例，来看这四种方法序列的设计。

①演绎—教师为主型。先通过教师示证引出大概念，再通过师生讨论和教师示证等帮助学生通过具体案例来加深理解。

> 教师示证：通过跨学科案例展示，引导学生理解"能量可以转化，而做功是能量由一种形式转化为另一种形式的过程，功率是表示物体做功快慢的物理量"这一大概念。
>
> 师生讨论：一个苹果与一枚炸弹的能量相近，为何威力差距悬殊；原子弹与核电站的区别在哪里；不同瓦数的电灯有什么区别；等等。
>
> 教师示证：结合动能与势能转化的简单情境，引导学生从做功的角度来理解功率。

---

① 该教学单元由北京十一学校龙樾实验中学胡志丹设计。

②演绎—学生为主型。先通过教师讲解引出大概念，再通过实验探究和实践应用帮助学生通过具体案例来加深理解。

> 　　教师讲解：以动能、重力势能与弹性势能在生活中相互转化的案例帮助学生理解"系统之间的相互影响或物质本身发生变化时，伴随着能量的转移与转化，即能量将从一个物体转移到另一个物体，或由一种形式转化为另一种形式"。
>
> 　　实验探究：通过小球沿斜面滚落等实验，研究动能大小的影响因素、重力势能大小的影响因素。
>
> 　　实践应用：作为一名游乐场解说员，选择一款游乐场项目，利用动能与势能的转化原理，解说项目在运转过程中是如何实现惊险效果的。

③归纳—教师为主型。先通过实验探究和教师讲解让学生了解具体案例，然后再通过师生交流帮助学生理解大概念。

> 　　实验探究：通过冰块在手中融化、通电后小风扇转动、在阳光照射下太阳能电池供电使小灯发光、手摇发电机等实验，认识能量可以从一个物体转移到另一个物体，或由一种形式转化为另一种形式。
>
> 　　教师讲解：介绍人类使用能源的历史进程，如钻木取火、燃料的使用、蒸汽机、内燃机、水力发电站、风能发电站、核能发电站等，让学生进一步从宏观的历史视角认识到能量转化在真实生活、生产中的应用及对人类文明发展的重要作用。
>
> 　　师生交流：总结和归纳能量的转移与转化的大概念。

④归纳—学生为主型。先通过参观场馆和调查研究让学生了解具体案例，然后再通过小组合作、师生交流帮助学生理解大概念。

参观场馆：参观北京汽车博物馆，了解发动机的发展历史及其对社会生产、交通运输的重要影响。

调查研究：调研不同型号汽车发动机的最大功率，与上一模块（指原教材中相应的前面部分）中测量的人体最大功率相比较，思考热机的发明是如何影响我们的生活的。

小组合作：学习分子热运动及内能的微观意义，以及改变内能的两种方式，并能结合简单情境，分析做功过程及其能量的转化，且尝试归纳大概念。

师生交流：讨论各组总结的大概念。

3．建构中案例的选择和收集

建构的主要任务是通过具体的案例来建构大概念，因此案例的选择和收集非常重要。要选择合适的案例，并且广泛收集案例，建立单元教学案例库。

（1）案例的选择标准

①真实性。案例的真实性和第四章提及的问题情境的真实性是一样的。真实性案例和真实性问题情境的区别在于后者更强调"代入感"，即将学生代入一定的情境去解决问题。

第四章我们提到了伪情境，同样也有伪案例，伪案例往往也是根据知识点预先设定的，比如："米奇文具屋一支圆珠笔售价为 3 元，5 月 3 日售出 10 支，5 月 4 日售出 20 支，5 月 5 日售出 30 支，如果要计算这三天的圆珠笔收入各为多少元，可以设一天售出 x 支圆珠笔，一天的圆珠笔售卖所得收入为 y 元，则 x 和 y 之间的函数关系式为 $y=3x$（x 为自然数），可以借助这一函数关系式求得每日的收入。"但反观真实生活，一般要计算收入，更方便的是运用乘法，而不是函数。这样的案例会让学生产生困惑，体会不到函数的价值和意义，不利于学生理解函数。因此，既然我们希望大概念未来能迁移到现实世界中去，那么教学时就应该更多地观照现实世界。从现实世界原型改编而来的案例往往更能反映大概念，并且容易被学生理解。比如将函数运用于计算机指令的真实性案例和情境（计算机的指令常常蕴含着函数，当输入 x 值时，y 值就会自动计算出来），就很容易让学生理解函数和乘法的区别，从而理解函数的实质。真实性案例也可以按照第四章提到寻找真实性问题情境原型的六条渠道（日常生活、新闻报道、政策报告、研究成果、历史文献、影视文学）去寻找，比如"2014 年5 月，一位老人外出散步时不小心踩入泥潭，消防队员施救的过程就应用了压强的大概念"就是从新闻报道中得来的案例。[①]

②典型性。典型性有两种涵义，一方面是指案例能很好地体现大概念，具有代表性。比如第一章中提到的《吸血鬼日记》里的对白就可以帮助学生很好地理解英语中的时态。又如《人是如何学习的：大脑、心理、经验及学校（扩展版）》里提到过一个经典案例，在学习"平行四边形的面积"时，如果只出示图 5-8 这样的案例，那么只是指向于让学生学会面积公式（面积＝底 × 高）。而如果能出示图 5-9 这样的案例，那就指向于让学生理解"面积表示二维空间的大小，可以通过空间想象变换形状"这一大概念。（布兰思福特 等，2013）

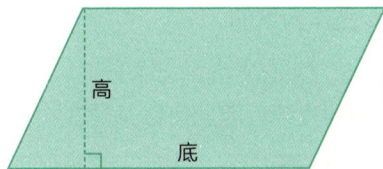

图5-8　平行四边形面积计算案例一　　　　图5-9　平行四边形面积计算案例二

另一方面也指案例能针对学生可能误解的点，有助于纠错。比如，可以通过表 5-2 来理解"表格是一种将数据从两个维度结构化的表示方法和手段，一般由行和列构成"这一大概念，否则很多学生会机械地认为表格一定是要有线的，没有线就不是表格。这一案例消除了学生最常见的误解，具有典型性。

表5-2　第七次全国人口普查统计表

0—14岁	17.95%
15—59岁	63.35%
60—64岁	18.7%
65岁及以上	13.5%

---

① 改编自：陈锋. 初中科学概念教学范式的创新研究[M]. 上海：上海教育出版社，2017：142.

③多样化。大概念教学的案例常常成组出现，因为如前所述，案例越丰富多样，建立的大概念可迁移性就越强；反之，单一同质的案例很容易造成误解。多样化的关键在于差异大，一方面体现为场景和领域的差异。以"估算"单元为例，可以设计"估算一版报纸的字数""估算一瓶黄豆的颗数""估算出租车排队时间""估算爷爷家书房的藏书量""估算冰箱里的食物够吃几天""估算电瓶车的电量是不是够用"等多样化的案例，帮助学生深入理解估算的大概念。[①]

另一方面体现为正例和反例的搭配。通过比较的方式更容易让学生理解大概念。比如，对于"语言交流是有对象的目的性行为"这一大概念，可以提供写通知的一个正例和一个反例，详见第三章第三节。

不过，通常我们会发现，这三个标准是互相关联的，如果满足了真实性，往往就会满足典型性和多样性。比如，在真实生活中选取各式各样的图表，包括扇形图、折线图和条形图在现实世界的各种变式作为案例。

（2）案例的收集渠道

案例的范围是很广的，包括人、物、地等多种资源，因此可以从这三个方面来寻找资源。其中，人的资源是指相关的专家或相关的人，比如上文提到的现身网络研讨会的"美国国家航空航天局天文生物学研究所的科学家""用即时聊天软件与生活在灾难地区的学生沟通"就是人的资源。地的资源就是相关的场馆或实地，如上文中提到的"参观北京汽车博物馆"。物的资源范围很广，既可以是实物，如上文提到的将琥珀、鸡蛋、锣等物品陈列在班级展览会；也可以是杂志或网络文章等，如当需要找说明文的样文时，可以去《万物》杂志上找相关的文章。

人、物、地三种类型的资源也可以互相转化，由人想到相关的物和地，如由农学教授想到实验田的情境，以及这位教授的研究论文等；由地想到相关的人和物，如由天文实验室想到天文工作者，以及地球仪、月球仪、天文望远镜等；由物想到相关的人与地，如由显微镜想到生物学家和实验室等。

此外，还可以参考第四章中提到的真实性问题情境原型的六条渠道寻找好的案例。除了在准备单元教学时集中性地收集相关案例外，教师在日常生活中

① 该组案例由浙江省嘉兴市南湖区教育研究培训中心朱德江和浙江大学蔡小瑛共同设计。

要做有心人。此外，也可以发动学生收集相关案例，并在单元教学过程中通过学生作业等方式收集案例，形成单元教学案例库。

（四）设计应用元素

应用是指学生初步建构了大概念后，在不同的情境中运用大概念解决问题。如前所述，建构尽管也有归纳式和演绎式两种路向的方法序列，但总体来说是"从具体到抽象"。应用阶段则更多的是"从抽象到具体"，这里应用元素的设计主要是指作业的设计。作业从一定意义上讲也是一种评价，按第四章我们对评价的分类，作业属于学习性评价或学习式评价，在帮助学生整合所学的同时，也帮助教师了解学生的学习情况。

1. 作业的设计

（1）单元作业是一个连续体

单元作业并不是把单课作业放在一起就可以了，单元作业要根据素养目标进行整体设计。如前所述，作业是一种学习性评价或学习式评价，因此像评价一样，不同作业目标对应的作业载体也不同。因为目标多样，单元作业载体也是多样的，有表现性任务、知识与技能测验、思维导图、个人意涵图、概念地图等。相应的，它的形式也是多样的，既有书面作业，也有实践作业；既有短周期作业，也有长周期作业；既有课内作业，也有课外作业。

大概念教学的单元作业与传统作业（比如抄词做题等）最大的不同在于要渗透真实性问题情境，并且反复出现，最集中地体现在长周期的单元作业上。所谓的长周期作业，就是持续性地完成同一类或同一个表现性任务。具体有以下两种情况。

第一种是同一个表现性任务贯彻始终。最典型的就是项目化学习，整个项目化学习都围绕同一个任务。比如"试景师的私人手册"就是让学生以试景师的身份制作图文并茂的试景手册，体现了写景的大概念，这个任务就贯彻于整个学习过程。（夏雪梅，2018）

第二种是同一种或同一类表现性任务反复出现。这些任务都围绕单元的大概念设计，蕴含着体现大概念的"关键挑战"，并且往往与学生的日常生活相关联。比如在"营养"单元的整个学习过程中，学生要以图表形式记录自己的日常饮食。又比如寻找生活中的说明文，收集和单元主题相关的科学发现进行分享。

（2）单元作业要体现从易到难的梯度

大概念教学的单元作业总体来说，呈现迭代的逻辑，通过一个个具体的案例来帮助学生不断加深对大概念的理解。单元作业要体现一个梯度，这个梯度一般由以下因素进行调节。

①不同难度的表现性任务。不同难度有两层内涵。一方面包括情境难度的递增。如第四章所述，真实性问题情境的难度包括复杂性递增（没有增加新的大概念，但情境变得更为复杂）和复杂化递增（增加了新的大概念）两种。另一方面也包括任务难度的增加。比如第四章提到的"王子做鞋"的情境，与之相配套的任务从易到难如下所示（Talaue et al.，2015）：

> 任务一：全班一起寻找鞋匠小屋里的十样不同材质的东西，请每个学生先自主分析每一种材料的属性，填写属性表格。
>
> 任务二：请学生组成四人小组，汇总每个人的材料属性表格，在此基础上集体讨论用哪种材料制鞋最为合理，最后大家投票，并统计得票数。
>
> 任务三：请学生组成四人小组，可以对材料进行自由组合和配比（以物理和化学两种方式），构想完美公主鞋，并画出设计草图。

②同一任务的不同难度。即使是同一任务，但当它的任务类型不同时，难度也不同。范梅里恩伯尔和基尔希纳根据现实世界中问题解决通常要考虑的三个要素，即给定状态、目标状态和解决过程（类似于条件、目标和过程）划分了不同难度水平的任务。从高支持性到低支持性，依次为：

> 模仿任务：是指给学习者提供一个样例，因此给定状态、目标状态和解决过程都是明确的，如让学生模仿《一滴水经过丽江》，写一篇采用想象

手法并以第一人称展开的游记。

逆向任务：是指向学习者提供目标状态，让他们去猜测给定状态和解决过程，如让学生拆掉一个鼠标来探索其构成。

样例任务：和模仿任务较为相似，区别在于模仿任务偏向于低通路迁移，样例任务偏向于高通路迁移，如给出一个水母灯的仿生日用品样例，请学生来设计其他的仿生日用品[①]。

补全任务：是指提供给定状态、目标状态和部分解决过程，如让学生续写一篇小说。

自由任务：是指提供给定状态，但目标状态和解决过程都需要学习者自己去界定和发现，如给老年人的贴心设计，学生要自己去发现老年人在生活中遇到的问题，确定目标并给出解决方案。

常见任务：是指提供给定状态和目标状态，但解决方案需要学习者自己去发现，如解决停车场停车难的问题，这是从现实世界中的问题出发来思考解决方案。[②]

统观这些任务类型，范梅里恩伯尔和基尔希纳（2015）认为，常见任务是最接近现实世界的任务，但前面五种任务为新手学习者的迁移提供了更有力的帮助。划定不同的任务类型，并对其要素进行分析是有价值的，因为"它们都直接将学习者的注意力引导到问题状态、可接受的解决方案以及有效的解决步骤上。这有助于学习者从合理的解决方案中提取有效信息，或者帮助他们使用归纳法建构可以反映特定任务类型的一般解决方案的认知图式"（范梅里恩伯尔 等，2015）[62]。也就是说，当有结构时，能更好地促使和帮助学习者思考问题。

在大概念教学中，还有一类任务比较常见，就是"改造任务"（是指提供给定状态和目标状态，但解决方案要在给定状态的基础上思考），比如改造婴儿产品、改造校园阅读空间等。因为现实世界的产品往往不是从零开始的，所

---

① 对原文的模仿任务和样例任务的解释作出了调整。

② 样例任务、自由任务和常见任务的案例来自浙江省杭州绿城育华亲亲学校的实践。

以改造任务往往也更为真实，而且前后的对比也会让学生产生成就感。此外，我们基本不考虑属于低通路迁移的模仿任务。因此，大概念教学中主要的任务类型从易到难可以有如下排序：逆向任务→补全任务→样例任务→改造任务→自由任务→常见任务。当然这只是一个大致的排序，实际的难度要看具体的任务。

我们以"写景单元"为例来看如何通过不同的任务类型来设计合理的作业梯度。因为对象是三年级的小学生，如果任务是让他们每天创作一篇写景文，一方面难度过大，另一方面占用时间也过多。这里就可以采用教师隔段时间在朋友圈发一篇写景的短文让学生点赞，或者请学生去寻找相应的美文在课前分享，这都属于"鉴赏"。"鉴赏"从一定意义上来讲，是一种逆向任务。到单元的后期，可以让学生进行"创作"，创作就是一种自由任务或常见任务，中间也可以用补全任务、模仿任务或改造任务进行补充。比如给学生提供一篇没有标题的美文让他们补充标题，或给他们一篇描写系列景点的样文，请他们参照样文介绍其中一个景点，或给他们一篇糟糕的写景文章请他们加以改造。

③不同的扶放程度。"如果说课堂是教师在现场组织学生开展的集体学习活动的话，那么作业便是教师在隐身状态下引导学生开展的自主学习活动。"（张丰，2019）从扶到放的维度来看，作业总体来说属于"放"的这一端，尽管教师可以辅导，但主要还是由学生群体和个体完成的。不过，作业依然会有"扶"的成分，扶放程度从高到低依次为：集体完成（有教师辅导）→小组合作（有教师辅导）→小组合作（无教师辅导）→独立完成（有教师辅导）→独立完成（无教师辅导）。

以"营养"单元的作业为例，"以小组形式完成食物结构金字塔的海报→以小组形式分析一个虚拟家庭的饮食→个人完成有插图的手册，并进行互评→个人独立制作一份三天的野营菜单"，就是按照"小组合作（有教师辅导）→小组合作（无教师辅导）→独立完成（有教师辅导）→独立完成（无教师辅导）"构成了作业从扶到放的序列。

（3）作业设计的弹性

在传统教学中，分层作业往往仅作简单的难度区分，这会带来一些问题，因为做的作业难度不同，学生之间的差距往往会越拉越大。

而大概念教学布置的作业，特别是表现性任务富有很大的弹性，能更好地适应各类学生的发展需求。一方面，包含真实性问题情境的表现性任务本身就能提供很大的选择空间。比如，在"创意风筝，放飞我的中国梦"这一项目中，学生可以设计不同材质、不同色彩、不同风格以及不同难度的风筝。另一方面，表现性任务也可以提供选项，适合不同的认知风格。比如，"进入小学高年级之后，越来越多的同学希望减轻父母接送的压力，尝试自己上下学。自行车作为一种简单、安全的交通工具，为许多同学所青睐。但是，怎样才能挑到一辆最省力的自行车呢？可以通过以下一种或几种方法来获取挑选的依据，具体方法如下：翻阅图书、查找资料、日常观察、访谈调查"[①]。此外，还可以通过让学生自选完成的时间和频率等来调节作业的难度。

2．作业反馈的设计

作业属于学习性评价，因此具体有效的反馈非常重要。安布罗斯等（2012）将反馈比作一个 GPS 导航系统，GPS 不仅可以告诉驾驶者是否偏离了目的地，而且可以让驾驶者对离目的还有多远做到心中有数，并为他指引到达目的地的路线。好的反馈能引导学生逐步达到目标。

一般来说，具体的反馈包括以下三步。

第一步：定位问题。尽管传统教学也会定位问题，但大概念教学要求教师在更宽广的视野下定位问题。也就是说，不是单就这个学生眼前的错误来思考问题出在哪儿，而是要想想学生是不是多次犯这些错误，是否只有这个学生犯这样的错误，这些错误之间有没有内在的联系等。这些问题提示我们需要结合一个学生多次犯的错误以及不同学生犯的不同错误来定位问题，比如学生们在写英语句子时经常出现"This cake is so delicious, please eat a little"，这样的写法是不是和"In the club is easy for me to talk with others and speak clearly"有关呢？

第二步：反思原因。对问题和错误的原因进行分析，如是不是因不理解而造成的。罗日叶（2010b）还提出我们在寻找错误的来源时，可以考虑内在因素（认知结构、认知风格、学习投入、自我评估或元认知等）和外在因素（教学的方法、情境的合适性、家庭环境等）。其中，认知结构、教学的方法、情境的合

---

① 该情境由浙江大学邵卓越设计。

适性是大概念教学中教师反思原因时常常要考虑的因素。反思背后的原因，如前面那两个英语句子的写法实质是一样的，都是将中文的表达习惯套用到了英语的表达中，就是由于学生不太理解"语言是一定区域的人们在漫长的交往历史中形成的沟通媒介，它是约定俗成的，因此语言既有相对固定的用法，同时也随着时代的发展不断出现新的变化"这条大概念所致，这就是罗日叶所说的认知结构上的问题。

第三步：撰写反馈。反馈分为正向反馈和负向反馈两种，无论是正向反馈还是负向反馈，前提是学生已经明晰了评价标准。所谓正向反馈就是表扬、肯定学生，并提出下一步的努力方向和路径。比如，在进行统编版语文教材五年级上册第五单元说明文的教学时，教师针对学生说明文改写时对说明方法的运用，指出"合理运用了'作比较'的说明方法，将白鹭的特点更突出鲜明地表现了出来，还可以试试选取其他更常见的对象进行比较"。而负向反馈则是告诉学生目前有的问题，并提供相应的改进方向和路径。比如，"描写猎豹速度很快，究竟有多快，除了能运用列数字的方法'时速能达到115公里'以外，如果能运用作比较'它是世界上速度最快的动物之一'或打比方'它的速度能赶上在高速公路上飞驰的小轿车'，是不是更加能吸引读者的兴趣？"。[1]

反馈要注意以下两点：首先，反馈要适度。适度有两层内涵，即容量适度和正反适度。所谓"容量适度"是指没有指出学生的具体问题固然不好，但指出过多的错误、提出过量的评语，也会让学生困惑，搞不清自己应该把精力重点集中在哪一点上，甚至产生沮丧和自暴自弃的想法。因此，反馈要根据学习目标、学生现有水平来确定什么信息对现阶段的学生是最有用的，将反馈按重要程度来排序，每次只按一个维度来反馈。所谓"正反适度"是指在反馈时要注意平衡正向和负向反馈。既要让学生明确自己前进的方向，同时也能提升自我的效能感，要创设经常性的反馈时机。与此同时，也要鼓励学生进行自我反馈和同伴反馈，从而提高学生的自主学习和自我监督能力，让学生学会吸纳反馈意见，并在后续的作业中予以改正，体验到"完整"的学习循环。

其次，反馈要适时。除了提供明确的改进方向外，反馈的时机也是影响反馈效果的关键。一般而言，及时小步子的反馈有利于学生尽早地纠正错误，但

---

[1] 该案例由浙江大学徐亚萱设计。

反馈也并非越频繁越好，过于频繁的反馈会剥夺学生自主思考、自我修正的机会，让其形成依赖的思想，不利于他们自主学习能力的培养。

（五）设计反思元素

不同于准备、建构和应用，反思这一元素更具渗透性，不仅发生在学习结束后这一具体环节，而且贯穿学习的整个过程。反思对于大概念教学来说是很重要的环节。反思既能够帮助学生更有效地掌握大概念，同时也能增强他们的元认知策略。从一定意义上看，大概念教学就是为了增强学生的元认知能力。

1. 反思贯穿整个学习过程

随着学习科学的发展，人们越来越关注到反思的重要性。反思的实质是一种自我评价，是"学习式评价"中最为核心的部分。不仅如此，反思甚至可以说是大概念教学的核心部分，学生最后能否将大概念统合进自己的认知结构，很大程度上就是看他们能否反思。如威金斯和麦克泰格（2017）[239] 所说，"内在的重新思考是一个关键且审慎的设计要素，是追求理解的学习的核心内容"。这也解释了为什么他们将自我认识视为理解的最高层次，一个人能否察觉自己是怎样认知的、认知是否存在问题、应该如何改进认知在很大程度上决定他（或她）能否不断进步，因此自我认识就是不断发展元认知。

元认知对人们的学习十分重要，布约克伦德（Bjorklund）和考西（Causey）甚至认为，如果学习没有上升到元认知的层面，并将增强元认知作为学习过程中的自然组成部分，那么这样的学习可能对于提升学生的表现几乎没有益处。（Bjorklund et al.，2017）

反思在未来学生的真实生活中也起着非常重要的作用，在一定程度上，是不是能反思决定了人们在各项工作中能否有卓越的表现，因为意识到自己的问题才会有改进和提升。下面这个故事是一个作家在写作时通过反思纠正了自己的问题。真实生活中，我们很多时候都在无意识地进行自我评价，以防止可能出现的问题。

"海盗可以如何出场？"我对着一个新儿童故事的大纲漫无边际地想……

"可以骑鲨鱼来！不落俗套，又威风。"一个有趣的、完美的点子灵光一现，我抓住灵感的尾巴兴奋地动笔："海盗骑在鲨鱼背上出现，他们手里拿着尖锐而发亮的三叉戟……"

等等，不对……，我的目标读者是孩子，他们了解鲨鱼吗？鲨鱼有很多种，其中鲸鲨不攻击人，也有被人类骑的先例，可并不真的受人类驱使……。那么孩子知道什么是鲸鲨吗？他们能分清奇幻的童话和现实世界的区别吗？作为儿童故事的创作者，我该怎样将奇幻与科学的边界分清楚？

打字的手停顿下来，骑鲨鱼出场的点子似乎还不够好……有逻辑漏洞，也有和科学相悖的风险。我把刚才打出的字一个个删掉，写作似乎暂停了，可在这个过程中，有益的反思和新的点子，又在我脑海中往前跑了一段路。[1]

2. 持续性反思任务的设计

反思贯穿整个学习过程，还体现为持续性反思任务的设计，它和前面提到的持续性的表现性任务一样都可以算是一种长周期作业。费希尔和弗雷（2016）称之为"螺旋形反思作业"。

比起持续性的表现性任务，持续性反思任务的设计更为开放和灵活，学生可以自由记录，体现学习的轨迹。比如，可以写学习日记，可以在日记中记录自己的学习进展情况，以及收获和疑惑，等等。

也可以让学生就一些本质问题进行持续性反思，在单元学习进展中和结束后进行交流，如表5-3所示（章巍，2021）就是关于数据分析单元的问题形式的持续性反思。

---

[1] 该情境由浙江大学诸葛锦儿设计。

表5-3 数据分析单元的持续性反思

周次	第一周	第二周	第三周	第四周
1. 怎样理解数据的"变"与"不变"？				
2. 数据是怎样影响我们生活的？				
3. 还有哪些新的认识？请写出来。				

当然有些时候，持续性反思任务也可以和持续性的表现性任务结合起来，如在"营养"单元中，老师让学生对自己的每日食谱进行记录和反思。

3. 反思的活动设计

反思虽然非常重要，但同时又特别需要学生能发挥自己的主动性，因此往往需要设计一些活动促进学生更好地进行反思。马歇尔和弗伦奇提出了一系列的反思活动（Marschall et al., 2018），我们挑选了其中的几个活动，并加以改造，具体如下。

（1）问题库

问题库（Question Bank）是对问题的收集和整理。提问是一种很好的反思方法，专家思维就是通过问题来不断拓展、深化和建构的，因为问题贯穿于整个学习过程。这里的问题既可以是教师提的，也可以是学生提的。在不同的阶段，教师可以提各种各样的问题，如准备阶段，教师可以问"通过这个单元你们想学到什么？""你们以前学过什么和这个单元相关的内容？"等等；建构阶段，可以问"通过这个单元，你学习到了什么？""你还有什么疑惑？"等等；应用阶段可以问"理解了这个大概念，你觉得对你的生活会有什么影响？""你觉得这条大概念还可以用于分析什么问题？"等等。同时也可以收集学生的问题，既可以是课堂上提出的问题，也可以是他们随时想到的问题。建议在教室里设一个"问题箱"，学生在学习过程中产生问题后就将其写在纸上并投入问题箱，教师定期查看并反馈，同时可以以此为依据改进单元设计的方案。无论是教师的问题还是学生的问题，都构成问题库，问题库和案例库一样都是非常重要的资源。

（2）共识图

共识图（Consensogram）集中呈现所有学生的观点，方便学生回顾自己的学习。这是一种集体性的反思，一方面可以促进学生的自我反思，另一方面也可以让每个学生看到自己与同伴观点的异同。比如，在学习完"写作"这个单元后，教师让所有的学生把自己的名字写在一个小圆片上，在黑板上写有"你觉得写作过程中最富挑战的任务是什么？"，选项是收集素材、构思主题、安排布局等内容，让学生把写有自己名字的小圆片贴到相应的选项上去。

（3）前后对比

前后对比（Pre-/Post-reflections）是让学生对比自己单元学习前和单元学习后的理解。建议可以在单元学习前，让学生思考"我想我理解了……，目前我不太理解的是……"，单元学习后也思考同样的问题。对比单元学习前后有什么不同，并分析为什么会有这样的不同。前后对比也可以采用可视化思维工具，比如将单元学习开始时画的个人意涵图与单元学习结束时画的个人意涵图作一个对比。这能让学生思维产生的变化一目了然，也促进学生反思自己的进步。

二 | 本质问题的设计

大概念与本质问题常常是配套出现的，这也是为什么珀金斯（2015）直接将此类问题命名为"大问题"（big questions，也被译为"开放性问题"）。课堂从来不缺少问题，但是以往师生提问，更关心的是答案，问题只是导出答案的工具和方法，那些现成的答案就是专家结论，而专家思维则恰恰体现在"不断地提出问题，问题引出答案，答案又会引出问题"的过程中。所以，珀金斯认为问题本身就是学习内容，而且是更为重要的学习内容。传统教学最大的弊病恰在于我们过于快速地得到了确定的答案，而没有让问题引导我们进入那个不确定的奇妙世界，也无法建构学生的专家思维。因此可以说，本质问题的设计至关重要。

（一）本质问题的内涵及其分类

1. 什么是本质问题?

（1）本质问题和非本质问题

在大概念教学的设计中，本质问题是必不可少的，这也解释了为什么在威金斯和麦克泰格理解为先模式的教学设计（UbD）模板中，大概念和本质问题是相互对应的。威金斯和麦克泰格（2017）[121] 将本质问题比作大概念的航标，"最好的问题是指向和突出大概念的。它们像一条过道，通过它们，学习者可以探索内容中或许仍未被理解的关键概念、主题、理论、问题，在借助启发性问题主动探索内容的过程中加深自己的理解"。本质问题引发与大概念相关的持续性思考，不断激活具体经验，达成深度理解。

与本质问题相对的一个概念叫"非本质问题"（nonessential questions，也被译为"非基本问题"），本质问题与非本质问题的最根本区别在于目标不同。如图5-10所示，本质问题是和大概念目标相配套的，指向于理解专家思维方式；而非本质问题则和知识与技能目标配套，指向于记忆已有专家结论。同样以"温度计"帮助学生理解数轴，如果教师问"温度计刻度的正、负是怎样规定的? 以什么为基准? ""每摄氏度两条刻度线之间有什么? "等等，那么一般学生会很快想到答案，围绕数轴三要素等专家结论来回答，这些问题是非本质问题。而如果教师问"温度计为什么会以数轴的方式呈现? ""它的原点、方向和单位是怎样确定的? ""摄氏度的单位是如何确定的? ""为什么将沸水的沸点定为100℃，而不是10℃或1000℃? "等等，则会引发真正的讨论，需要学生像专家一样思考，这些问题是本质问题。用沃尔什（Walsh）和萨特（Sattes）的话来说，本质问题是"为讨论"而创设的，而非本质问题是"为记忆"而铺设的。（Walsh et al.，2015）

本质问题提问的对象是现实世界，就是帕尔默（2014）[118] 所描述的"伟大事物"，它会引发热烈的讨论，"这第三事物真实地存在，且生动活泼，有声有色，以至于它能令教师和学生都要为他们所说和所做的一切负责。在这样的教室中，并不存在惰性事物。伟大的物质如此活跃，教师可以当学生，而学生也可以当教师，彼此都可以伟大事物的名义向对方发表其见解"。围绕现实世界的讨论之所以可以让每个人都有话可说，是因为它可以激活师生丰富生动的生活经验。而且对现实世界的研讨在一定程度上是无止境的，可以永远持续下去。通过本质问题，不仅学生，而且教师脑内的认知地图都在不断扩展，因此可以说本质问题构建的是"专家思维"。本质问题引发的讨论既可以是以教师为中心的师生讨论，也可以是无中心的师生讨论，这时教师就真正是多尔（2000）提到的"平等者中的首席"（first among equals）。而非本质问题提问的对象是"书本内容"，已经事先备有正确答案。因此，非本质问题就像费舍尔（R. Fisher）所说的网球比赛式问答（费舍尔，2014），教师打出"问题"，学生正确打回"答案"，往往一个或几个回合就结束了，而且只有少部分学生参与。

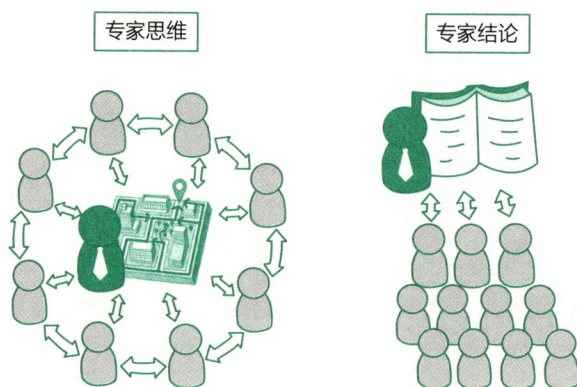

图5-10　本质问题和非本质问题

　　沃尔什和萨特（2015）对比了本质问题与非本质问题的区别。我们将之整理如表5-4所示。

表5-4　本质问题和非本质问题的区别

本质问题	非本质问题
• 与现实世界相关联	• 与教科书的特定内容相关
• 答案是开放性的，并且这些答案会引发新的思考	• 答案是唯一或有限的，并且答案常常是教师预先准备好的

续表

本质问题	非本质问题
● 反映专家思维方式，因此是可以被反复讨论的，在学习中不断被提及	● 揭示已有专家结论，常常只局限在某个内容里，后面的学习不再提及
● 能引发学生的好奇心，吸引学生主动参与学习	● 学习常常是被教师表扬、同学羡慕等外在动机所驱动
● 需要掌握不同的观点和视角，查阅课内外的各种材料	● 只要掌握特定的内容就可以回答，不需要查阅额外的资料

（2）本质问题重点看目标而不是形式

那么，如何来判断问题是不是本质问题呢？麦克泰格和威金斯（2015）[8]认为本质问题的"本质"具有三个内涵：第一个内涵是"重要"和"永恒"，指本质问题的探讨是没有确定答案的，需要通过不断探讨增进理解，如"什么是公平和正义？"；第二个内涵是"基本的"和"基础的"，指本质问题是指向于学科本质的，如"时空有多大？""作者能否站在与自己截然不同的立场讲述故事？"；第三个内涵是"重要性"和"必要性"，指本质问题具有整合性和抽象性，反映了专家的思维方式，可以帮助学习者统合零碎的知识，如"最优秀的作者是如何吸引和抓住读者的？"。

这几个特征之间有着内在的关联，正是因为本质问题体现专家思维（"重要性"和"必要性"），因此它指向于学科的核心（"基本的"和"基础的"），同时经得起反复研讨（"重要"和"永恒"）。这里列举一些本质问题与非本质问题的对比案例，以数学的大概念"用位值规则来决定不同数字的大小"为例，本质问题可以是"是什么决定了一个数中某个数字的价值？""改变数字的位置可能会如何改变数值？""小数点在以 10 为基数的系统中扮演什么角色？"。而相对应的"这个数字的值是多少？""我们如何在这个数中显示一个数字的值？""如果我把这个数字向左或向右移动会发生什么？"这些问题就是非本质问题。

以阅读的大概念"论点是用来表达作者的思想的，举例是一种让论点更容易被读者理解的手段"为例，本质问题可以是"作者是如何用论点来反映自己的思想的？""在一篇议论文中，令人信服的语言有什么特点？""如何用正例和反例来说服读者？"。而相对应的"在这篇文章中作者的观点是什么？""作者的语言风格是什么样的？""作者是如何使用例子来阐述观点的？"这些问题就是非本质问题。

从表面上看，本质问题以开放性问题为主，一般问"为什么""如何""会怎样"多些，而非本质问题好像以封闭性问题为主，一般问"是什么""对不对"多些。但本质问题不一定全是开放性问题，尽管开放性问题居多，特别是以"为什么"开头的问题，因为我们不仅需要知道结论，还需要搞清楚原因，这往往就揭示了背后的专家思维，如"为什么实用文都有相对统一的格式？"。

但有时为了降低难度或者激发兴趣，本质问题也可以是封闭性的，如"我们喝的是和祖先一样的水吗？"。虽然它看起来是一个封闭性问题，但是如果教师想通过这个问题引发学生对人与环境互动的深层思考，这就是一个本质问题。

这就是麦克泰格和威金斯所说的"目标胜于形式"，也就是说，判断一个问题是不是本质问题的关键在于"目标"而不是"形式"，我们重点要看的是这些问题是否能引导学生像专家一样思考。同样形式的一个问题，既有可能是本质问题，也有可能是非本质问题。比如"一个好的构思，最重要的是什么？"，如果教师试图通过不同的构思案例让学生理解构思的大概念，那它就是一个本质问题；如果教师是想让学生回答既有的"构思三要素"的答案，并且不关注理解三要素的学习过程，那它就不是一个本质问题。

2．本质问题的不同类型

本质问题往往不是单个问题，而表现为问题链，以各种各样形态和变式贯穿学习过程的始终。因此，本质问题按不同的标准可以分为不同的类型，主要有以下三种分类。

（1）按不同的层次，可以分为跨学科本质问题、学科本质问题、单元本质问题

跨学科本质问题是指超越单一学科的本质问题，一般以思维方式和基本观念的问题居多。比如，"我如何判断哪些信息是值得相信的？"就是涉及"论证"这一思维方式的本质问题，而"原因和结果是否常常是循环的？"就是"互为因果"这一基本观念的本质问题。学科本质问题和单元本质问题也被麦克泰格和威金斯称为整体性本质问题和局部性本质问题。又如生物中"结构与功能之间有什么关系？"就是学科本质问题，对应的单元本质问题是"不同昆虫的结构是怎么帮助它们生存的？"。当然，这个单元并不限于微观单元，也可以是中观单元或宏观单元，如将小学数学中与"图形运动"主题相关的内容都整理起来成为一个中观单元，贯穿整个中观单元的本质问题就是"什么变了，什么没有变？"。[①]

（2）按不同的功能，可以分为导入式本质问题、展开式本质问题、总结式本质问题

实际上，教学设计时的本质问题与教学实施时的本质问题是有差别的。教学设计时的本质问题一般是总括性问题或起始性问题，常常比较高位和抽象。在实际教学时，要根据学情以及情境将本质问题具体化。在教学中，本质问题承担着不同的功能，可以分为导入式本质问题、展开式本质问题和总结式本质问题。其中，导入式本质问题的主要功能是吸引学生投入学习，因此要带有一定的趣味性，如"为什么夏天热而冬天冷？"或者"假设地球是静止的，你能找到相应的证据吗？"。导入式本质问题在项目化学习中被称为"驱动性问题"，只不过作为驱动性问题，往往还需要加上真实性问题情境。

展开式本质问题则是在学习过程中不断推动具体与抽象之间的协同思维的发展，挑战学生原有的观点，使之更正确更严密，通常会带有一些"挑衅性"来引导学生的深入思考。比如"如果我们认为引力是发生在两个有质量的物体之间的现象的话，为什么我和你并没有被吸到一起？""例子可以作为论据吗？为什么？"。展开式本质问题很多也是以追问的方式出现，体现支架思维，不断推动学生思考。

而总结式本质问题主要是在一个讨论阶段结束时提供适时的回顾。既可以是总结和梳理，比如"总结下大家刚才讨论的结论，优秀小说应该具有'引发共鸣'和'悬疑性'的特征，对不对？"；也可以是展望和追问，比如"刚才李明说好的小说都有悬疑性，那请问《红楼梦》的悬疑性体现在哪里？"。值得一提的是，这三类问题并不是按时间顺序来排列的，在大概念教学中，这三类问题根据需要在教学中交替出现。

---

① 该案例由浙江省杭州二中白马湖学校小学部教学组设计。

（3）按不同的关系，可以分为"具体与具体"本质问题、"具体与抽象"本质问题、"抽象与抽象"本质问题

大概念的生成是具体与抽象协同思维的结果，因此促进大概念理解的本质问题根据具体与抽象之间不同的关系，也可以分为三种类型。其中，"具体与抽象"本质问题是最为常见的。我们以"优秀小说的标准"这一论题形式的大概念为例来展示这三种不同关系的本质问题。"具体与抽象"本质问题："大家觉得自己看过的最好的小说是哪部，你能说说它有哪些特点吗？"；"抽象与抽象"本质问题："小说一般可以分为全知视角与有限视角，这两种视角的优缺点分别是什么？"；"具体与具体"本质问题："《飘》和《红楼梦》都是全世界公认的优秀小说，它们有什么共通之处？又有什么不同？"。

（二）本质问题的设计与运用

1. 设计本质问题

本质问题是与大概念配套的，因此确定本质问题大体上是循着大概念的方向来寻找的。麦克泰格和威金斯（2015）[43-53] 提供了六条实用的线索，具体如下。

线索1：从课程内容中发现本质问题。课程内容好比本质问题的答案，那么教师可以进行逆向思考，如果要得出这个答案，应该问什么问题？比如"政府的三权分立"，相应的本质问题就是"为什么我们要制衡政府的权力？"。

线索2：从课程标准中发现本质问题。找出课程标准中的关键词汇，特别是反复提及的一些核心名词。比如"贯穿课文的中心思想是什么？中心思想是如何展开的？有哪些细节论据可以支持对中心思想的论述？"。

线索3：从大概念的不同形式中发现本质问题。比如，以营养学这一话题为例，有一系列由理解目标引出的本质问题："理想体重是多少？"（概念——肥胖）、"我的饮食和健康有什么关系？"（观念——饮食影响健康）、"我们应该吃什么？"（论题——平衡膳食）。

线索4：从整体性问题中得出本质问题。本质问题也有不同的大小和范

围，"整体性本质问题"的具体化就是"局部性本质问题"。比如文学的整体性本质问题是"有效的作家是如何吸引读者的？"，那么具体到魔幻小说单元的局部性本质问题就是"优秀的魔幻小说家是如何吸引读者的？"。

线索5：从错误认识中寻找本质问题。学生常有的错误认识往往提示教师这就是学生理解的难点，因此更应该利用本质问题澄清他们的认识。比如就"科学方法无非是反复实验"这一误解可以衍生出下面这组本质问题，即"有哪些主要变量是需要控制的？我们如何来检查实验的有效性？"。

线索6：从理解的六个维度来定位本质问题。解释、释译、应用、洞察、移情和自我认识是UbD所界定的理解的六个维度，以"9·11"恐怖袭击事件的理解为例，有下面六个问题——"9·11"恐怖袭击的原因和结果是什么？（解释）、为什么恐怖袭击者恨美国政府？（释译）、怎样避免此类事件的再次发生？（应用）、"9·11"劫机者的故事是怎样的？（洞察）、为什么劫机者愿意选择自杀式袭击？（移情）、"9·11"恐怖袭击在哪些方面影响了美国人的生活？（自我认识）。

除了设计一般本质问题的六条线索外，麦克泰格和威金斯还特别给出了与技能有关的本质问题的设计线索，这是因为人们常常认为本质问题是与理论相关的，与技能无关。事实上，本质问题能大大促进技能提高。威金斯和麦克泰格（2017）提及一位有四十年经验的老足球教练之所以能让球队快速进步，就是因为他让球员学会了"思考足球"，而不只是埋头苦练。这位教练每次球赛中场休息时，都会和球员们讨论几个问题，包括"到目前为止，哪些战术有效？哪些无效？为什么？""如果无效，我们应该怎么做才能提高？"等。

和技能相关的设计线索有四条，具体如下。（麦克泰格 等，2015）[56]

线索1：基本概念。比如"力矩是怎么影响力量的？"，对这个本质问题的思考有助于更好地进行球类运动。

线索2：目的和价值。比如"杂志的编辑按照什么标准来审稿？"。

线索3：策略。比如"一个好的读者，当他看不懂时会怎么做？"。

线索4：使用情境。比如"为什么这一战术对战A球队时有用，对战B球队时却没有用？"。

珀金斯（2015）[85-89] 也介绍了四种设计方法，具体如下。

方法1：中心线索法。中心线索有很多种类型，既可以是某一概念、某一思维方式，也可以是某一观点。比如，在理解殖民史时，将"土地"这一概念作为中心线索，可以提出"人们如何看待土地？""人们如何改变土地？""土地如何塑造了人类文化？""为什么人们要争夺土地？"等问题。如果将"历史的思维方式"作为中心线索，则可以提出"我们如何才能找到发生在很久以前的事件的真相？""如何才能破除立场带来的偏见？"等本质（开放性）问题。

方法2：要素法。与"谁？在哪儿？做了什么？"这些传统的问题要素不同，本质问题常见的要素更符合思维的规律，比如"从谁的视角来看？从什么观点出发？如何确定信息的真伪？有哪些证据？不同人、事件是怎样相互联系的？产生联系的原因是什么？它们之间的联系产生了什么后果？这个观点里哪部分是新的，哪部分是旧的？为什么这种观点很重要？"。还有一个常见的本质问题要素，就是"假如不是……，而是……"，比如"假如人不是只能活到100岁，而是200岁、300岁呢？"，这是一个能充分打开学生思路的问题要素。

方法3：增殖法。也就是说由一个本质问题引出一系列本质问题，我们暂且称之为母问题和子问题。增殖的方式是多样的，既可以由母问题裂分成下位的子问题，也可以是母问题引发上位的子问题，或是由母问题联想到并列的子问题。

方法4：找到焦点。焦点通常就是学生的疑惑点，比如"植物不同于动物，它们没有感觉系统。那么，植物的各个部分怎么'知道'应该往哪里生长呢？"。

实际上，本质问题的提取和前面我们所提到的提取大概念的八条路径是一致的，具体如下。

路径一：课程标准。从课程标准中可以找到大概念或素养目标，从而衍生相应的本质问题，比如"特定的史事是与特定的时间和空间相联系的"这一大概念对应的本质问题就是"为什么我们不能以'当代人'视角来看史事？"。

路径二：教材分析。从单元导读、单元小结等寻找相关问题，比如"不同区域中人们的生活状况与地域环境特点密切相关"这一大概念对应的本质问题就是"某音乐选秀节目有很多选手来自四川，这是一种巧合吗？"；而像高中生物学教材则在单元导读中直接给出了本质问题，比如"为什么细胞的形态各异，但却有着大致相同的基本结构？"。

路径三：专家思维。从专家的角度来思考问题，想想专家一般会思考什么样的问题，这在很大程度上促使我们从本源来思考问题，这里隐含着一个基本的认识前提，即人类知识都是人创造的，而不是原本就有的，比如"为什么会有童话这种文体？它和寓言有什么区别？""小数和分数有什么异同？在哪些情境下，我们用分数更多？哪些情境下，我们用小数更多？"。

路径四：概念派生。和概念派生相对应就是问题派生，将上位的本质问题加以具体化，比如从"如何根据不同的情境来进行语言交流？"可以派生出"给爷爷奶奶讲 5 分钟故事和给他们讲半小时故事，应该怎样进行选材？"。

路径五：生活价值。每个人都有真实的生活体验，可以根据相关的主题提出一些困惑，比如"为什么冬天我们从室外走到温暖的室内时眼镜会起雾？"。

路径六：知能目标。知能目标的提问遵循不仅知道其然，而且要知道其所以然的原则，常常体现为"为什么"的问题，比如"为什么通知的标题往往要居中加粗？"。

路径七：学习难点。难点往往也是困惑点，因此可以提出像"为什么不能用'Yes, I like.'来回答'Do you like pears？'"的问题。

路径八：评价标准。无论是学校教育还是现实世界，我们的成果往往都需要评价，因此评价标准也是解决问题的方向，所以也可以从这个角度来提问，比如"什么是一篇好的写景文？在日常生活中有哪些写景文？它们有什么共同的特点？"。

本质问题的设计并非一蹴而就的，好的本质问题往往要经历一个修改的过程，也正是在这样的修改过程中教师的提问能力得到了磨炼。麦克泰格和威金斯（2015）[4]列出了一个好的本质问题应该具备的七个特征供教师参考：①是开放式的；②是发人深省和引人思考的；③是需要高级思维的，仅仅通过背诵无法回答；④会指向学科内（有时是跨学科的）重要的、可迁移的观点；⑤能引发其他问题，并激发学生进一步的探究；⑥需要证据和证明，而不仅仅是答案；⑦随着时间的推移会反复出现。

我们对此作了进一步的简化，教师可以用以下标准与设计出的本质问题进行核对。

> 标准1：对准单元目标，体现专家思维。
> 标准2：链接现实世界，引起持续性研讨。
> 标准3：唤起学生的兴趣，适合学生的水平。

在保证目标指向于大概念的同时，特别要从学生的角度出发打磨问题，如"社会发展是如何引发人类聚集形态变化的？"这个问题没有链接到学生的生活，相对比较抽象，所以很难唤起学生的兴趣，可以将其修改为"各位同学，如果现在让你自由选择，你愿意在部落、农村还是城市生活？为什么？城市并不是从人类诞生之初就有的，从历史上来看，人类聚集形态发生了哪些变化？为什么会有这样的变化？它的方向是什么？请用历史证据、科学研究、因果推理以及具体案例等来支持你的想法"。

2. 教会学生提出问题

不仅教师要学会提本质问题，更要鼓励学生自己提本质问题。珀金斯（2015）认为，苏格拉底的产婆术虽然能很好地引导学生思考，但仔细一想就会发现，提问的永远是"苏格拉底"，是他巧妙地用一系列问题引发了对方的思考，换言之，苏格拉底始终占据主导地位，而我们希望学生能拥有话语权，能主动发问。

教育的一个长期目标是把学生培养成更好的提问者，因为随着知识更新速度的不断加快，就长远看，在现实世界中发现问题和提出问题是解决问题的前提。而即使是从眼前看，提问能力的强弱在一定程度上决定了学生汲取新知识的能力强弱，能提出问题证明学生在积极地思考。提问是探究的代名词，标志着学生正在主动进行知识建构。沃尔什和萨特（2018）认为，对于学生来说，学会提问是有效组织学习内容的途径，他们头脑中产生的一个个问题往往就是把思维的"电路系统"点燃的节点。

当然，不仅要能提出问题，而且要提有意义的问题，也就是说不能引导学生提出为问而问的"假问"，而是倡导提出想问才问的"真问"。比如老师请学生就"轮子"主题进行提问，学生一开始提出的问题有"有正方形的轮子吗？""世界上最大的轮子有多大？""轮子可以说话吗？"等，这些就是"假问"。要想让学生真的能提出问题，就需要激活他们的生活体验，教师既可以在课堂上引入一些案例，也可以让学生去观察现实世界中的轮子。学生基于丰富的案例会提出像"为什么轮胎都是黑色的？""为什么汽车上的轮子有花纹，而手推车上的轮子是光滑的？""为什么小操场雨棚下面有很多轮子，并且前后大小不一样？"这样的"真问"。[①]

大概念教学在引导学生提问上具有优势，小概念教学中都规定好了"答案"，留给学生的探索空间非常有限，很难引导学生真正地思考和讨论。不过，即使在大概念教学中，提问能力也是需要教师有意识地去培养的。可以通过提供示范和支架，逐渐由教师提问过渡到由学生提问。这也就是皮尔逊（Pearson）和加拉格尔（Gallagher）提到的"责任的逐步转让"（Pearson et al.,1983），体现从扶到放的过程。麦克泰格和威金斯（2015）[91]用通俗的语言描述了这样的过程，即"我做，你看→我做，你帮→你做，我帮→你做，我看→我模仿，你做→你做，我反馈和引导→你练习和提炼，你自我评价"，最终让学生成为一个独立的提问者。

为了让学生更好地思考，教师可以向学生提供一些提问的支架，如表5-5所示。

---

① 该情境引自"王炸工作坊"微信公众号《STEM项目学习|如何让学生提出一个"好问题"？》。

表5-5　提问支架示例

提问目的	提问支架
具体—具体	这两个案例有什么共通点呢？这两个案例好像不太一样？是不是属于不同类别？
具体—抽象	你谈到的论点、证据是什么？我想要知道这个证据的来源。你刚才提到的那个论点，能否举个例子？关于这点，我有一个反例，如何解释呢？
抽象—具体	用这个观点，怎样去解释这个现象呢？这个观点有没有不能覆盖的案例，为什么？
抽象—抽象	是不是有一个更上位的概念可以包括这个概念？这个观念是不是和那个观念是相关联的？
元认知	你说的这个观点，和我们讨论的议题有什么关联？

3．本质问题的运用

本质问题渗透于整个大概念的教学过程之中，包括准备、建构、应用和反思阶段。本质问题的运用可以和各种教学方法相结合，无论是以教师为主的教学方法，还是以学生为主的教学方法。

麦克泰格和威金斯（2015）[69]提出了本质问题运用的四个步骤，具体如下：

步骤1：提出一个问题，用于激发探究。

步骤2：引出不同的回答，并对这些回答进行提问。

步骤3：提出并探讨新的想法。

步骤4：到达暂时的终点。

这四个步骤的逻辑就是"提问→讨论→再提问→总结"，展示出本质问题的循环性，也就是说提问引发思考，思考又引发提问。

不过在我们看来，本质问题的运用不存在"步骤"，而是深深地嵌入"具体→抽象→具体"的大概念学习过程中。从思维的角度来看，也就是不断推动"联想案例→进行归纳→作出演绎→联想案例"的螺旋上升，使思维向纵深发展，布织理解之网，逐渐形成专家思维。埃斯蒂斯和明茨（2020）将这个过程比喻为编织一块手工地毯，每一次的穿针引线都会让这块地毯的色彩更加丰富，学生头脑中的认知结构也会像这地毯一样越来越精密。也可以和第一章所说的"地图"隐喻关联，本质问题的研讨引导我们不断地在城市中穿梭，了解城市的每一个店铺、每一条街道，形成了脑内的地图而不是路线。本质问题运用的重点不在于得出专家结论，而是在探讨问题的过程中发展专家思维，所以从一定程度上看，本质问题的探讨是永远没有止境的。马歇尔和弗伦奇（Marshall et al.，2018）也提出黏合概念探究过程的七个阶段的是一种"概念探究的文化"，这种文化由以下三个元素组成。

> 开放的思想：愿意倾听一切观点，尤其是和自己不一样的观点。
> 求证的思想：所有论点的提出都是负责任的，有论据的支撑。
> 坚持不懈的精神：不轻易满足于一时的成就，而是不断追问。

因为教学的时间有限，我们会作出一些总结，但无论是教师还是学生都应该明白，这些得出的结论都是暂时性的。

不过尽管本质问题的讨论是无止境的，但这不代表是无方向的。保罗和埃尔德（2013）提出了思维的九条评估标准：清晰性、准确性、精确性、相关性、深度、广度、逻辑性、重要性和公正性。从思维聚合和发散两个维度来看就是"严密性"和"开阔性"，这是专家思维最重要的品质，同时也可以作为本质问题在具体运用时的导向。

首先我们来看严密性，严密性的核心是提供合适的证据。无论是现实世界还是学校教育，我们常常表现为"不求甚解"，没有打破砂锅问到底的思维习惯。比如，对于"地球在这50亿年中积累的太阳能是我们今天所用大部分能量的源泉"这个观点，我们无法用生活中的证据加以证明，因此就要问："生活中有风能、水能、热能等各种各样的能量，但明明只有少部分地方如太阳能热水器、太阳能电池等使用了太阳能，为什么说我们所用的大部分能量源泉是太阳能呢？是不是太阳能经历了转化，变成了其他形式的能量？那么又是如何转化的呢？"

其次我们来看开阔性，开阔性的核心是关注多样化。比如，我们曾经看到一位老师对比了书本上的"通知"和"留言条"两篇例文后，总结归纳出"通知不需要写称呼，留言条需要写称呼"的规律，但如果老师能思考"同样是实（应）用文，为什么通知不需要写称呼，而留言条需要写称呼？"，进而就会思考"是不是现实世界中所有的通知都是不写称呼的？"。

因此，在本质问题的运用过程中特别要注意两点，具体如下。

首先，要不断质疑。从不同功能的本质问题分类来看，展开式本质问题是最为重要的，因为它的最大特点就是"挑衅性"，也就是说不断质疑自己已经形成的观念。佐藤学（2012）说教师在课堂上要做的三件事是"倾听""串联"和"反刍"，而反刍就是指挑衅，不仅是教师，学生也要做这三件事。

其次，要联结具体与抽象。本质问题是和大概念配套的，因此对本质问题的研讨一定不是只有"从抽象到抽象"，更多的是"从具体到抽象""从抽象到具体""从具体到具体"。只有具体与抽象的协同思维才能促进人不断思考，比如"说明文为什么使用列数字、举例子、打比方、作比较等方法？"，如果只是抽象地回答"能说得更清楚"，那么无论是在严密性还是开阔性上，这个回答都是不够的。但如果想一想说明方法在现实世界中的具体案例，会发现不同情境下的说明文所使用的方法是不一样的，如动物园里介绍松鼠和书本上描述松鼠的课文使用的说明方法就有很大的不同，这会引发我们思考为什么会有这样的不同。这便会促进我们理解说明方法，形成相关的大概念。

参考文献

中文文献

埃里克森，兰宁，2018. 以概念为本的课程与教学：培养核心素养的绝佳实践[M]. 鲁效孔，译. 上海：华东师范大学出版社.

埃斯蒂斯，明茨，2020. 十大教学模式：第7版[M]. 盛群力，徐海英，冯建超，等译. 上海：华东师范大学出版社.

安布罗斯，布里奇斯，迪皮埃特罗，等，2012. 聪明教学7原理：基于学习科学的教学策略[M]. 庞维国，徐晓波，杨星星，等译. 上海：华东师范大学出版社.

安德森，克拉斯沃尔，艾雷辛，等，2008. 学习、教学和评估的分类学：布卢姆教育目标分类学修订版：简缩本[M]. 皮连生，主译. 上海：华东师范大学出版社.

奥苏贝尔，2018. 意义学习新论：获得与保持知识的认知观[M]. 毛伟，译. 杭州：浙江教育出版社.

保罗，埃尔德，2013. 批判性思维工具：原书第3版[M]. 侯玉波，姜佟琳，等译. 北京：机械工业出版社.

彼格斯，科利斯，2010. 学习质量评价SOLO分类理论：可观察的学习成果结构[M]. 高凌飙，张洪岩，主译. 北京：人民教育出版社.

波斯纳，鲁德尼茨基，2010. 学程设计：教师课程开发指南：第七版[M]. 赵中建，肖玉敏，李丽，等译. 上海：华东师范大学出版社.

博斯，克劳斯，2020. PBL项目制学习[M]. 来赞，译. 北京：中国纺织出版社.

布莱森，2020. 人体简史[M]. 闫佳，译. 上海：文汇出版社.

布兰思福特，布朗，科金，等，2013. 人是如何学习的：大脑、心理、经验及学校：扩展版[M]. 程可拉，孙亚玲，王旭卿，译. 上海：华东师范大学出版社.

布鲁纳，1989. 布鲁纳教育论著选[M]. 邵瑞珍，张渭城，等译. 北京：人民教育出版社.

陈锋，2017. 初中科学概念教学范式的创新研究[M]. 上海：上海教育出版社.

陈嘉映，2007. 哲学　科学　常识[M]. 北京：东方出版社.

陈如平，李佩宁，2018. 美国STEM课例设计：小学卷[M]. 北京：教育科学出版社.

崔允漷，2017. 指向深度学习的学历案[J]. 人民教育（20）：43-48.

崔允漷，2019. 如何开展指向学科核心素养的大单元设计[J]. 北京教育（普教版），4（2）：11-15.

崔允漷，2021. 素养时代组织教学，需要单元设计[J]. 星教师（2）：56-59.

达克沃斯，2005. 精彩观念的诞生：达克沃斯教学论文集[M]. 张华，等译. 北京：高等教育出版社.

达令-哈蒙德，2018. 新一代测评：超越标准化考试，促进21世纪学习[M]. 韩芳，译. 长沙：湖南教育出版社.

德雷克，伯恩斯，2007. 综合课程的开发[M]. 廖珊，黄晶慧，潘雯，译. 北京：中国轻工业出版社.

董远骞，施毓英，1988. 俞子夷先生教育实验述要[J]. 教育研究与实验（4）：59-63.

杜威，2001. 民主主义与教育[M]. 王承绪，译. 2版. 北京：人民教育出版社.

杜威，2015. 我们如何思维[M]. 伍中友，译. 2版. 北京：新华出版社.

多尔，2000. 后现代课程观[M]. 王红宇，译. 北京：教育科学出版社.

范梅里恩伯尔，基尔希纳，2015. 综合学习设计：第二版[M]. 盛群力，陈丽，王文智，等译. 2版. 福州：福建教育出版社.

菲德尔，比亚利克，特里林，2017. 四个维度的教育：学习者迈向成功的必备素养[M]. 罗德红，译. 上海：华东师范大学出版社.

费舍尔，2014. 创造性对话：课堂里的思维交流[M]. 刘亚敏，译. 北京：社会科学文献出版社.

费希尔，弗雷，2019. 扶放有度实施优质教学[M]. 徐佳燕，张强，译. 福州：福建教育出版社.

富兰，兰沃希，2016. 极富空间：新教育学如何实现深度学习[M]. 于佳琪，黄雪锋，译. 重庆：西南师范大学出版社.

格朗伦德，布鲁克哈特，2017. 设计与编写教学目标：第八版[M]. 盛群力，郑淑贞，冯丽婷，译. 北京：中国轻工业出版社.

郭玉英，姚建欣，2016. 基于核心素养学习进阶的科学教学设计[J]. 课程·教材·教法，36（11）：64-70.

哈伦，2011. 科学教育的原则和大概念[M]. 韦钰，译. 北京：科学普及出版社.

哈伦，2016. 以大概念理念进行科学教育[M]. 韦钰，译. 北京：科学普及出版社.

哈罗，辛普森，1989. 教育目标分类学：第三分册　动作技能领域[M]. 施良方，唐晓杰，译. 上海：华东师范大学出版社.

黑柳彻子，2010. 小时候就在想的事[M]. 赵玉皎，译. 2版. 海口：南海出版公司.

怀特海，2016. 教育的目的[M]. 靳玉乐，刘富利，译. 北京：中国轻工业出版社.

皇甫倩，常珊珊，王后雄，2015. 美国学习进阶的研究进展及启示[J]. 外国中小学教育（8）：53-59，52.

焦尔当，2015. 学习的本质[M]. 杭零，译. 上海：华东师范大学出版社.

凯恩L，凯恩J，2004. 创设联结：教学与人脑[M]. 吕林海，译. 上海：华东师范大学出版社.

柯林斯，2018. 文凭社会：教育与分层的历史社会学[M]. 刘冉，译. 北京：北京大学出版社.

克拉斯沃尔，布卢姆，等，1989. 教育目标分类学：第二分册　情感领域[M]. 施良方，张云高，译. 上海：华东师范大学出版社.

库恩，2003. 科学革命的结构[M]. 金吾伦，胡新和，译. 北京：北京大学出版社.

赖格卢特，卡诺普，2015. 重塑学校：吹响破冰的号角[M]. 方向，译. 福州：福建教育出版社：15.

李刚，吕立杰，2018. 大概念课程设计：指向学科核心素养落实的课程架构[J].

教育发展研究，38（Z2）：35-42.

李坤玲，王锢，2018. 个人意涵图在博物馆学习评价中的应用研究综述[J]. 开放学习研究，23（6）：51-60.

刘徽，2016. 从逆向的思路来看课程设计：读《理解力培养与课程设计：一种教学和评价的新实践》[J]. 现代教学（4A）：77-79.

刘徽，2018. 教授知识　通达智慧：读《为未知而教，为未来而学》[J]. 现代教学（10A）：77-79.

刘徽，2019. 大概念教学：让学生像科学家一样思考：读《以大概念理念进行科学教育》[J]. 现代教学（11A）：77-79.

刘徽，2020a. "大概念"视角下的单元整体教学构型：兼论素养导向的课堂变革[J]. 教育研究，41（6）：64-77.

刘徽，2020b. 可观察的学习结果结构：读《学习质量评价：SOLO分类理论》[J]. 现代教学（11A）：77-79.

刘月霞，2021. 指向"深度学习"的教学改进：让学习真实发生[J]. 中小学管理（5）：13-17.

刘月霞，郭华，2018. 深度学习：走向核心素养：理论普及读本[M]. 北京：教育科学出版社.

罗日叶，2010a. 为了整合学业获得：情境的设计和开发：第二版[M]. 汪凌，译. 上海：华东师范大学出版社.

罗日叶，2010b. 整合教学法：教学中的能力和学业获得的整合：第二版[M]. 汪凌，译. 上海：华东师范大学出版社.

罗日叶，2011. 学校与评估：为了评估学生能力的情境[M]. 汪凌，周振平，译. 上海：华东师范大学出版社.

吕立杰，2020. 大概念课程设计的内涵与实施[J]. 教育研究，41（10）：53-61.

马兰，2012. 整体化有序设计单元教学探讨[J]. 课程·教材·教法，32（2）：23-31.

马扎诺，肯德尔，2020. 教育目标的新分类学：第2版[M]. 高凌飚，吴有昌，苏峻，译. 2 版. 北京：教育科学出版社.

马扎诺，皮克林，2015. 培育智慧才能：学习的维度教师手册[M]. 盛群力，何晔，张慧，等译. 福州：福建教育出版社.

麦克泰格，威金斯，2015. 让教师学会提问：以基本问题打开学生的理解之门[M]. 俎媛媛，译. 北京：中国轻工业出版社.

麦克泰，威金斯，2020. 理解为先单元教学设计实例[M]. 盛群力，张恩铭，王陈烁，等译. 宁波：宁波出版社.

梅里尔，2016. 首要教学原理[M]. 盛群力，钟丽佳，等译. 福州：福建教育出版社.

弭乐，郭玉英，2018. 概念学习进阶与科学论证整合的教学设计研究[J]. 课程·教材·教法，38（5）：90-98.

诺瓦克，2016. 学习、创造与使用知识：概念图促进企业和学校的学习变革[M]. 赵国庆，吴金闪，唐京京，等译. 北京：人民邮电出版社.

帕尔默，2014. 教学勇气：漫步教师心灵：十周年纪念版[M]. 吴国珍，等译. 上海：华东师范大学出版社.

皮亚杰，2017. 发生认识论原理[M]. 王宪钿，等译. 北京：商务印书馆.

珀金斯，2015. 为未知而教，为未来而学[M]. 杨彦捷，译. 杭州：浙江人民出版社.

乔纳森，豪兰，摩尔，等，2007. 学会用技术解决问题：一个建构主义者的视角：第 2 版[M]. 任友群，李妍，施彬飞，译. 北京：教育科学出版社.

乔纳森，2015. 学会解决问题：支持问题解决的学习环境设计手册[M]. 刘名卓，金慧，陈维超，译. 上海：华东师范大学出版社.

任学宝，2020. 新时代教研转型的浙江视角[J]. 教师教育论坛，33（8）：8-11.

邵朝友，崔允漷，2017. 指向核心素养的教学方案设计：大观念的视角[J]. 全球教育展望，46（6）：11-19.

申继亮，2020. 教学改革如何在"深化"上做文章？[EB/OL].（2020-10-31）[2021-01-12].http://education.news.cn/2020-10/31/c_1210866264.htm.

斯特弗，盖尔，2002. 教育中的建构主义[M]. 高文，徐斌艳，程可拉，等译. 上海：华东师范大学出版社.

宋歌，2017.国外科学教育中的表现性评价述评[J].外国中小学教育（6）：17-25.

索耶，2010.剑桥学习科学手册[M].徐晓东，等译.北京：教育科学出版社.

泰勒，1994.课程与教学的基本原理[M].施良方，译.北京：人民教育出版社.

田中耕治，松下佳代，西冈加名惠，等，2015.学习评价的挑战：表现性评价在学校中的应用[M].郑谷心，译.上海：华东师范大学出版社.

威金斯，麦克泰，2003.理解力培养与课程设计：一种教学和评价的新实践[M].么加利，译.北京：中国轻工业出版社.

威金斯，麦克泰格，2017.追求理解的教学设计：第二版[M].闫寒冰，宋雪莲，赖平，译.上海：华东师范大学出版社.

威金斯，麦克泰，2018.理解为先模式：单元教学设计指南：一[M].盛群力，沈祖芸，柳丰，等译.福州：福建教育出版社.

沃尔什，萨特，2018.优质提问教学法：让每个学生都参与学习：第二版[M].盛群力，吴海军，陈金慧，等译.北京：中国轻工业出版社.

吴庆生，2021.化学大概念单元教学的实践与研究[J].化学教学（8）：38-42.

吴奕光，1935.大单元设计中心教学的检讨[J].遗族校刊，2（6）：71-74.

希尔，2019.设计与运用表现性任务：促进学生学习与评估[M].杜丹丹，杭秀，译.福州：福建教育出版社.

夏雪梅，2018.项目化学习设计：学习素养视角下的国际与本土实践[M].北京：教育科学出版社.

向钦，1948.怎样举行大单元教学？[J].国民教师通讯（86）：2-4.

徐元昭，1940.教学实施：怎样施行中心单元教学[J].四川国民教育月刊，1（1）：41-45.

扬，2019.把知识带回来：教育社会学从社会建构主义到社会实在论的转向[M].朱旭东，文雯，许甜，等译.北京：教育科学出版社.

杨九诠，2021.三维目标，核心素养的分析框架[J].上海教育科研（1）：1.

杨向东，2018.指向学科核心素养的考试命题[J].全球教育展望，47（10）：39-51.

耶伦，2015. 目标本位教学设计：编写教案指南[M]. 白文倩，任露铭，译. 福州：福建教育出版社.

伊列雷斯，2010. 我们如何学习：全视角学习理论[M]. 孙玫璐，译. 北京：教育科学出版社.

尹后庆，2021. 务实而专业地迎接育人方式变革的新挑战[J]. 基础教育课程（Z1）：15-17.

张丰，2019. 学习设计与作业设计：融汇"教""学"全过程[J]. 人民教育，23：47-51.

张华，2016. 论核心素养的内涵[J]. 全球教育展望，45（4）：10-24.

张祖忻，朱纯，胡颂华，1992. 教学设计：基本原理与方法[M]. 上海：上海外语教育出版社.

章巍，2021. 概念为"的"，单元做"矢"[J]. 星教师（4）：22-27.

钟启泉，2015. 单元设计：撬动课堂转型的一个支点[J]. 教育发展研究，35（24）：1-5.

钟启泉，2019. 真实性：核心素养的精髓[N]. 中国教育报，2019-06-20（7）.

钟启泉，2021. 深度学习：课堂转型的标识[J]. 全球教育展望，50（1）：14-33.

周初霞，2020. 指向学科核心素养的高中生物学试题命制研究[J]. 生物学教学，45（3）：62-65.

朱德江. 重塑学习：小学数学"深度学习"课堂样态新探八讲[M]. 上海：华东师范大学出版社，2021.

佐藤学，2004. 学习的快乐：走向对话[M]. 钟启泉，译. 北京：教育科学出版社.

佐藤学，2012. 教师的挑战：宁静的课堂革命[M]. 钟启泉，陈静静，译. 上海：华东师范大学出版社.

佐藤学，2014. 静悄悄的革命：课堂改变学校就会改变[M]. 李季湄，译. 北京：教育科学出版社：19.

外文文献

Australian Curriculum, Assessment and Reporting Authority (ACARA), 2020. Key ideas [EB/OL]. [2021-06-28]. https://www. australiancurriculum. edu. au/f-10-curriculum/ humanities-and-social-sciences/key-ideas/.

BRANSFORD J D, BROWN A L, COCKING R R, 2000. How people learn: Brain, mind, experience, and school[M]. Washington DC: National Academy Press.

BERNSTEIN B, 1999. Vertical and horizontal discourse: An essay [J]. British Journal of Sociology of Education, 20(2): 157-173.

BJORKLUND D F, CAUSEY K B, 2017. Children's thinking: Cognitive development and individual differences[M]. Thousand Oaks, CA：SAGE Publications.

BLOOM B S, 1956. Taxonomy of Educational Objectives: The Classification of Educational Goals, Handbook I [M]. New York: D. McKay.

BOYER E L, 1995. The basic school: A community for learning[M]. San Francisco: Jossey-Bass.

CHI M T H, GLASER R, REES E, 1982. Expertise in problem solving[M]. New Jersey: Lawrence Erlbaum Associates.

DAVIES A, 2007. Involving students in the classroom assessment process[M]// AINSWORTH L, ALMEIDA L, DAVIES A. Ahead of the curve: The power of assessment to transform teaching and learning[M]. Bloomington, IN：Solution Tree Press.

DOIG B, WILLIAMS J, SWANSON D, et al., 2019. Interdisciplinary mathematics education: The state of the art and beyond[M]. Cham, Switzerland: Springer Nature.

DWECK C S, 2006. Mindset: The new psychology of success[M]. New York: Random House.

EARL L M, 2013. Assessment as learning: Using classroom assessment to maximize student learning[M]. 2nd ed. Thousand Oaks, CA: Corwin.

ENGESTRÖM Y, 1987. Learning by expanding: An activity-theoretical approach to developmental research[M]. Helsinki, Finland: Orienta-Konsultit.

ENTWISTLE N, MCCUNE V, WALKER P, 2010. Conceptions, styles, and approaches within higher education: Analytic abstractions and everyday experience[M]// STERNBERG R J, ZHANG L F. Perspectives on thinking, learning, and cognitive styles. New York: Routledge: 103-136.

ERICKSON H L, 2008. Stirring the head, heart, and soul: Redefining curriculum and instruction[M]. Thousand Oaks, CA: Corwin.

ERICKSON H L, 2009. Concept-based curriculum and instruction for the thinking classroom: Multimedia Kit[M]. Thousand Oaks, CA: Corwin.

FALK J H, MOUSSOURI T, COULSON D, 1998. The effect of visitors' agendas on museum learning[J]. Curator the Museum Journal, 41(2):107-120.

FISHER D, FREY N, 2016a. Gradual release of responsibility in the classroom[M]. Alexander, VA: ASCD.

FISHER D, FREY N, HATTIE J, 2016b. Visible learning for literacy, grades K-12: Implementing the practices that work best to accelerate student learning[M]. Thousand Oaks, CA: Corwin.

FREY C B, OSBORNE M A, 2017. The Future of Employment: How susceptible are jobs to computerisation? [J]. Technological Forecasting and Social Change, 114: 254-280.

GARDNER H, 2006. Five minds for the future[M]. Boston: Harvard Business School Press.

GERGAN K J, 1995. Social construction and the educational process[M]//STEFFE L P, GALE J, Constructivism in education. New Jersey: Lawrence Erlbaum Associates.

GICK M L, HOLYOAK K J, 1983. Schema induction and analogical transfer[J]. Cognitive Psychology, 15(1):1-38.

GRAVEMEIJER K, 1999. How emergent models may foster the constitution of formal mathematics[J]. Journal of Mathematical Thinking and Learning, 1(2): 155-177.

GREENO J G, 1998. The situativity of knowing, learning, and research[J]. American Psychologist, 53(1): 5-26.

GUILFORD J P, 1967. The nature of human intelligence[M]. New York: McGraw-Hill.

HATTIE J, 2012. Visible learning for teachers: Maximizing impact on learning[M]. New York: Routledge.

KINCHIN M I, HAY D B, 2005. Using concept maps to optimize the composition of collaborative student groups: A pilot study[J]. Journal of Advanced Nursing, 51(2):182-187.

KOLB D A, 1984. Experiential learning: Experience as the source of learning and development [M]. Englewood Cliffs, NJ: Prentice Hall.

LANNING L A, BROWN T, 2019. Designing learning to ignite understanding and transfer, grades 4-10[M]. Thousand Oaks, CA: Corwin.

MARSCHALL C, FRENCH R, 2018. Concept-based inquiry in action: Strategies to promote transferable understanding[M]. Thousand Oaks, CA: Corwin.

MCFALL M, 2013. The little book of awe and wonder: A cabinet of curiosities[M]. Carmarthen: Independent Thinking.

MCTIGHE J, WILLIS J, 2019. Upgrade your teaching: understanding by design meets neuroscience[M]. Alexandria, VA: ASCD.

Ministry of Education, British Columbia, 2016. Big ideas for area of learning: social studies：Identity and families[R]. Province of British Columbia:1.

NATHAN M J, PETROSINO A, 2003. Expert blind spot among preservice teachers[J]. American Educational Research Journal, 40(4): 905-928.

NOTTINGHAM J, 2017. The Learning Challenge: How to guide your students through the learning pit to achieve deeper understanding[M]. Thousand Oaks, CA: Corwin.

NUMMELA R M, ROSENGREN T M, 1988. The brain's routes and maps: Vital connections in learning[J]. NASSP Bulletin,72(507): 83-86.

PEARSON P D, GALLAGHER M C, 1983. The instruction of reading comprehension[J]. Contemporary educational psychology, 8(3): 317-344.

PERKINS D N, SALOMON G, 1988. Teaching for transfer[J]. Educational Leadership, 46(1):22-32.

RADATZ H, 1986. Anschauung und Sachverstehen im Mathematikunterricht der Grund-schule: Graphical representations and the understanding of subject matter in teaching mathematics on the elementary level[M]//Beiträge zum Mathematikunterricht. Hildesheim, Germany: Franzbecker:239-242.

REEVES T C, HERRINGTON J, OLIVER R, 2002. Authentic activities and online learning[C]. Proceedings of the 25th HERDSA Annual Conference, Perth: Higher Education Research and Development Society of Australasia:562-567.

SFARD A, 1998. On two metaphors for learning and the dangers of choosing just one[J]. Educational Researcher, 27(2):4-13.

SIZER T R, 1984. Horace's compromise: The dilemma of the American high school[M]. Boston: Houghton Mifflin Company.

SOCKALINGAM N, SCHMIDT H G, 2011. Characteristics of problems for problem-based learning: The students' perspective[J]. Interdisciplinary Journal of Problem-Based Learning, 5(1):6-33.

SPIRO R J, VISPOEL W P, SCHMITZ J G, et al, 1987. Knowledge acquisition for application: Cognitive flexibility and transfer in complex content domains[M]//BRITTON B K. Executive control processes. New Jersey: Lawrence Erlbaum Associates:177-200.

STERN J, LAURIAULT N, FERRARO K, 2018. Tools for teaching conceptual understanding, elementary: Harnessing natural curiosity for learning that transfers[M]. Thousand Oaks, CA: Corwin.

STRIKE K A, POSNER G J, 1992. A revisionist theory of conceptual change[J]// DUSCHL R A, HAMILTON R J. Philosophy of science, cognitive psychology, and educational theory and practice. New York: State University of New York Press:147-176.

TALAUE F T, KIM M, AIK-LING A L, 2015. Finding common ground during collaborative problem solving: Pupils' engagement in scenario-based inquiry[M]// CHO Y H, CALEON I S, KAPUR M. Authentic Problem Solving and Learning in the 21st

Century：Perspectives from Singapore and Beyond. Singapore: Springer Singapore: 137-147.

VAN MERRIENBOER J J G, KIRSCHNER P A, 2018. Ten steps to complex learning: A systematic approach to four-component instructional design[M]. 3rd ed. New York: Routledge.

VYGOTSKY L, 1986. Thought and language[M]. Cambridge: The MIT Press.

WALSH J A, SATTES B D, 2015. Questioning for classroom discussion: Purposeful speaking, engaged listening, deep thinking[M]. Alexander, VA: ASCD.

WEBB N L, 2002. Depth-of-knowledge levels for four content areas[EB/OL]. (2002-03-28)[2020-02-22].http://ossucurr.pbworks.com/w/fibe/fetch/49691156/Norm%20 web%20dok%20by%20subject%20 area.pdf.

WHITEHEAD A N, 1929. The aims of education and other essays[M]. New York: Free Press.

WHITELEY M, 2012. Big ideas: A close look at the Australian history curriculum from a primary teacher's perspective[J]. Agora,47(1):41-45.

WIGGINS G, MCTIGHE J, 2007. Schooling by design: mission, action, and achievement[M]. Alexandria, VA: ASCD.

WILSON M R, 2005. Constructing measures: An item response modeling approach[M]. New Jersey: Lawrence Erlbaum Associates.

WOOD P K, 1985. A statistical examination of necessary but not sufficient antecedents of problem solving behavior[D]. Minnesota: University of Minnesota.

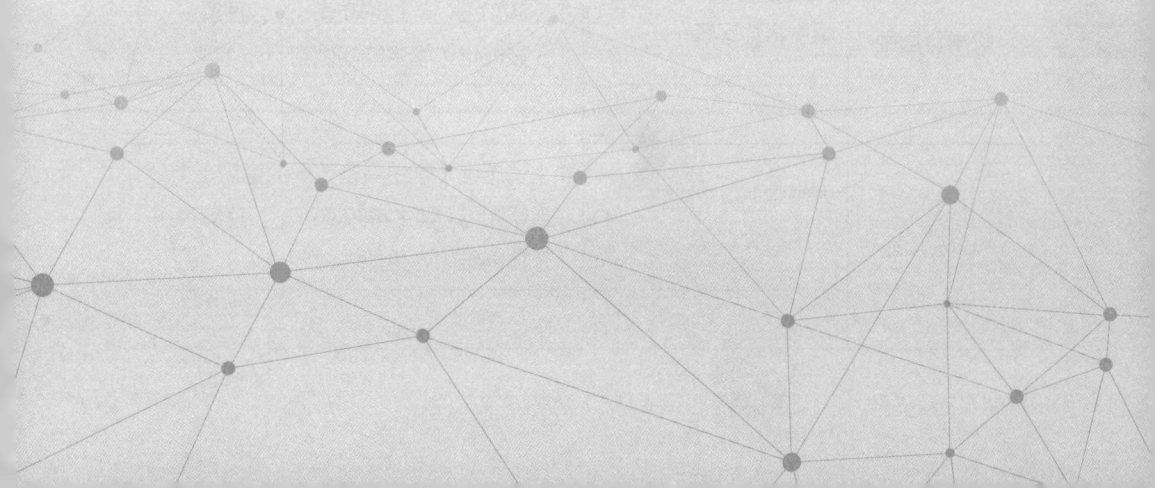

单元整体设计模板

1. 单元整体规划

单元整体构想：

- 单元设计的望远镜思维。思考单元与其他哪些单元相互关联，有共同的大概念？单元有哪些学科大概念和跨学科大概念？单元是否与真实生活相关联，学了这个单元后可以解决哪些问题？
- 单元设计的放大镜思维。思考单元各课时贯彻了哪些共同的大概念，形成何种迭代结构？设计什么样的单元轴能逐步加深学生对大概念的理解？

2. 单元目标设计

素养目标

学生在今后学习或真实生活中能够具备……素养

层面	单元大概念	具体单元目标
跨学科层面	大概念1：…… 学生将会理解……	1.1 情感维（学生具备……的意识） 1.2 认知维（学生将知道……，理解……） 1.3 技能维（学生能够做到……）
	……	……
学科层面	大概念1：…… 学生将会理解……	1.1 情感维（学生具备……的意识） 1.2 认知维（学生将知道……，理解……） 1.3 技能维（学生能够做到……）
	……	……

续表

其他具体单元目标
学会操作……；学会……动作；会写……； 熟练掌握……的计算；认识生字……

3. 单元评价设计

最终评价任务设计：

- 设计表现性任务。设计何种表现性任务能反映学生理解了大概念，并形成了素养？
- 设计真实性问题情境。由什么样的原型来改编为真实性问题情境？

评价量规设计：

- 设计评价类型。选择整合型评价量规还是分析型评价量规？是对成果进行评价还是对认知进行评价？
- 设计评价维度。设计哪些不交叉的评价维度？
- 设计评价权重。这些评价维度是否有权重？

4. 单元过程设计

学习过程：

- 设计过程元素。如何设计准备、建构、应用、反思四个元素？准备元素的设计是否能引发学生的兴趣，明确学习方向？建构元素是否选择具有真实性和典型性的多样化案例来帮助学生理解大概念？应用元素是否设计了有梯度、有弹性的各种类型的作业，反馈是否能帮助学生改进？反思元素是否贯穿于学习的整个过程，体现了从扶到放的过程？
- 设计三种评价。如何在学习过程中穿插学习性评价、学习式评价、学习的评价，形成评价连续体，确保素养目标的逐步实现？
- 设计本质问题。设计哪些本质问题可以引发学生持续性的讨论？怎样引导学生问出高质量的问题？

单元整体设计样例（小学语文说明文单元）①

1. 单元整体规划

单元整体构想：

• 单元设计的望远镜思维

　　说明文单元与已经学过的三上的第五单元、三下的第三单元和第七单元以及四下的第二单元和第四单元相关联，也与之后要学习的五下的第七单元和六上的第三单元相关联。这些单元中有一些课文也是说明文，比如《花钟》等；而有一些则是和说明文非常接近的记叙文，比如《白鹅》等，这些课文都可以做说明文单元的案例资源。说明文是实用文体的一种，因此和请假条等写作相关，同时也涉及选材和构思这些高位的语文大概念。说明文的实践应用在生活中无处不在，例如在学校中，不仅语文课堂上会应用说明文，其他学科的教学也会用到，比如科学课上的小组展示常常就是一种说明文。又如在日常生活中，无论是百科全书、家电的说明书、博物馆的展陈介绍，还是电视上的生活常识辟谣、直播带货、自我介绍等，往往都是说明文。除了正式的说明文外，还有非正式的说明文，因为在日常谈话中我们常常也需要介绍（人）实物、程序和事理等。②

• 单元设计的放大镜思维

　　这一单元共有四篇文章，从说明对象来看，《风向袋的制作》属于程序说明文，而《太阳》《松鼠》《鲸》则属于实物说明文；从语言风格来看，《松鼠》属于典型的文艺性说明文，而《风向袋的制作》则属于典型的平实性说明文。总体来说，这个单元属于并联结构，大概念1、大概念2和大概念3（见下文）均贯彻于单元的四篇课文中。为了更为紧密地围绕大概念来展开教学，本单元采用创新型设

---

① 作为样例，设计的容量可能偏大，实际教学中可根据具体情况作删减。

② 关于说明文这种文体的涵盖范围，研究者也和老师们进行了讨论。通过讨论，老师们突破了原先对说明文的狭隘理解，并意识到说明文的确无处不在。

计，同时结合常规型设计。具体来讲，可以根据说明文的学习逻辑将本单元分为四个单元链，即"什么是说明文？"（1—2课时）、"说明文的不同类型"（1—2课时）、"说明方法有哪些？"（1—2课时）和"我来写写说明文"（3—4课时），但同时前两个单元链以《太阳》和《松鼠》这两篇课文为重点案例来帮助学生理解大概念。当单元链根据时间形成单元轴时，前面三个单元链各侧重于一个大概念，同时也有融合，最后一个单元链充分融合三个大概念。

2. 单元目标设计

素养目标

能够读懂学校和生活中不同类型的说明文，体会语言风格、说明方法的差异，准确迅速地抓住说明文所要表达的要点。能够根据不同的对象、目的和场合，合理选材和构思，并正确灵活运用不同的说明方法进行书面或口头表达。同时养成热爱生活、亲近自然、关注社会以及实事求是、严谨科学的态度。

单元大概念	具体单元目标
大概念1：说明文是一种客观说明事物、阐明事理的文体。	1.1 能够把握说明文的特点，将之与其他文体相区分。 1.2 体会说明文在人类生活中的必要性。 1.3 养成实事求是、崇尚真知的科学态度。
大概念2：根据不同的目的和对象等，说明文可以分为不同的类型，它们的语言风格和说明方法都有所差异。	2.1 理解说明文在不同情境下的功用。 2.2 能够根据说明对象的不同，区分程序说明文、实物说明文和事理说明文。 2.3 能够根据语言风格，区分平实性说明文和文艺性说明文（科普小品文）。 2.4 能够根据不同的说明文类型进行合理选材和构思，突显重点和要点。 2.5 体会科普的重要性，建立人与自然的联结。
大概念3：不同说明方法的用途有所不同，如列数字是为了更精	3.1 认识列数字、作比较、举例子和打比方等说明方法的价值和作用。

确地表达，而举例子、作比较和打比方则是通过将陌生的事物熟悉化，从而更具体生动地表达。	3.2 能够识别不同的说明方法。 3.3 能够正确灵活地运用说明方法。

其他具体单元目标

正确书写"殖""鼠"等字；认识"敏捷""触动""歇凉""追逐"等词语。

3. 单元评价设计

最终评价任务1设计：

2522年，人类的活动足迹早已遍布整个银河系，人们根据自己的喜好选择居住在不同的星球上，各星球之间联系密切，语言交流无阻，贸易往来频繁。为了缩减星际交通开支，减少不必要的交通耗时，诞生于21世纪的直播拍卖依然是此时最受人们欢迎的购物方式。直播售出的物品将通过"星际闪送"超光速交付至买家手中。

作为"星际直播运营公司"的员工，需要完成公司的年度考核任务——直播拍卖会，以达到业绩要求。为公平起见，公司将通过抽取盲盒的方式确定不同团队的直播拍卖品，需要四人组队，共同完成拍卖品信息的收集与整理、拍卖词的撰写和直播拍卖（模拟）任务。盲盒中既有星球、岛屿、建筑、火箭等特殊限量款商品，也有电脑、耳机等日常商品，在拍卖中要能充分凸显各自抽取到的商品的优势与功用。公司将提供拍卖品实物、图片或模型辅助直播拍卖。

最终评价任务2设计：

作为自然界一员的人类，我们和世界上一切的事物都息息相关。但对我们来说，有些事物是陌生的，有些事物是熟悉的；有些事物是刚刚被发明或发现后才进入我们视野的，有些事物是我们习以为常的，还有些事物是有待我们继续探索深入了解的……好奇和探索是人类基于生存本能而形成的天性，对各色各样事物的了解越多，我们的生活也将变得更加便利。科普正是帮助大众科学认知事物的重要手段，而最受同学们喜欢的科普杂志莫过于《我们爱科学》了!《我们爱科学》杂志常见的主题栏目有"动物故事会""科学变变变""太空趣闻""节日小报""植物地图""对话营养师""科学透视眼""探秘大自然""漫话历史""疯狂实验室""地球探险队""科学观察员""建筑小学堂""显微世界""国学新知"……

续表

　　大家想不想来办一期我们班级自己的《我们爱科学》？每一位同学都是特约作者，可以选择自己感兴趣的主题与内容撰写一篇科普文章（可配图）。

成果评价分析型量规设计[①]：

水平	指标及权重			
	选材合理性（30%）	构思条理性（20%）	语言风格呈现（20%）	说明方法运用（30%）
3	根据具体的情境选取了合适的素材，既充分体现了事物的特点，又能做到科学准确。	全文整体构思清晰有条理，说明逻辑顺序合理。	全文语言风格整体统一，呈现出平实或生动活泼的鲜明特征。	能够正确运用合适的说明方法，达到了清晰准确或生动有趣的说明效果。
2	根据具体的情境选取了部分合适的素材，能做到科学准确，但未能充分体现事物的特点。	全文整体构思基本清晰有条理，说明逻辑顺序大致合理，但有1—2处存在逻辑混乱的问题。	全文语言风格基本统一，大致呈现出平实或生动活泼的特征，但有1—2处的语言风格存在差异。	能够正确运用合适的说明方法，基本达到了清晰准确或生动有趣的说明效果，但在方法选择或运用上存在不恰当之处。
1	未能根据具体的情境选取合适的素材，或所收集的素材比较有限，或科学性上有所偏差。	全文整体构思模糊无条理，说明逻辑顺序不合理，有多处存在逻辑混乱的问题。	全文语言风格不统一，难以呈现出平实或生动活泼的特征，有多处的语言风格存在差异。	没有很好地运用说明方法，不能达到清晰准确或生动有趣的说明效果。

---

① 权重根据难度系数和重要程度等综合决定。

续表

4. 单元过程设计

学习过程：

- 准备①

单元概述：本单元我们将学习说明文，就像叶圣陶爷爷所说的那样，"说明文以'说明白了'为成功"，当然有时还有更高的要求。

生活中说明文无处不在，说不明白的情形也时常会出现，比如下面我们来看两个情境："直播间的小白"（主播突然咳嗽不止，助手小琦临时顶班，拿着一款新型牙刷开始手忙脚乱地介绍）和"'看不见'的洗衣机"（小辰一个人在家，要使用洗衣机，但爸爸不在家，于是小辰打电话向爸爸说明他遇到的问题）。在看的过程中，大家可以想想"为什么他们没有说明白？"，同时也想想"怎样才能说明白？怎样选择说什么？"。

说明文不仅有实际的用途，还可以增进人与万物的关联，综艺节目《"象"往的生活》记录了西双版纳州勐养子保护区的亚洲象向北迁徙的过程（可放映片段），开播后引起了极大的关注，这样的节目讲解让我们更了解大象，同时更加爱护它们。在大象的行进过程中，无论是云南当地民众还是线上网友都表现出了极大的爱心和耐心。这里的讲解也是说明文，也就是我们所说的科普，不仅动物可以科普，美食也可以科普，比如《舌尖上的中国》中那些诱人的解说（可放映片段）。这就需要我们想想，怎样才能说明得又清楚又生动呢？

带着这些问题我们将进入说明文的世界，学习"什么是说明文？"，来看看说明文与记叙文、散文、童话等有什么区别；"说明文的不同类型"，来看看有哪些不同的说明文；"说明方法有哪些？"，来学习列数字、打比方、作比较、举例子这些说明方法；"我来写写说明文"，学到了新本领后大家可以尝试来用一用。

经过这个单元的学习，相信我们每位同学都能写得更明白，说得更明白。单元学习结束时，我们将会举行一个模拟拍卖会，请大家抽盲盒，并对抽到的"商品"进行说明，要用上大家在这个单元里学习到的新本领哦！另外，我知道很多同学都很喜欢《我们爱科学》这个杂志，通过这个单元的学习，我们也要编一本班级的《我们爱科学》，作者就是同学们，非常期待大家的作品。下面我们就开始学习啦！

---

① 单元概述是典型的准备元素，不过准备元素不仅是单元概述，还穿插在整个学习过程中，这里略写。

续表

单元链一："什么是说明文？"（重点学习大概念1）

• **建构1：归纳——教师为主型**

　　教师讲解＋师生交流：学习《太阳》这篇课文。讨论本质问题：选择说什么？怎么说？

　　教师示证：出示四篇"太阳"主题的不同文体的文章，比较童话、记叙文、散文和说明文的异同，理解文体的不同主要在于写作目的的不同。

　　小组合作：教师给学生提供十篇已经学过的文章，请学生进行归类，并对小组的分类结果进行交流，教师予以反馈。（学习性评价）

　　师生交流：讨论本质问题"猜想下，最早的说明文是什么？""为什么会有说明文？""说明文的特点是什么？"等等。

　　独立思考＋师生交流：为什么《白鹭》不是说明文？

• **应用：**

　　（作业①）寻找生活中的说明文。

• **建构2：演绎——教师为主型**

　　小组合作＋师生交流：学生在小组内分享自己收集到的说明文，初步分为不同类型，并进行小组展示。（学习性评价＋学习式评价）

　　教师示证：根据学生收集的说明文情况进行补充和总结，补充一些案例拓宽学生的思考，比如自我介绍、口头说明文（直播间介绍物品等）。

单元链二："说明文的不同类型"（重点学习大概念2）

• **建构：归纳——教师为主型**

　　教师讲解＋师生交流：学习课文《松鼠》，并与《中国大百科全书》中的《松鼠》说明文进行比较，想想两篇说明文有什么不同，为什么会有这样的不同。

　　自主阅读＋教师辅导：学习《鲸》和《风向袋的制作》两篇课文。

　　小组合作＋师生交流：出示一些说明文（包括以往学过的说明文，如《花钟》《蝙蝠与雷达》等），并统整学生在"单元链一"中收集到的说明文，请学生进行

---

① 这里重点讨论与大概念有关的作业。

分类，同时猜想应用的情境。讨论本质问题：说明文有哪些不同类型？各自有什么特点？

- 应用：

（作业）根据说明文的分类，对前一阶段"寻找生活中的说明文"作业进行补充。（学习性评价）

单元链三："说明方法有哪些？"（重点学习大概念3）

- 建构：演绎——教师为主型

教师讲解＋教师示证＋师生交流：学习教材上的"交流平台"，说明文会用说明方法，比如列数字、作比较、打比方。通过举例让学生理解说明方法的大概念，比如列数字是为了更为精准地表达，因此识别列数字这一说明方法的方式不是找数字，而是要从作用的角度来分析。并且点出列数字要符合事实，因此有时要加上"约""左右""一般"等修饰词，比如"大象的寿命很长，一般能活到70岁左右"。作比较和打比方是为了将陌生的事物熟悉化，举例"比如珠穆朗玛峰像130多个大雁塔那么高"就不是很好的作比较，因为大雁塔也不是我们熟悉的事物，所以用它来作比较并没有起到"熟悉化"的作用。如果说"珠穆朗玛峰像近600个普通的五层楼房那么高"就比较好，这里还要指出对比物为"五层楼房"很重要，如果只写"楼房"，就是没有说准确。结合具体案例思考本质问题：为什么要用这种说明方法？有没有起到作用？

- 应用1：

（课堂练习）说明方法应用的纠错练习。（学习性评价）

- 应用2：

（课堂练习）请同学找到课文中的说明方法，并进行互评。（学习性评价＋学习式评价）

续表

单元链四："我来写写说明文"（学习大概念1、大概念2和大概念3）

- **建构1：演绎——学生为主型**[1]

    教师示证＋师生交流：教师出示电视塔的说明文例文（例文中融入学生在说明文写作时的易错点），请同学们进行评价和修改。

    独立完成＋教师辅导：将《白鹭》第2—5自然段改写成说明文，教师辅导并进行例文分析。（学习性评价）

- **建构2：演绎——学生为主型**

    小组合作＋小组展示：以抽盲盒的方式选择商品，完成对抽中商品的说明文撰写，并在直播拍卖会上进行模拟解说，由其他组的同学拍下"购买键"，然后对商品的热度值进行排位。同时请同学们根据评价量规对每一篇拍卖稿进行打分。

    教师点评：在学生互评的基础上，教师对学生的作品进行点评，并给每一个小组打分，同时请小组们对照自己的打分和教师的打分，看看是否存在偏差并思考原因。（学习性评价＋学习式评价＋学习的评价）

- **应用：**

    （作业）请学生根据自己的兴趣选择一件值得介绍的事物，配图撰写科普文章，最后集成一本班级版《我们爱科学》。

- **建构3：演绎——学生为主型**

    学生分享＋教师点评：全班阅读班级版《我们爱科学》，选出 Top 3。同时教师进行打分和点评，并将优秀作品张贴在班级习作展示栏里。（学习的评价＋学习式评价）

- **反思**[2]

    组织"我所认识的说明文"的前后对比活动，让学生总结学完这个单元后对说明文有了哪些新的理解，在日常生活中怎样才能说得更明白，等等。

    布置持续性反思任务：虽然说明文单元的学习结束了，但是说明文在我们今后的学习和生活中还会经常出现，请同学们在今后的一个月中记录日常学习和生活中

---

[1] 演绎——学生为主型的建构也可以看作一种应用。

[2] 反思贯彻于学习的全过程中，比如学习式评价就是反思。

说明的实物、程序或事理等并进行反思。这里的说明文既可以是口头的也可以是书
面的。

	说明了什么？	哪里做得好？	哪里还不够？	如何改进？
第一周				
第二周				
第三周				
第四周				

后记

　　既然这是一本大概念的书，那么就让我以大概念的方式来写后记，讨论一下"共同体"这个大概念。共同体是由一群有着共同目标的人所组成的，也正因为有共同的目标，所以它可以汇聚不同领域的人以及不同时代的人，共同为达成目标而努力。

　　共同体的核心是"共同目标"。正是共同目标把不同领域、不同时代的人聚到了一起。而我所在的教育共同体的目标就是"为了每一个儿童的幸福，为了社会的进步发展"。每当我去学校看到孩子们天真无邪的脸庞时，一种作为教育工作者的责任感就会油然而生；每当有老师激动地和我交流实践所得时，我就会由衷地感受到工作的意义和价值……。而我相信，这不只是我一个人的感觉，我所在的这个共同体里的每一个人，都有着一样的追求。

　　共同体内一直发生着"新陈代谢"。不断有成熟的老成员退出，也有青涩的新成员加入。随着新成员们不断从边缘参与走向核心指导，共同体得以保持鲜活的状态，持续性地循环再生。转眼间，我加入这个共同体已有十余年，慢慢蜕去了青涩。而在这个过程中，我得到了太多前辈无私的提携和帮助。这些前辈有些是我所熟识的，有些甚至从未谋面。这些年，我的大部分时间都花在了研究上，又由于我本身性格内向，和外界的接触并不多，所以我觉得自己就像是这个共同体的一纸试剂，如果像我这样的人都能够在共同体中得到很好的发展，那么这个共同体的肌体就应该是健康的。

　　在这个共同体里，我遇到了最好的老师、最好的前辈、最好的编辑、最好的同事、最好的学生……。我无数次感叹自己怎么如此幸运，同时也暗暗下定决心，要尽自己所能让这个共同体继续健康发展下去，让更多的年轻人受益。

　　共同体不仅是跨时代的，而且是跨领域的。教育共同体里不仅有理论研究者，还有实践工作者。教师群体是我非常重要的伙伴，没有他们，共同体的目标就无法实现。他们会和我不知疲倦地讨论几个小时，眼中始终闪烁着光芒；他们会到乡村尝试大概念教学，兴奋地告诉我大概念教学不仅适用于城市的优质学校，也适用于乡村学校，这里的孩子们同样迸发了精彩观念；他们会潜精研思，将大概念理论与自己的教学充分融合在一起，并进行创造实践和发展……。他们的工作常让我惊叹不已。还有教研员群体也在这个共同体中起到非常重要的作用，他们搭建起了理论与实践的桥梁。

而我的家人和朋友尽管在共同体的外围，但他们也以各种方式间接向共同体传递能量，我的思维也在日常生活中变得越来越缜密。

共同体是一个巨大的经验境脉，形成了一个动态的集体经验库。严格来讲，这部作品不是"我"的，而是"我们"的，因为每个人的自我身份都是镶嵌在共同体之中的。我们受到共同体的熏陶和滋养，并始终为实现共同的目标而努力。

刘　徽

2021 年 5 月于杭州

出 版 人　李　东
策划编辑　池春燕
责任编辑　池春燕　郑　莉
版式设计　锋尚设计　王　辉
责任校对　马明辉
责任印制　叶小峰

图书在版编目（CIP）数据

大概念教学：素养导向的单元整体设计 / 刘徽著 .—
北京：教育科学出版社，2022.3（2024.5 重印）
（大概念教学丛书）
ISBN 978–7–5191–2875–3

Ⅰ. ①大… Ⅱ. ①刘… Ⅲ. ①教学设计 Ⅳ. ① G42

中国版本图书馆 CIP 数据核字（2022）第 008843 号

大概念教学丛书

大概念教学：素养导向的单元整体设计
DA GAINIAN JIAOXUE：SUYANG DAOXIANG DE DANYUAN ZHENGTI SHEJI

出 版 发 行	教育科学出版社			
社　　　址	北京·朝阳区安慧北里安园甲 9 号	邮　　编	100101	
总编室电话	010–64981290	编辑部电话	010–64989441	
出版部电话	010–64989487	市场部电话	010–64989009	
传　　　真	010–64891796	网　　址	http://www.esph.com.cn	
经　　　销	各地新华书店			
制　　　作	北京锋尚制版有限公司			
印　　　刷	北京市大天乐投资管理有限公司			
开　　　本	720 毫米 ×1020 毫米　1/16	版　　次	2022 年 3 月第 1 版	
印　　　张	20	印　　次	2024 年 5 月第 11 次印刷	
字　　　数	304 千	定　　价	68.00 元